高等教育热点问题研究丛书

中华人民共和国教育部高等教育司高等教育专题研究项目

教授上讲台是提高高等教育质量的必由之路

◆ 龚　放　张红霞

余秀兰　曲铭峰　著

高等教育出版社

内容提要

本书在教育部高教司重点研究课题"大学教授讲授本科课程的调查研究"结题报告基础上撰写而成。在近百万字的访谈材料和问卷调查的基础上进行分析、归纳，了解现状，"把脉问诊"，对教授讲授本科课程进行价值重估和政策反思，在国际比较的基础上提出新的对策建议。全书共七章，重点为"现状调查"、"价值重估"、"对策探讨"和"他山之石"四个部分。

本书适合高等院校管理层，特别是本科院校教育教学管理干部和各系科的教师和学生阅读，也可作为高等教育学、课程与教学论领域的研究人员和博士、硕士研究生的参考书籍。

图书在版编目（CIP）数据

教授上讲台是提高高等教育质量的必由之路／龚放等著
北京：高等教育出版社，2009.9
ISBN 978-7-04-026844-7

Ⅰ.教… Ⅱ.龚… Ⅲ.高等教育－教育质量－研究－中国 Ⅳ.G642.0

中国版本图书馆 CIP 数据核字（2009）第 166320 号

总　策　划	肖　娜　熊　威	策划编辑	陈　瑜	责任编辑	岳永华
封面设计	于　涛	版式设计	王　莹	责任校对	胡晓琪
责任印制	韩　刚				

出版发行	高等教育出版社	购书热线	010-58581118
社　　址	北京市西城区德外大街 4 号	咨询电话	400-810-0598
邮政编码	100120	网　　址	http：//www.hep.edu.cn
总　　机	010-58581000		http：//www.hep.com.cn
经　　销	蓝色畅想图书发行有限公司	网上订购	http：//www.landraco.com
印　　刷	北京鑫丰华彩印有限公司		http：//www.landraco.com.cn
		畅想教育	http：//www.widedu.com
开　　本	787×1092　1/16	版　　次	2009 年 9 月第 1 版
印　　张	18.75	印　　次	2009 年 9 月第 1 次印刷
字　　数	210 000	定　　价	43.60 元

本书如有缺页、倒页、脱页等质量问题，请到所购图书销售部门联系调换。

中华人民共和国教育部高等教育司
高等教育专题研究项目
——大学教授讲授本科课程的调查研究
课题组名单

课题组组长

龚 放　南京大学高等教育研究所所长,教授,博士研究生导师

课题组副组长

张红霞　南京大学教育科学与管理系教授,博士研究生导师

课题组成员

余秀兰　南京大学教育科学与管理系教授

曲铭峰　南京大学教育科学与管理系副教授

赵 娟　南京大学公共管理学院研究生秘书

陈玲玉　南京大学教科系 2004 级硕士研究生

陈香凤　南京大学教科系 2004 级硕士研究生

樊小杰　南京大学教科系 2004 级硕士研究生

李运庆　南京大学教科系 2004 级硕士研究生

钱 钰　南京大学教科系 2004 级硕士研究生

王 娟　南京大学教科系 2004 级硕士研究生

王国超　南京大学教科系 2004 级硕士研究生

张富生　南京大学教科系 2004 级硕士研究生

钟景迅　南京大学教科系 2004 级硕士研究生

朱 明　南京大学教科系 2004 级硕士研究生

目　录

教授上讲台是提高高等教育质量的必由之路

教授上讲台是提高高等教育质量的必由之路

第一章　前　言

根据发达国家的经验，随着高等教育大众化的到来、知识的快速增长、社会需求的迅捷变化，以及高校在国家创新体系中地位的不断提高而带来的教授科研任务日益增加，教学质量尤其是本科教学质量问题便逐步凸显出来。我国高等教育已经进入高等教育大众化阶段，"十一五"规划提出的重点是提高质量和大力推进高水平大学建设；同时，以建设创新型国家为目标的国家科技发展规划，对高校也提出了更高的要求。另一方面，伴随着高校治理方式越来越民主化与透明化，以及社会问责制的逐步引入，高等教育教学质量问题业也成为全社会关注的焦点。而一所高校的教授群体参与本科教学的状况，必然直接影响该校的教学质量。因此，进行大学教授承担本科教学相关问题的调查研究，以了解现状、诊断问题、分析成因，为教育部全面制定鼓励教授承担本科教学、提高教学质量的一系列政策、措施，提供具有理论依据和可操作性的建议，是十分必要和有价值的。

由于高等教育发展与其他许多社会现象一样，是有共同规律可循的，因此，考察美国等发达国家高等教育已经走过的路程并对取得的经验教训进行反思和总结，是本课题研究的一个基础。本章将从国际经验和国内研究现状两方面进行概括，从而提出本项调查研究的目的和任务。

教授上讲台是提高高等教育质量的必由之路

1

一、研究的背景

（一）高等教育大众化以来美国高校本科教学改革历程

大众化以来美国高等教育教学改革分为五个阶段：

第一，20 世纪 60 年代，大众化初期，占主导地位的教育理念是学习为了生活，与生活相关；教育为了学生个人发展。高校开发了一些新的跨学科领域，如伦理研究，环境研究；而减少了对学生独立学习的要求，减少了考核的等级数。出现了学生自由学习的实验学校和自由大学。

第二，70 年代，大众化高速发展阶段，非传统的学生进入高等教育系统。"以学生为中心"的教育理念仍然占主导地位。为了适应非传统学生需要，采取的措施有：弹性学制，自主选择课程，半工半读，工作时间计为学分，以及补偿教育等。

第三，80 年代，开始纠正 70 年代的过激做法，从强调自由选修回到40 年代强调课程结构和课程连贯运动，必修课比例增加，修订通识教育课程。有关团体、组织和教授们关注教学质量问题，呼吁政府提高教学质量。其中主要的调查报告有：《投身学习：发挥美国高等教育的潜力》（美国国家教育研究院（NIE）的高质量高等教育研究小组，1984）和《学院：美国本科生教育的经验》（卡内基教学促进基金会，1987）。大众化背景下产生的实验学校和自由大学几乎全部消失。

第四，90 年代，高教界和社会关于加强本科教育、进行质量控制的呼吁声浪更高。卡内基教学促进基金会和美国高校协会（AAC）等组织进行了大量的调查研究，代表性的研究报告有《学者的重新定义：教授的首要职责》（卡内基教学促进基金会，1990）、《重建本科教育：美国研究型大学发展蓝图》（博耶研究型大学本科教育委员会，1998）等。报告中的重要理念是，研究型大学要充分发挥研究课题的丰富资源优势，开发出不同于普通学校教学改革的方法和手段。提出教授要成为教师;教师的首要学术工作是教学;教学是与科研同等重要的学术活动;教学与科研是共生关系;高校教师应该有四个方面的能力:发现能力、综合能力、应用能力和教学能力。这两个报告对后来的教学改革起到了重要的作用。

同时,高校分层次、多样化发展趋势更明显。在研究型大学,限制平权运动,强调录取标准;要求厘定培养目标和精选教育内容;对课程选择和安排次序有更多的要求,但在普通学院则更为宽松。

第五,2000 年以来,在全社会参与提高教学质量的同时,社会各个层面,包括政府部门、专业组织如教育协会和专业学会、慈善机构等为教学改革提供更多的支持和条件,学校内部的教学改革及其制度建设也取得进展。2001 年,在《重建本科教育:美国研究型大学发展蓝图》报告发表三年后,为了了解该报告提出的改进本科教学十项建议的影响效果,博耶委员会的派生机构"重建中心"对全国研究型大学进行了跟踪调查。根据调查结果,该中心主任 W. Katkin 指出,无论对于教师、学生还是管理人员,让本科生参与研究、将科研与教学融合的建议,是十条建议中最受欢迎的方法。从美国科学院 2003 年的报告《大学理工科教学的评价与改进》中的信息可以看出,美国高校的教学改革主要在下列几个方面获得较大进展:(1)对追求教学卓越的教师,给予高度的尊重和相应的地位;(2)奖励将研究和教学紧密结合在一起的教师;(3)改进评价本科教学的过程、方法和工具;(4)利用网络手段等多种渠道,积极鼓励、培植、推广有效教学方法;(5)建设"教与学中心",为教师日常教学活动提供服务。

此外,美国研究型大学近年来普遍重视通识教育课程改革和建设。占总学分 1/3 左右的通识教育课程改革,是研究型大学课程改革的重要

教授上讲台是提高高等教育质量的必由之路

3

组成部分,也是保证教学质量的重要举措。通识教育课程也是跨学科学习的重要渠道。哈佛学院本科教育委员会在其 2004 年课程评估报告中提出了核心课程改革设想,其中重要的一点就是通过将一部分课程放在系级课程计划里,以分类选修(distribution)的形式,提高课程的深度。这实际上也起到加强通识教育与专业教育和学科教育联系、加强科研与教学的联系的作用。

(二)发达国家本科教学质量保证制度建设

质量问题的最终解决必须依靠制度建设,即机构设置、管理程序、管理工具与手段等问题。制度建设的最重要的目标是将管理程序、管理手段运用于教学改革的全过程中,而不是事后的评估、认证、排名等活动。

不过,教学质量保证实际上是质量文化与制度建设两方面的问题;从学校层面上看,质量文化问题主要是研究文化与教学文化的关系问题。从美国 20 世纪 80 年代的改革经验来看,改革的重点和难点并不在普通院校而在研究型大学,因为研究型大学的科研与教学、教学与技术推广及产业化的矛盾最为突出。而研究型大学教学质量保证制度建设方面的改革实践与成功经验,对其他大学也不无参考价值。当然,其他大学的主要困难在于师资问题,而这个问题不是通过教育系统的改革能够解决的。

1. 校内层面

(1)加强组织建设,完善管理程序。美国绝大多数研究型大学在行政上设立专门机构和组织。就本科生研究而言,大约 60% 的研究型大学设有专门的管理部门,如本科生研究办公室;其中约 20% 为独立的校级单位并设有独立的经费核算部门;没有设校级管理部门的学校,大多有院系级部门;只有 7% 没有任何部门(Katkin, 2003)。所有学校都成立了"教学资源中心"或"教育技术中心"。教学管理程序科学、高效,如从新课程开发到学分管理、学生选课服务,以及跨学科、跨校教学合作等方面,都实现了组织健全、操作过程程序化、科学化。

2001年博耶委员会"重建中心"的跟踪调查显示,每一所被调查学校对于本科生参与研究的教学模式都非常重视,都健全了相应的机制给予支持。几乎所有的被调查学校都开展了各种宣传推动活动,如举办校级或院系级的本科生研究成果展示活动;其中半数以上的学校已将这样的宣传促进活动常规化。大约1/3的学校建立了专门的网站或创办专门期刊,用以发表学生的研究成果。

许多学校为本科生研究项目筹集可观的资金,有一些大学如斯坦福大学,将其作为整个学校募捐活动的组成部分,而且成效显著。事实上,近年来研究型大学本科生研究项目经费有了显著增加。

（2）改革教师奖励制度。采取各种奖励手段,鼓励教师采取新的教学方法,从政策和制度上鼓励教学与科研结合;鼓励教师吸纳本科生参与自己的课题;鼓励跨学科教学;鼓励开设基础课、公共课。据对斯坦福大学网站资料的不完全统计,该校有各级各类教学奖共26项,其中大部分创设于80年代以后。

（3）改善教学评价工作并与教师专业发展相联系。一方面,将本科教学评价与教师晋升和终身教职评审挂钩;另一方面,从评价工具的开发到评价过程的实施、评价结果的使用,都瞄准帮助教师提高教学效果这个服务性目标。事实上,自90年代初博耶报告对"教师"与"学术"的内涵进行重新定义后,在教学技能方面的教师专业发展问题开始受到重视。

（4）助教、助研制度。这在发达国家已经有很长的历史。年轻的教师和优秀的研究生为教授做几年助教或助研,不仅有利于教授的工作,而

教授上讲台是提高高等教育质量的必由之路

且有利于年轻教师和研究生的成长。

2．校外层面

（1）公平、公正的评估、认证机制。在美国，除了少量的职业性很强的专业领域，如医学和法律外，学校的专业设置和课程计划制订完全由大学负责，地方政府和专业学会只进行专业和课程计划的认证。而为认证服务的评估机构是独立于政府部门的社会中介机构。由于评估机构和政府拨款部门分离，评估工作相对容易做到公平、公正。

（2）充分发挥社会团体和学术组织的作用。除了 20 世纪 70 年代以来专门成立的组织对本科教育质量关注以外，如美国本科生研究委员会（CUR）、博耶研究型大学本科教育委员会（BCEURU），其他传统学术组织和社会团体也大力投入，如美国高等教育协会（AAHE）、美国学院学会（AAC）、美国国家研究理事会（NRC）、美国国家科学委员会（NSB）、美国州立大学协会（AASCU）、国家自然科学基金会（NSF）、国家人文学科捐赠基金会（NEH）等各种专业学会，以及 Pew 慈善组织等。这些组织在引导、监督、服务方面都发挥了巨大作用。如 NSF 资助的"万花筒计划"对教学与科研的结合模式进行了大量的研究和试验；Pew 资助了许多教学改革研讨会和研究项目。据不完全统计，在 1991—2002 年期间，NRC为了提高理工科教学质量，平均每年出版两份研究报告。各级专业学会还参与制订本专业教学标准，建设自己专业领域的教学网站，出版教学技能方面的手册、参考书等。

特别值得提及的是 NSF 设立的教学与科研融合的奖励项目 RAIRE（Recognition Awards for the Integration of Research and Education）影响很大，每年奖励前十所研究型大学，使得教师们的改革热情高涨。RAIRE用来评价科研与教学融合的有效制度与实践的指标包括：学校强有力的支持；教师与课程计划负责人的贡献；跨学科之间的合作；教师研究与学生学习的融合；关心学生（尤其在训练、指导、劝导方面）；具有可视性的本科生研究机会，如有资助经费、成果展示、奖励、基金和代理机构；可靠的专业学会支持；具有有效的评价举措；参与基础教育教师培训（**Kinkead**，2003）。

（3）充分利用网络手段。无论学校、政府还是社会团体，都大力创办教学改革网站。利用网络、会议等多种渠道，积极鼓励、培植、推广有效教学方法。如，美国国家学术转换中心（NCAT），在网上帮助全国教师分析、评价、改进、推广他们发明的教学方法。NSF还出资建设了"国家本科生研究交易所"网站，发布、传播本科生研究项目的成果；本科生研究年会（NCUR），每年资助接近 2000 名学生与教师参加会议（Kinkead，2003）。

综上所述，美国研究型大学教学质量保证制度建设依赖于学校、政府、社会三个层面协调发展。学校层面又可分为基层院系级和校级两层。前者包括教学保障条件与教学、科研梯队建设，本学科教学评价规则、课程开发与课程更新的程序与规则的制订，对追求教学卓越的教师、将研究和教学紧密结合在一起的教师给予表彰和支持。整个学校层面的工作主要是教学工作地位的确定与保证，包括教学管理组织与法规建设，在院系评价、教师晋升制度上实行科研与教学一视同仁，教学经费投入保障等制度建设；尤其要营造鼓励科研与教学结合的文化，保证本科生参与研究的条件。鼓励跨学科教学，并以政策和制度给予保证。其次，在政府层面，鼓励、引导社会团体参与教学改革，并与其共担教学质量管理、监督、资助工作，明确各自的职责。再次，在社会层面，行业协会和专业学会等团体积极参与教学改革工作并已趋向制度化；社会评价组织与

教授上讲台是提高高等教育质量的必由之路

7

机制已建立并不断完善。

（三）我国本科教学质量工程的实施及研究进展

自 1999 年高等教育连续、快速扩招以来，教育质量问题引起了各级管理部门的重视。教育部出台了一系列的教学改革措施，其中包括：进一步加强素质教育，实施本科教学评估，鼓励引进国外优秀原版教材，多次修订专业目录，21 世纪课程内容与教材建设，国家级名师遴选，精品课程建设等。在学校层面发起的教学改革措施主要包括：教育技术的引进、学生评教、通识教育改革、学制改革等。

从研究层面看，主要的研究领域为：高等教育质量观的讨论；精英型与大众化关系的讨论；素质教育、创新教育与人才培养；以学生为本的理念等。这些宏观的主题讨论得十分热烈。虽然也有一些研究者关注教学改革创新方面的研究，但主要是从介绍外国理论的角度，很少结合我国实际进行真正的本土"比较"。近年来也出现了少量关于教学质量方面的令人欣喜的实证调查尝试。如上海交通大学高等教育研究所的一项调查结果显示：（1）重点大学的发展存在以量代质的现象；（2）高等教育政策中存在重物轻人的倾向；（3）重点大学的教师工作压力较大；（4）重点大学生均教育经费增长较快，但经费的使用不够合理。

另外，从已有的众多学校的教学改革经验总结文章来看，改革措施流于形式，尤其是研究型大学，没有认真对待日益严重的教学质量问题，仍然一味地重视科研成果。而普通学校往往热衷于提升自己学校的级别，不惜一切代价投入有助于提高学校声誉和层次的科研活动方面。

结合上海交通大学的调查及其他研究论文中的观点，可以将目前存在问题的原因大致归结为如下几条：（1）各级管理层片面强调"闪光点"，忽视整体性、全局性的制度建设。（2）教师之间各自为阵，资源分散,成功经验得不到有效交流。(3)研究与实践脱节，一方面,空头理论盛行,如大学文化、创新人才;另一方面,存在问题缺乏研究;好的教学改革经验流于工作总结这一层面,得不到认真研究和推广。对外国理论与实践经验囫囵吞枣,缺少本土化过程。(4)不少研究回避问题,讳疾忌医,颂歌多于批评。

二、本项研究的目标与重点解决的问题

基于对发达国家已经在理论研究与实践经验两方面取得的经验和教训的总结,以及对我国高等教育实际状况的认识,本项研究的主要目标确定为,了解目前我国大学教授承担本科教学的现状和存在问题与困难,分析其原因,寻找解决问题的途径,为教育部全面制定鼓励教授承担本科教学、提高教学质量的一系列政策、措施,提供具有理论依据和可操作性的建议。具体需要回答的问题包括:我国目前教学质量的实际情况如何? 教授们目前承担教学工作任务的状况如何? 教授们在教学工作中面临的主要困难是什么? 目前的教学活动与科研活动的关系如何? 在什么主、客观条件下教学与科研出现相互促进的关系? 相对于国际上常用的两种教学与科研互动的模式,我国教授的现存常用教学模式有何差异,原因何在,今后如何改进? 相比于发达国家的促进教学工作的制度建设,我们能够借鉴多少?

因此本项研究的总体思路是,基于与发达国家的比较研究确定研究对象和研究问题的重点,然后根据研究问题对教授、学生、相关管理人员和领导进行关于教学质量、影响教授承担教学的因素、已有教学改革政策、措施的效果、对改革的意见与建议等方面的问卷调查和访谈调查,同时对教学优秀型教授个体和群体进行深入探讨。 最后,根据调查

教授上讲台是提高高等教育质量的必由之路

研究发现的成绩、困难、问题及其原因，找出今后有利于教授教学的保障措施与激励机制，使得学校政策环境向有利于教学与科研协调、平衡，有助于提高高等教育质量的方向发展。

三、研究的概况

教育部高教司设立的高等教育专题研究项目"大学教授讲授本科课程的调查研究"，是我国针对高等教育大众化后的教育质量问题进行的较大规模的调查研究。本项研究更多地关注了高等教育中存在的问题，针对问题进行了研究，并提出解决问题的建议，而没有更多涉及高等教育中取得的成绩。调查范围涉及全国 15 个省市自治区的 73 所不同类型、不同层次的学校。调查对象包括教师、学生和管理人员；调查方法包括问卷调查和面对面的访谈。该项研究是在高教司直接领导和参与下完成的，不仅发挥了理论研究人员的特长，而且充分考虑了政策制定的实际需求。我们期望该项研究能够像美国卡内基教学促进基金会 20 世纪 80 年代为促进本科教学而进行的专题调查那样，对我国高等教育教学改革起到重要的参谋作用。

调查工作得到了被调查学校的各级领导、教师和学生的大力支持，学生们踊跃参加，甚至出现了主动索要问卷的情形，问卷最后的开放题回答率很高。对此我们表示由衷的感谢。我们还应该感谢南京大学教育科学与管理系的 10 位研究生在参与访谈录音、记录整理、问卷数据输入等工作中付出的艰辛劳动和体现出的高度的责任心和热情。为了避免产生误会和矛盾，我们在文中对某些地方进行了技术处理，如：被采访人员均以代码出现，在数据分析上，有的也未提及具体高校的名字等。

教育部高教司的领导始终支持和关注这一课题研究的进展,张尧学司长几次就课题研究的方向、路径和重点等问题提出明确的指导性意见,高教司办公室康凯主任和吴英策同志等为调查研究能够顺利进行做了大量的组织、协调工作。对此,我们表示由衷的感谢。

教授上讲台是提高高等教育质量的必由之路

第二章 研究方法

本项研究采取了三种方法：问卷调查、访谈调查及国际比较研究。国际比较研究将有专章论述，主要是对以美国为主的发达国家在鼓励教授参与本科教学工作方面的政策、措施进行收集、整理，并对其与我国情况的适切性问题、本土化问题进行探讨。下文主要针对前两种方法进行详述。

一、问卷调查

问卷调查分为两个阶段进行。

第一阶段在 2006 年 6 月进行。调查 8 所著名研究型大学：北京大学、清华大学、南京大学、东南大学、复旦大学、上海交通大学、西安交通大学、兰州大学。调查对象为大三学生。通过对这 8 所著名大学的调查，对我国本科教学质量问题、教授承担本科教学工作现状有个总体的把握，为更大范围的调查做准备。此外，根据美国等发达国家的经验，研究型大学是本科教学改革的重点所在，也是教授上讲台的难点所在。因此对 8 所著名的研究型大学进行重点研究十分必要。

第二阶段于 2006 年 12 月进行。调查学校的选择由教育部高教司文件规定，覆盖各种类型的学校（见表 2-1）。

表 2-1 被调查学校性质及样本情况

序号	学校名称	学 校 类 型		
		985 工程大学	有研究生院的大学	部属＋"211"
1	北京大学	✓	✓	✓
2	清华大学	✓	✓	✓
3	复旦大学	✓	✓	✓
4	南京大学	✓	✓	✓
5	上海交通大学	✓	✓	✓
6	西安交通大学	✓	✓	✓
7	兰州大学	✓	✓	✓
8	东南大学	✓	✓	✓
9	北京交通大学		✓	✓
10	北京邮电大学		✓	✓
11	北京外国语大学			✓
12	中国农业大学		✓	✓
13	中央财经大学			✓
14	北京中医药大学			✓
15	南开大学		✓	✓
16	东北大学		✓	✓
17	东华大学			✓
18	同济大学		✓	✓
19	厦门大学		✓	✓
20	南京农业大学		✓	✓
21	中山大学		✓	✓
22	武汉大学		✓	✓
23	华中师范大学			✓
24	西南财经大学			✓
25	陕西师范大学			✓
26	北京联合大学			
27	北京工业大学			211
28	首都师范大学			
29	首都经济贸易大学 *			211

教授上讲台是提高高等教育质量的必由之路

序号	学校名称	学 校 类 型		
		985 工程大学	有研究生院的大学	部属 + "211"
30	北京石油化工学院			
31	北京农学院			
32	山西大学			
33	太原理工大学			211
34	山西师范大学			
35	黑龙江大学			
36	哈尔滨医科大学			
37	哈尔滨商业大学			
38	上海大学			211
39	上海理工大学			
40	上海师范大学			
41	上海电力学院 *			
42	上海政法学院			
43	上海海事大学			
44	扬州大学			
45	江苏大学			
46	南京林业大学			
47	南京医科大学			
48	南京邮电大学			
49	南京艺术学院			
50	安徽大学			
51	安徽工业大学			
52	安徽师范大学			
53	湖北大学			
54	三峡大学			
55	湖北师范学院			
56	西南科技大学			
57	四川农业大学			211

续表

序号	学校名称	学 校 类 型		
		985 工程大学	有研究生院的大学	部属＋"211"
58	西南民族大学			
59	成都信息工程学院			
60	四川音乐学院			
61	西北大学			
62	西安理工大学			
63	西安建筑科技大学			
64	西安石油大学			
65	西安工程大学			
66	云南大学			211
67	昆明理工大学			
68	西南林学院			
69	兰州理工大学			
70	兰州商学院			
71	甘肃政法学院			
72	新疆大学			211
73	石河子大学			
74	新疆师范大学			
75	昌吉学院			
76	汕头大学			
	总数（所）	8	19	25

（注：＊为因故未返回或未按时收回问卷的学校，因此不在统计范围之内。汕头大学自愿参加。）

两次调查的具体方案和问卷设计是在教育部高教司直接参与下完成的，具体设计如下。

1．问卷调查对象与抽样方法

两次调查的学校总数为 74 所，其中 25 所为"211 工程"高校；"211"

教授上讲台是提高高等教育质量的必由之路

高校中 19 所为具有研究生院的学校（本报告简称"研究型大学"）。在第一阶段参与调查的 8 所学校在本报告中简称"著名大学"。问卷调查教授和副教授总数为 6 988 人，分管校长 274 人，教务处长和人事处长等中层管理人员 153 人。学生总数为 5 029 人。

第一阶段对于 8 所著名大学学生样本的抽样设计，兼顾学科类型（分为文科、社科、理科、工科四类），抽样方法为以班级为单位的整群抽样。平均每校发放问卷 400 份，共 3 200 份。8 所学校共收回有效问卷 2 775 份；有效回收率为 87%。有效回收率最高的学校达 96%，最低学校为 72%。

接受问卷调查的学生中，男性占 64%，女性占 36%；独生子女占 63%；地级市以上的城市生源占 51%。学生的专业分布如下：人文与社会科学占 33%；自然科学占 33%；工程技术占 25%；其他类占 9%。

第二阶段调查抽样方法完全按照教育部高教司专函（高教司函 [2006] 228）要求："北京交通大学、北京外国语大学、南开大学、西南财经大学、陕西师范大学、北京工业大学、首都经济贸易大学、北京农学院、哈尔滨医科大学、四川音乐学院等 10 所高校需对全部教授和副教授，以及本校 5% ～ 10% 的普通高等教育本科三年级大学生进行问卷调查。其他高校每校对 10% 的教授和 10% 的副教授进行问卷调查，暂不对学生进行调查。被调查人员的选择，由各校依据客观、全面、多方面反映情况的原则自行确定。"

第二阶段的学生调查涉及 10 所不同层次和类型的高校。共回收问卷 2 248 份，有效回收率为 99.6%。对教授、副教授和行政管理人员的问卷调查涉及 67 所高等院校；共收回教授与副教授问卷 6 988 份，有效回收率为 96%；回收行政管理人员问卷 434 份，有效回收率为 99%。各被调查单位的问卷回收率基本符合高教司的文件要求。

2. 调查内容与方法

第一阶段调查。自编问卷对 8 所著名大学的本科生进行调查,调查内容包括:对教学质量的总体评价;对教授教学效果的评价;影响教学质量的可能因素;对学习态度、学术兴趣的自评。

第二阶段调查。

(1)自编问卷对 10 所不同层次高校的本科三年级学生进行了调查。调查内容包括:对教学质量的总体评价;教授承担本科教学情况;对教授教学方法和效果的评价;影响教学质量的因素;有关提高教学质量的建议。

(2)自编问卷对 67 所不同层次高校的教授、副教授进行了调查。调查内容包括:自己承担本科教学情况;对教学质量和教授承担教学的认识和态度;承担本科教学的困难和原因;改进教授参与教学方式、内容的看法与建议;有关晋升、评价、分配等制度建设的看法与建议。

(3)自编问卷对 67 所不同类型高校的管理人员和校长进行了调查。调查内容包括:对教学质量和教授承担教学的认识和态度;本校在推进教授承担本科教学工作上的政策与举措及其执行情况;改进教授参与教学方式、内容的看法与建议;有关晋升、评价、分配等制度建设的看法与建议。

3. 调查的信度估计

研究型大学的学生问卷的信度可以用问卷第四部分的两个自编量表(学生学习态度量表和学术兴趣量表)来估计。两个量表的内部一致性系数(α 系数)分别为 0.84 和 0.85,可以认为调查问卷及数据的质量较高。

教授上讲台是提高高等教育质量的必由之路

对于第二阶段的全国调查的问卷信度估计如下。学生问卷可以从下列5题的关系中得到估计：

教授在帮助自己学术上成长的作用；

教授在帮助自己人际交往上成长的作用；

您是否会重新选择这所大学；

是否满意教授授课的教学质量；

对教授总体水平的评价。

该5题的内部一致性系数 α =0.77。说明学生问卷调查数据的信度还是很高的。

教授、副教授和管理人员的问卷可以用下列9题的内部一致性系数进行估计：

科研不好的教师通常不是好教师；

要做一名好教师必须要有坚实的科研基础；

教授承担本科教学工作形式可以多种多样；

科研与教学在实际工作中是不可融合的；

辅导本科生实验、实习也可视为承担教学工作；

吸纳本科生参与研究课题也可视为承担教学工作；

辅导本科生毕业论文也可视为承担教学工作；

指导"本科生早期研究"也可视为承担教学工作；

给本科生做学术讲座也可视为承担教学工作。

教授问卷的 α =0.77, 管理人员问卷的 α =0.74, 说明两类问卷调查的数据信度还是不错的。

4. 分析方法

（1）对于问卷调查数据，除了进行各变量的描述统计外，还对重要变量针对不同学校（研究型与非研究型）、不同专业，用 SPSS11.0 进行分类统计、比较。由于本次抽样不是随机抽样，因此，在计算总体平均状况时，按照各类学校的比例，在调查学校中随机抽取。如，根据具有研究生院的学校占全国学校总数的大致比例看（56/1 300），计算平均状况时只能从 19 所学校中随机抽取 2 ～ 3 所学校。

（2）由于问卷涉及的主要是不连续变量，因此主要采用列联分析以及 C 系数和 Gamma 系数（G 系数）等方法，找出不同因素之间的相关关系。

（3）对于问卷中的开放性问题的文字数据，采用定性方法进行分析和概括。

二、访谈调查

考虑到研究型大学是教学改革的重点和难点，本研究专门对如上所述的 8 所著名研究型大学的部分教授、教务处长和分管教学的副校长进行了每人 1 小时左右的访谈。访谈于 2006 年 6 月上旬与对这 8 所大学学生的问卷调查同步进行。

教授抽样方法为目的抽样，注意选取有代表性的教授，考虑不同的讲课风格，不同的科研活跃程度，不同学科、年龄、性别等。但由于访谈教授名单全部由各校教务处指定，故往往是能够反映所在学校教学成就的人选。

最终样本为教授 56 人，其中国家级教学名师 6 人，1 人曾任代理校长，2 人曾任教务处长；大学管理层现任领导样本 13 人，其中副校长 5 人、校长助理 2 人，教务处长（或副处长）5 人、人事处长 1 人。管理人员中除 2 名副教授和 1 名研究员外，其余 10 人也都具有教授职称。

教授上讲台是提高高等教育质量的必由之路

19

对上述 8 所著名大学的承担本科教学工作的教授进行深度访谈的内容包括：

（1）参与本科生教学的困难及其主客观影响因素，与科研关系的处理，对学校相关政策的意见与建议。

（2）讲课的方式、方法，与学生交流的方式、方法。

（3）对提高本科教学质量、促进教授教学的建议。

对 8 所著名大学的教务处长、分管教学的副校长进行访谈的内容包括：

（1）对本科教学工作的认识。

（2）本校已有的相关政策、措施及其效果。

（3）今后改革设想。

访谈资料分析方法：首先由 8 位访谈记录员对录音资料进行文字转换整理，原始访谈记录整理材料超过 80 万字；然后由该 8 位访谈记录员先分别总结自己的资料，课题组再进行集体讨论；最后根据集体讨论提出的关键问题，各人再重新对访谈资料进行阅读和钻研，之后通过又一次集体讨论形成一致意见。

第三章　现状调查：
数据统计与分析解读

本章集中展示问卷调查的结果，并分四个部分展示：一、8 所著名大学学生调查结果；二、67 所大学教授、副教授调查结果；三、67 所大学管理人员的调查结果；四、10 所多类型大学的学生调查结果。本章最后将对问卷调查的结果进行概括性的讨论。

一、8 所著名大学学生调查结果

（一）被调查对象的基本情况

被调查学生中男性占 64％，女性占 36％；独生子女占 60％；地级市以上的城市学生占 48％。学生的专业分布情况为：人文与社会科学占 29％，自然科学占 31％，工程技术占 27％，其他占 13％。

（二）学生对教学质量的反映

1. 学生对问卷中"您对本院系的教学质量满意吗"一题的回答情况

该题有 5 个答案选项，各选项的学生数分布为：非常满意占 7％，较为满意占 42％，一般占 38％，不太满意占 9％，不满意占 4％。也就是说，超过 50％的学生认为教学质量一般或不太满意、不满意，而选择"满意"

教授上讲台是提高高等教育质量的必由之路

和"比较满意"的百分比之和（下文简称"满意度"）仅为 49%（如图 3-1 所示）。

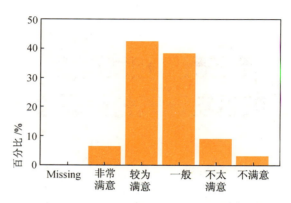

图 3-1　8 所著名大学学生对教学质量的满意度

2. 对问卷中"在本学年您所修的所有课程中，令您满意的大概占百分之几"一题的回答情况

该题的选项及学生分布如表 3-1 所示：

表 3-1　学生对课程的满意程度

选　　项	百分比
<30% 的课程令我满意	15%
30%～50% 的课程令我满意	28%
50%～70% 的课程令我满意	37%
70%～90% 的课程令我满意	17%
>90% 的课程令我满意	3%

也就是说，有近半数的学生（15%＋28%＝43%）对 50% 以上的课程不满意，对 70% 以上的课程满意的学生只有 20%（17%＋3%＝20%）。

3. 对本系课程内容和开设的"合理性"评价

在问卷给出的 4 个选项中（多数课程、少数课程、个别课程、没有课程），选择"多数课程"存在下列问题的学生占总数的百分比，如表 3-2 所示。

表 3-2　学生对课程内容的评价

课程特点	百分比
大班课的人数太多	35%
课程内容与国际水平差距很大	25%
因教师设课，而不是因学生需要设课	19%
所开课程不符合学生需要	13%
所开课程不符合本学科知识结构需要	10%
实际教学内容与课程名称不符	5%

可见，学生们对上课班级太大很有意见；近 1/4 的学生认为多数课程内容与国际水平差距很大，这与其他类似项目调查结果一致。此外，课程内容的适切性也有问题。

4. 不同专业学生对教学质量问题的反映

图 3-1 展示了学生对问卷中"您对本院系的教学质量满意吗"一题的回答情况，如果将其分学科进行比较的话，可以得出如表 3-3 所示的结果。

表 3-3　8 校不同学科学生的满意度情况

选项	人文与社科	自然科学	工程技术	其他
满意 *	47%	51%	52%	43%
一般	37%	39%	37%	43%
不满意 **	16%	10%	11%	14%
总计	100%	100%	100%	100%

注：* 将"满意"与"比较满意"合并；

　　** 将"不满意"与"比较不满意"合并。

相对而言，自然科学与工程技术类学生的满意度较高，人文与社会科学较低。进一步对学校之间的差异分析显示，一些原属理工科性质的大学中的人文社科类的学生满意度普遍较低。卡方检验显示在各学科上的差异具有较高的显著性（P<0.01）。应该指出的是，由于该题中因不清楚自己的专业类型而选择"其他"项的学生太多（达13%），故此项结果可能有较大的误差。

5. 学生对问卷中其他有关教学质量问题的反映

（1）"回顾几年的大学经历，您对自己在学术上的成长进步满意吗？"

学生对该题的5项答案选择的百分比如下："非常满意"占2%，"较为满意"占22%，"一般"占45%，"不大满意"占24%，"不满意"占8%。

（2）"回顾几年的大学经历，您对自己在人际交往上的成长进步满意吗？"

学生对5项答案选择的百分比如下："非常满意"占5%，"较为满意"占38%，"一般"占43%，"不大满意"占10%，"不满意"占4%。

由此也可见，当今时代的大学生对自己在人际交往上的成长进步比在学术上的成长进步要乐观一些。

（3）"如果让您重新选择，您是否仍然选择这所大学？"

学生选择的总体情况为："是"占52%，"否"占25%，"不确定"占23%。而且在学校之间存在显著差异（卡方检验P<0.001）。选择"否"的学生，即后悔选择就读学校的学生比例最高的学校达47.5%，最低为7.7%。西部大学选择"否"的学生比例较高。而北大和清华两校选择"否"的学生比例最低。

（4）问卷最后的开放题："您对鼓励教授从事本科教学、改进教学质量的看法和建议"。

学生们回答踊跃，回答率高达到9%。这在问卷调查中是较少见的。总的来讲，语言很尖锐、意见很大，有些还颇有见解。如：

　　教授分三种类型：教学型，科研型，教学科研并重型。职称的高低并不能完全地反映一位老师的教学水平。对于一门面向本科生的课程，我认为只要切合课程的需要，能完全实现课程的教学目标，有优秀的教学效果，不一定非要具有正高级职称的教授上讲台。当前，高等教育并不一定要在形式上搞成"让教授承担本科教学"而是要提倡和鼓励老师去"用心上课"。"用心"的范围很大，走上讲台的老师一定要有责任心，要实实在在地为学生上好课。

　　问题不在于教授和副教授的区别，而是要教授真正地是个教授，副教授真正地是个副教授。其实只要名副其实，讲师也可。只是现在许多教授水平也一般。评教、评职称体制也是一塌糊涂。怎能指望换个称呼就能提高教育水平。怀念历史上教授数额限定的日子！现在的教授真是比垃圾还多！。

值得注意的是，只有北大和清华两校出现了极少数对本校教学质量表示肯定、而且没有提出批评意见的学生。

（三）教学质量的可能影响因素

　　通过学生问卷调查的数据分析，可以初步看出一些可能的影响学生对教学质量满意度的相关因素。虽然在学生满意度与教学质量之间不是简单的恒等关系，但学生满意度是反映教学质量的不可忽视的重要指标。因为无论有何种理由，教师都应该做到让学生满意。

　　1. 教师的职称因素

　　这个问题是本研究课题所关心的中心问题。问卷中请学生们指出"自己从入学以来记忆中最好课程的任课老师的职称"。根据该题的反馈信息，统计结果如下：除了 9 位学生未回答此题外，54% 的学生填的是正

教授上讲台是提高高等教育质量的必由之路

教授，32％的学生填的是副教授，14％的学生填的是讲师以下。由此可见，最好的课程多是由正教授开设的，换句话说，给学生印象深刻的好教师主要是正教授。

然而，在回答"根据您的学习经历，正教授的授课水平普遍高于副教授及其以下人员吗"一题时，认为"是"的学生占22％，认为"否"的占31％，不确定者占47％。这说明不少正教授教学效果不理想。

同时，对"根据您的学习经历，正教授的授课态度普遍高于副教授及其以下人员吗"一题的回答是，认为"是"的学生占20％，认为"否"的占28％，不确定者占52％。可见教授教学的态度问题是重要影响因素。

2. 教师学术水平、教学方法与教学态度因素

第一，教师学术水平因素。

问卷中请学生对如下12种可能影响教学质量的因素的严重性进行排序（选出前三位因素），调查结果加权后所得百分比为：教师学术水平低为37％；教学内容陈旧为36％；教师缺乏教学经验为36％；缺乏合适的教材为34％；缺乏著名教授授课为34％；教师备课不充分为32％；课后与学生交流不够为32％；考试制度不合理为32％；师生之间存在代沟为29％；经常由其他教师代讲为28％；停课、调课频繁为28％；信息技术运用不够或不妥为27％。

由此可见，前四位最严重的因素依次是：教师学术水平低、教学内容陈旧、教师缺乏教学经验、缺乏著名教授上课。有趣的是，运用信息技术问题最不严重。本题的结果与前面近半数的学生对50％以上的课程不满意的调查结果具有一致性。

根据统计检验的结果看出，这些最严重的因素在学校和学科上的差

异并不显著。

　　另外,值得注意的是,选该题"其他"项的学生比例,超过所有给定的12 项选择。这说明学生对教学质量的关心态度。"其他"项中反映的具体内容主要涉及(1)教学态度不认真;(2)课程内容脱离实际。

　　如上所述,问卷中有这样一题:"如果让您重新选择,您是否仍然选择这所大学?"现将回答"否"的同学单独抽出,他们对下表中的各项可能原因的选择情况显示,校园文化环境与学术氛围问题最让著名大学学生们失望,而"从未见过仰慕已久的教授"位于 7 个选择中的第 5 位(表3-4)。

表 3-4　造成学生后悔选择就读学校的可能因素

选　　项	百分比
校园文化贫乏	49%
生活环境差	38%
校园学术氛围差	37%
图书馆、网络、实验设施等学习条件差	36%
从未见过仰慕已久的教授	28%
教学质量差	27%
师生关系紧张	7%

　　第二,教学方法因素。

　　问卷中列出了一系列关于课程的各种优点,请学生根据自己记忆中较好课程的特点进行选择。学生选择结果的排序为:讲课条理清楚为 76%,教师的人格魅力为 64%,将自己的研究经验融入教学内容为 52%,渗透对学生品格发展的影响为 46%,课堂上注重师生互动为43%,注重学科的研究方法为 37%,教学内容紧跟学术前沿为 31%,课后与学生交流机会多为 29%,将自己的研究课题与学生分享为 17%。可见,位于前三位的优点依次是:讲课条理清楚、教师的人格魅力、将自己的研

教授上讲台是提高高等教育质量的必由之路

究经验融入教学内容,而采用现代教学方法的因素排位较后。而对于将自己的研究课题与学生分享,还缺乏足够的意识。

事实上这与下面数据反映的教师教学以讲授法为主的结果是一致的。从学生对"教师经常采用的教学方法"一题的反映来看(在"经常、有时、偶然、从不"中选"经常"者所占比例及其排序),教师讲授法仍然是主要的教学法。很少有教师将自己的研究误题带进课堂,使科研与教学融合;实验教学的思想也很陈旧。不过,案例教学法已经在人文社会科学得到广泛运用(表 3-5)。

表 3-5   教师经常采用的教学方法一览表

教学法	百分比
教师讲授	92%
案例教学	31%
传统型实验教学	30%
探究型实验教学	16%
课堂讨论	15%
将自己的研究课题带进课堂	15%
小组合作学习	11%

3. 学生状况因素

学生的学习态度量表(主要考察学习认真、遵守纪律等常规方面,共 13 个题目,每题分"经常、有时、偶然、从不" 4 个选项)最高分为 $13 \times 4 = 52$ 分,最低分为 13 分。所有被调查学生的平均分为 38 分,标准差为 6.46。学生的学术兴趣(相对于功利的学习动机、实用的学习目的而言)量表最高分记为 $10 \times 5 = 50$ 分,最低分为 10 分。所有学生的平均分为 29 分,标准差为 8.70。

清华大学和北京大学学生在学习态度上要好于其他 6 所高校,校正的列联系数 C=0.16 (P=0.001)。清华大学和北京大学学生对教学的满意度（68.5%）也要好于其他 6 所高校（43.0%），且校正 C=0.3（P=0.001）。

学生的学习态度和学术兴趣在专业上的差异具有统计上的显著性（卡方分析，P<0.001）。总体而言，人文社会科学的学生学习态度最好，自然科学的其次，工程技术的最差；对于学术兴趣，自然科学专业的学生略高于人文社科，而工程技术最低。结合前面学生对教学质量的满意度在学科上的差异情况可以看出，尽管人文社会科学学生学习态度好于自然科学，但对教学质量的满意度却低于自然科学的学生。这可能说明了人文社会科学的问题较为严重，自然科学相对较好。

学生的学习态度和学术兴趣既可以看成是影响他们对教师教学质量评价的客观性、公正性因素，但同时也可以是教学质量的结果。在此可以对它们之间可能的因果关系进行初步的推测。

现将学生的学习态度和学术兴趣按照它们对教学质量的满意度分别分为三组：满意 / 不满意 / 一般，方差检验结果显示，学习态度和学术兴趣与其对教学质量和课程的满意度存在一定的关系（差异的显著性水平分别为 P<0.05 和 P<0.001），但运用斯皮尔曼的相关系数分析可知，这个关系的相关性水平很低，分别为 $r_k=-0.155$ 和 $r_k=-0.127$。

再看"学生对教学质量低下状况首要担忧的问题"（4 个选项限选1 项）的调查结果。表 3-6 列出所有学生的平均情况和月消费水平小于200 元的学生的反映。

表 3-6　学生对教学质量低下状况首要担忧的问题

选　项	平均值	月消费 <200 元
影响考试成绩	11%	14%
交了学费没有相应回报	6%	6%
影响我的学业前程	33%	38%
浪费我的时间	49%	43%

教授上讲台是提高高等教育质量的必由之路

此外，如果用表 3-6 中的内容大致代表学生逐步递进的学习动机的话，那么可以看出大多数学生是渴望学习的、学习动机是正确的，只有极少数人首先考虑的是考分与经济回报问题；即使是贫困生也是如此。而且，用"是否重新选择就读学校"与学生"对教学质量的满意度"两个变量分别与"学习动机"进行列联分析，可以得出其校正列联系数分别为 C=0.18 与 C=0.14（显著性水平皆为 0.001）。由此似乎可以推论，学生的学习态度、学术兴趣和学习动机并不是影响他们对教学质量评价结果的主要因素。

二、67 所大学教授（包括副教授，下同）的调查结果

（一）被调查对象的基本情况

参与调查的 6 988 名教授中，正教授占 36.2%，副教授占 63.8%。男性占 65%，女性占 35%。平均年龄 44.5 岁；年龄在 35～55 岁者占82%。来自于研究型大学（具有研究生院）的占 35.5%，非研究型大学的占 64.5%。研究型大学教授平均为 43.7 岁；非研究型大学 45.0 岁。任职年数 10 年以下的占 88%；5 年以下的占 54%；2 年以下占 22%。

教授样本的专业分布为：哲学 2.6%，医学 5.5%，经济 6.1%，法学3.8%，教育 5.8%，文学 8.8%，历史 2.6%，理学 17.3%，工学 27.2%，农学2.8%，管理 7.8%。此外，难以确定自己的专业究竟属于上述 11 类专业中哪一类和跨专业的教授占 9.6%。

若将哲学、文学、历史合并为"人文"；经济、法学、教育、管理合并为"社科"，理学为"理科"，医学、农学、工学为"工程技术"，其样本分布为：人文占 14.0%，社科 23.5%，理科 17.3%，工程技术 35.5%，其他类占9.6%。

（二）目前教授承担教学工作情况

1. 教授承担教学的工作量

调查显示，目前 95.3% 的教授在调查进行的学期承担了本科教学工作，但承担的工作量差异较大（图 3-2）。其中承担 1 门、2 门、3 门的人数分别占授课人员总数的 43%，36%，14%；总计 93%。即大多数教授该学期承担了 1 ~ 3 门课的教学。不过，其中独立承担的课程较少，2门以下（包括 2、1、0 门）的占 85.1%。

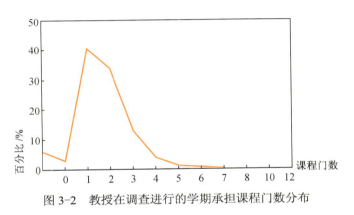

图 3-2　教授在调查进行的学期承担课程门数分布

2. 教授承担教学工作在学校与学科上的差异

调查学期承担了本科教学工作的教授百分比在学校类型上和专业类型上的差异很小（分别见表 3-7 和表 3-8），且不具有统计上的显著性。

表 3-7　两类学校教授承担本科教学情况（人数及百分比）

	研究型	非研究型	总计
承担	2344	4285	6 629
	95.2%	95.3%	95.3%
未承担	119	210	329
	4.8%	4.7%	4.7%
总计	2 463	4495	6 958
	100%	100%	100%

教授上讲台是提高高等教育质量的必由之路

表 3-8　不同学科教授承担本科教学情况（人数）

	人文	社科	理科	工科	其他	总计
承担	752	1 802	1 149	2 301	625	6 629
	96.2%	95.9%	96.3%	94.2%	94.6%	95.3%
未承担	30	77	44	142	36	329
	3.8%	4.1%	3.7%	5.8%	5.4%	4.7%
总计	782	1 879	1 193	2 443	661	6 958
	100%	100%	100%	100%	100%	100%

　　但教授们承担的课程教学门数在学校类型和专业类型上的差异较大，且统计上检验显著（P<0.001）（图 3-3）。总体而言，众数为 1 门课，中位数为 2（M_o=1；M_d=2）；研究型大学 M_o= M_d=1，非研究型大学 M_o=1；M_d=2。换句话说，无论研究型大学还是非研究型大学，只上一门课的教授比例很大，分别为 49% 和 40%。承担 4 门课以上的教授、副教授不到 5%（非研究型大学则略大于 5%）。

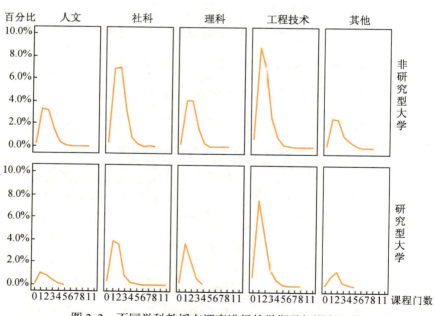

图 3-3　不同学科教授在调查进行的学期承担课程门数

3. 教授承担课程的类型

教授承担的课程类型多种多样,但主要集中在必修的专业课与专业基础课上,而公共课、选修课很少(表3-9)。很显然,专业课与教授的学科特长紧密相关,与教授的科研内容相关性较大,教学与科研的矛盾较小,且科研与教学的融合较容易,因此较受教授青睐。

表 3-9　教授们承担课程的类型

课程类型	百分比	课程类型	百分比
公共基础课	16%	公共必修课	17%
专业基础课	46%	专业必修课	67%
专业课	36%	选修课	15%
其他	2%	其他	1%
总数	100%	总数	100%

(三) 教授承担本科教学工作的困难

问卷中关于造成教授普遍不积极承担本科教学工作的原因的问题有两种,一是针对教师个人的问题:"如果您目前没有承担教学工作,请指出原因(多选题)。"另一题针对一般情况:"如果你校包括教授、副教授在内的相当数量的教师中,存在投入教学工作精力不足的问题,其原因是什么(多选题)。"统计结果分别见表3-10和表3-11。

表 3-10　教授们自述没有承担教学工作的原因

可能的原因选项	百分比
学校没有安排本人教学工作	55.1%
科研任务太重	25.9%
年龄太大	12.3%
过于劳累	9.6%
由分校区引起的困难	9.4%
认为本科教学没有成就感	4.0%
认为本科教学不能显示学术水平	3.7%
本科教学影响个人收入	3.0%

教授上讲台是提高高等教育质量的必由之路

表 3-11　教授们对"同事没有承担教学工作原因"的估计

可能的原因选项	百分比
科研任务重	58.3%
晋升职称时，教学是软指标	45.4%
本科教学太累	36.0%
不能显示学术水平	20.1%
精力放在兼职（指有报酬的工作）上	14.8%
本科教学都是基础的内容，不用特别投入精力	11.3%
其　他	10.7%

　　根据表 3-10 中教授们对于没有承担教学工作的原因的自述看，第一位原因是"学校没有安排"，第二位原因是与此相关的"科研任务太重"原因。这与表 3-11 中对同事的估计非常一致。总体而言，科研任务重和学校评价政策导向是影响教授承担本科教学工作的两个最重要的因素。

　　另外，从表 3-12 和 3-13 可以看出，研究型大学科研任务压力明显比非研究型大学重，研究型大学比非研究型大学更轻视教学工作在评价中的地位。科研任务重和评价导向两个因素在学校类型上的差异在统计检验上具有较高的显著性水平（P<0.001），但学校类型与科研任务之间的相关系数并不大，Gamma=0.156。

表 3-12　不同学校类型的教授对科研任务重的反映

	研究型大学	非研究型大学	总计
是	1 495	2 191	3 686
	63.1%	55.5%	58.3%
否	875	1 758	2 633
	36.9%	44.5%	41.7%
总计	2 370	3 949	6 319
	100%	100%	100%

表 3-13 不同学校类型的教授对评价导向问题的反映

	研究型大学	非研究型大学	总计
是	1 185	1 681	2 866
	50.0%	42.6%	45.4%
否	1 187	2 266	3 453
	50.0%	57.4%	54.6%
总计	2 372	3 947	6 319
	100%	100%	100%

　　然而，值得注意的是，教授们同时普遍认为科研对教学有促进作用。79% 的教授认为，"要做一名好教师必须要有坚实的科研基础"；对于"从事科研工作是否会影响给本科生授课"的回答结果：认为"是"占 17%，"不是"占 21%，"不一定"占 62%。由此可见，国家和学校层面的管理和政策导向对教授是否积极参与本科教学工作起决定作用。

　　教授们对于自己在本科教学过程中遇到的困难及其严重程度一题的回答结果如表 3-14 所示。

表 3-14 教授们在教学中遇到的困难及其严重程度

	不严重（%）	严重与非常严重（%）
缺乏好教材	65	35
图书资料不足或陈旧	56	44
没有助教	55	45
学生的基础差	59	41
教学硬件设备差	67	33
多校区带来的不便	64	36
其 他		48

　　可以看出，"没有助教"和"图书资料不足或陈旧"是相对严重的问题。此外，"没有助教"选择结果在学科和学校层次上也没有明显的差异（相关系数 Gamma 的绝对值皆不到 0.1 水平）。值得注意的是，上表中选择"其他"项的人数很多，认为严重的达 48%，根据一些填写出具体内容

教授上讲台是提高高等教育质量的必由之路

的回收问卷看,主要还是如上所述的科研任务重、评价指标导向等问题。

(四) 教授们对改革的建议

高达 95% 的教授同意"一般情况下,55 岁以下的教授、副教授原则上每两年至少为本科生讲授一门课"的建议;75% 的教授同意"教授承担本科教学的工作量应该有统一规定"。

对于怎样的行为才可称为教授参与了本科教学,教授们除了对于"主讲一门课程"给予充分肯定外,还对其他多种灵活的方式给予一定的认可(见表 3-15)。

表 3-15　教授参与本科教学的多种方式及其认可度

教学行为	同意(%)	不一定(%)	不同意(%)
主讲一门课程	79	19	2
必须较完整地上完一门课	66	31	3
只有上讲台、进课堂,才认可	61	32	7
辅导本科生毕业论文也认可	55	26	19
辅导本科生实验、实习也认可	50	31	19
吸纳本科生参与研究课题也认可	45	32	24
学术讲座也认可	48	28	24
指导"本科生早期研究"也认可	44	32	24

为了使教授不被从事科研带来的大量经济利益所驱动,问卷中有一题提出了减少教师科研津贴提成的建议,并规定最大提成量不得超过个人月工资的两倍。对于这个问题教授们的意见很不集中。26% 的教授赞成,22% 反对,而过半数(52%)表示中立。其他类似的有关以科研经费补贴教学的题目,调查结果也显示出中立者占 45% ~ 50%,且明确表示反对者与赞同者相差无几。

对于从教授科研经费中提取一定的比例用于增加本科生教学投入的建议,教授们普遍持否定态度,研究型大学赞成的只占 25%,普通高校赞成的占 27%。在这少量赞成的人群中，意见分歧也很大，图 3-4 表示出它的分布。建议提成百分比的分布有 6 个峰值：2%、5%、10%、20%、30%、50%，但 2% 的峰最大。图 3-5 显示了研究型大学教授的意见比非研究型大学要集中一些。

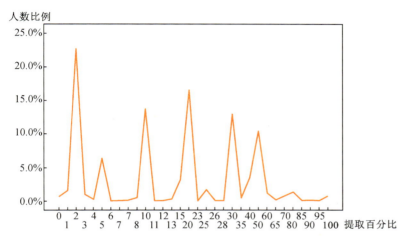

图 3-4　教授对用科研经费增加本科生教学投入建议的反映

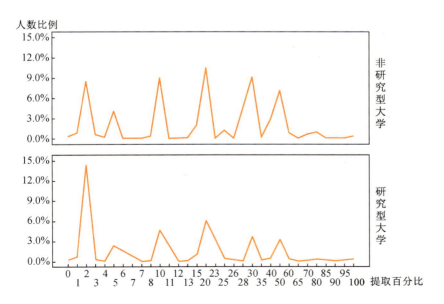

图 3-5　两类大学的教授对用科研经费增加本科生教学投入的反映

37

从学科上看,理工科教授们认为可以从科研经费中提取的百分比的平均数低于文科教授的平均数,不过,文科教师意见的标准差大于理科教授,即文科教授的意见分歧程度大于理工科教授(表 3-16)。

表 3-16　不同学科对科研经费统一提成用于本科教学的反映

	人数	百分比平均数	标准差
人文	125	29.0	22.4
社科	353	24.8	21.0
理科	284	17.8	18.4
工程技术	474	15.4	16.9
其他	124	25.3	19.6
总计	1360	20.5	19.7

对于问卷中建议将科研经费的一部分用于指导本科生科研的态度,27% 的教授持赞成态度,45% 认为不确定,28% 持反对态度。关于将科研经费的一部分用于指导本科生科研的百分比问题,研究型大学教授的意见相对集中在 2%、10% 和 20% 上;以 20% 为众。

此外,对于让青年教师以科研为主、助教为辅,教授则以教学为主、科研为辅的意见,教授们多持否定态度(表 3-17)。

表 3-17　对青年教师以科研还是以教学为主的意见的反馈

建议举措	是	否	其他
青年教师是否应当以科研为主,助教为辅	23%	77%	
青年教师以科研为主,助教为辅是否可行	29%	71%	
助教、讲师是否有资格讲授基础课	23%	3%	74%*
你校的全部课程均由教授、副教授承担,是否有必要	8%	69%	24%**
你校的全部课程由教授、副教授承担,是否可行	11%	53%	36%***
是否赞同全部基础课由正、副教授承担	23%	77%	
您校全部基础课由正、副教授承担是否可行	21%	79%	

注:*"其他"项内容为"根据具体教师的水平而定";

　　**"其他"项内容为"区分学科";

　　***"其他"项内容为"进一步加强师资队伍建设后有可能实现"。

　　对于问卷中高教司提供的"教师队伍培养和使用制度"建议流程图
（图3-6），56%的教授表示赞同或完全赞同；中立者占22%，反对和完全
反对者占23%，此调查结果似乎与上题（表3-17）的结果不很一致。根据
问卷设计的原理，其可能原因之一是流程图太复杂，许多人没有仔细阅读
便填写问卷。另外，图中的意思比表3-17的简单问题的形式要具体。新
聘用年轻教师先从辅导员、班主任工作做起，然后才是助教，再然后才是
讲师，在讲师阶段还要协助教授、副教授工作。这显然比笼统地称"青年
教师以科研为主、助教为辅"要合理得多。另外，这样的模式对于非研究
型高校更合理一些，而对于高层次的研究型大学，新教师进门已经具有博
士学位、讲师职称了，但往往还没有教学经验，让这些年轻教师主要搞科
研，到老了再锻炼教学能力，显然是不合适的。而且，科研与教学是相长
的，年轻教师不参与教学工作对其成长发展也是一种缺陷。因此，该模式
至少不能适用于所有学校类型，事实上，研究型大学教授对此模式持赞同
和比较赞同者占50%，非研究型大学教授对此模式持赞同和比较赞同者
占58%。当然，根据国际经验，对于研究型大学根据需要设置少量研究员
岗位也是可以考虑的，但在这些岗位的人往往终身都与教学工作没有必
然的联系。

教授上讲台是提高高等教育质量的必由之路

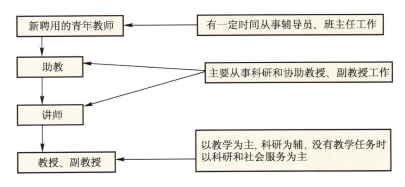

图3-6 "教师队伍培养和使用制度"建议流程图

至于问卷中提出的"全部课程均由教授、副教授承担是否必要"、"全部课程均由教授、副教授承担是否可行"、"是否赞同全部基础课由教授、副教授承担"、"如果您校全部基础课由教授、副教授承担是否可行"等问题，绝大多数教授持否定意见。认为全部课程均由教授、副教授承担有必要的只有 7.7%；认为全部课程均由教授、副教授承担可行的只有 10.7%；对于基础课而言，赞同全部基础课由教授、副教授承担的只有 23.0%；认为自己学校全部基础课由教授、副教授承担可行的只有 20.7%。其实这里的原因很明显，高校的功能不只是教学，还有科研任务，而且年轻教师也需要培养和锻炼教学能力。再者，教学是计算工作量的重要方面，年轻教师全部或主要工作量靠科研工作来完成是不可能的，因为课题申请和主持人主要是资深教授。

对于问卷中让新聘任的青年教师有一定的时间从事助教、辅导员、班主任工作的建议，教授们普遍欢迎，认为"很有必要"和"有必要"的共占 82%；认为"没必要"的不到 6%；其余 12% 认为"可有可无"。

大多数教授（74%）认为，基础课教师选定的原则既不是"以青年教师为主"，也不是"以教授、副教授为主"，而是"根据课程的要求，两者合理搭配"。

关于教授、副教授在外兼职（指有报酬的工作）是否会影响本校的本科教学工作的看法，分歧较大，具体结果如下：认为很有影响占 17%，影响占 37%，不一定 44%，不影响占 3%；不影响反而有促进作用占 2%。因而，表示赞成教授、副教授在外兼职的占 22%，表示不赞成的占 23%，其余为中立。但认为国家有必要出台相关管理政策的占 52%，认为无必要占 30%，其余为中立。由此似乎可以讨论，简单限制教授兼职不是上策，而是要通过政策引导、根据不同情况具体分析。

总体来看，获得超过 60% 的教授赞同（认为"很重要或重要"）的有关推进教授承担本科教学工作的建议如下：

（1）87% 的教授赞同进一步提高教授职称评审中教学工作的权重。

（2）87% 的教授赞同在聘任岗位中明确规定本科课程教学任务。

（3）75% 的教授赞同将教授工资或津贴的一部分与教学任务挂钩。

（4）61% 的教授赞同鼓励教授课题中吸纳更多本科生。

（5）64% 的教授赞同要鼓励教授指导"本科生早期研究"项目。

（6）61% 的教授认为国家应该大幅度提高教授工资（65% 的教授认为现在教授、副教授待遇太低或低）。对于提高工资的建议，非研究型大学比研究型大学有更多教授表示赞同（63%）。

（7）82% 的教授赞同让新聘任的青年教师有一定的时间从事助教、辅导员、班主任工作。

三、67 所大学管理人员的调查结果

（一）被调查对象的基本情况

参与调查的 434 名管理人员中，担任校级职务的占 64%，处级占 36%；来自于研究型大学的占 24%；来自于非研究型大学的占 76%。平均任职年数为 4.9 年；研究型大学略短，为 4.6 年，非研究型大学为 5.0 年。55% 的人目前仍然兼任本科教学工作。

（二）管理人员对改革的看法与建议

93% 的管理人员同意"一般情况下，55 岁以下的教授、副教授原则上每两年至少为本科生讲授一门课"；75% 的管理人员同意"教授承担本科教学的工作量应该有统一规定"。

对于怎样才可称为教授参与本科教学的行为，除了"主讲一门课

教授上讲台是提高高等教育质量的必由之路

程"比较肯定外,管理人员有比较灵活的看法,而且与教授的看法相近,详见表 3-18(括号中为教授的数据):

表 3-18　管理人员对于教授参与本科教学的各种方式的看法

	同意 /%	不一定 /%	不同意 /%
主讲一门课程	74(79)	23	3
只有较完整地上完一门课	50(66)	47	4
只有上讲台、进课堂,才认可	63(61)	31	7
辅导本科生毕业论文也认可	50(55)	26	24
辅导本科生实验、实习也认可	55(50)	21	25
吸纳本科生参与研究课题也认可	38(45)	25	37
学术讲座也认可	47(48)	27	26
指导"本科生早期研究"也认可	41(44)	28	32

对于减少教师科研津贴的提成(最大提成量不得超过个人月工资的两倍)的建议,管理人员的意见也很不集中。26% 的管理人员赞成(与教授数据完全相同),但有 25% 反对,而大多数(49%)表示中立。其他类似题目的调查结果也显示出中立者占 45% 左右,明确表示赞同者略高于反对者比例。总体而言与上文所述教授的态度相似。

管理人员对于从教授科研经费中提取一定的比例用于增加本科生教学投入的反映,意见分歧也很大(图 3-7)。在这 26% 的赞成人群中,对于提成百分比的意见也非常分散(图 3-8),研究型大学比非研究型大学的意见要集中一些,有 2 个峰值:2%、20%;但 2% 的峰最大。而非研究型大学至少有 4 个峰值,可见非研究型大学的管理人员对这个问题的意见分歧更大。这与从教授数据得出的结果也非常相似,而且 2% 的峰值也是教授与管理人员的共同之处。

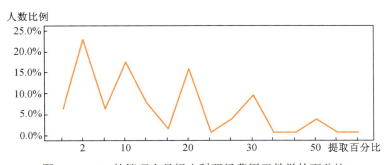

图 3-7　26% 的管理人员提出科研经费用于教学的百分比

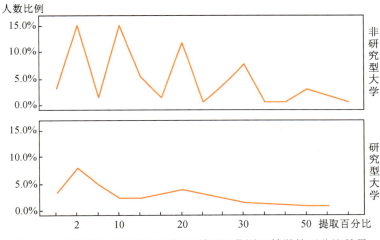

图 3-8　两类学校的管理人员提出科研经费用于教学的百分比差异

对于问卷中将科研经费的一部分用于指导本科生科研这一建议，43% 的管理人员持赞成态度，37% 认为不确定，19% 持反对态度。这比教授的态度要积极一些。关于将科研经费的一部分用于指导本科生科研的百分比问题，研究型大学管理人员的意见相对集中在 2%、5% 和10% 上；以 2% 为众。非研究型大学的意见更加分散。

此外，关于让青年教师以科研为主、助教为辅，教授则以教学为主、科研为辅的意见，管理人员基本上持否定态度（表 3-19），而且比教授们还明显。

表 3-19　管理人员对"青年教师以科研还是以教学为主"的意见的反馈

建 议 举 措	是 /%	否 /%	其他 /%
青年教师是否应当以科研为主,助教为辅	16	84	
青年教师以科研为主,助教为辅是否可行	20	80	
助教、讲师是否有资格讲授基础课 *	41	1	59
你校全部课程均由教授、副教授承担,是否有必要	5	95	
你校的全部课程由教授、副教授承担,是否可行 **	4	70	26
是否赞同全部基础课由正、副教授承担	21	79	
你校全部基础课由正、副教授承担是否可行	12	88	

注:* "其他"项为"根据具体教师的水平而定";
　　** "其他"项为"进一步加强师资队伍建设后有可能实现"。

对于问卷中提供的教师队伍培养和使用制度(即年轻教师以科研为主,教授以教学为主),55% 的管理人员表示赞同或完全赞同;中立者占 16%,反对和完全反对者占 29%。与教授调查数据的结果相似。

当然,对于让新聘任的青年教师有一定的时间从事助教、辅导员、班主任工作的意见,得到绝大多数管理人员的肯定,认为"很有必要"和"有必要"的共占 97%;认为"没必要"的不到 2%;其余不到 2% 为中立。

大多数管理人员(76%)认为,基础课教师选定的原则既不是"以青年教师为主",也不是"以教授、副教授为主",而是"根据课程的要求,两者合理搭配"。此观点与教授群体意见也很一致。

关于教授、副教授在外兼职(指有报酬的工作)是否会影响本校的本科教学工作的看法,分歧较大,具体结果如下:认为很有影响占 11%;影响 55%;不一定 33%;不影响 1%;不影响反而有促进作用为 0。因而,表示赞成教授、副教授在外兼职的占 11%,表示不赞成的占 41%,其余为中立。认为国家有必要出台相关管理政策的占 78%,认为无必要的占 16%,其余为中立,明显比教授群体更重视政策作用。

　　85%的管理人员认为本校现行的教学系列晋升或聘任制度基本可行或很好，认为问题很大或完全行不通者很少。

　　59%的管理人员（53%的教授）反映本校执行了"连续两年不服从学校安排讲授本科课程的，可不再聘任其担任教授、副教授职务"的政策，其余47%（42%的教授）没有执行。没有执行的原因主要是"配套制度不健全"，而不是其他因素（如教师观念、学校文化等）。

　　关于本校已为多少教授配备了助教一题，只有13%的管理人员回答为本校半数以上的教授配备了助教。在研究型和非研究型大学之间也没有明显差异。

　　87%的学校有教授、副教授指导青年教师教学工作的青年教师导师制或类似制度。在研究型和非研究型大学之间也没有明显差异。

　　总体而言，获得超过60%的管理人员赞同（认为"很重要或重要"）的关于推动教授程度本科教学工作的建议如下：

　　（1）91%的管理人员（87%的教授）赞同进一步提高教授职称评审中教学工作的权重。

　　（2）96%的管理人员（87%的教授）赞同在聘任岗位中明确规定本科课程教学任务。

　　（3）83%的管理人员（75%的教授）赞同将教授工资或津贴的一部分与教学任务挂钩。

　　（4）65%的管理人员（61%的教授）赞同鼓励教授课题中吸纳更多本科生。

　　（5）75%的管理人员（64%的教授）赞同要鼓励教授指导"本科生早期研究"项目。

　　（6）63%的管理人员（61%的教授）认为国家应该大幅度提高教授

工资（38% 的管理人员认为现在教授、副教授待遇太低或低；认为一般者占 55%；其余 7% 认为高或较高；这个估计比教授们自己的估计要乐观）。而且非研究型大学更多管理人员表示赞同（66%）。

（7）97% 的管理人员（82% 的教授）赞成让新聘任的青年教师有一定的时间从事助教、辅导员、班主任工作。

四、10 所多类型大学的学生调查结果

（一）参与调查学生的基本情况

在参与调查的 2 248 名大三学生中，男性占 47%，女性占 53%。来自于研究型大学的占 69%，非研究型大学的占 31%。他们的专业分布为：人文占 11%，社科占 32%，理科占 10%，工程技术占 30%，"其他"类占 17%。

（二）10 校学生对教授授课质量的满意度

总体而言，14% 的学生认为非常满意，63% 认为较为满意，20% 认为一般，2% 认为不太满意，1% 认为不满意。而且，研究型大学与非研究型大学之间差异明显（大学类型与学生满意度之间的相关系数，校正 C=0.38，Gamma=-0.58，P<0.001），前者的学生满意度为 69%，后者的学生满意度为 93%。研究型大学的数字还略高于 8 所著名大学学生对"本院系教学质量"的评价结果：满意度为 49%。而如前所述，清华大学、北京大学学生的满意度为 68%，显著高于其他 6 所（43%），而与普通研究型大学水平相当（图 3-9）。

学生满意度在专业上的差异不大，校正 C=0.16，Gamma=-0.03，P<0.001，见图 3-10。

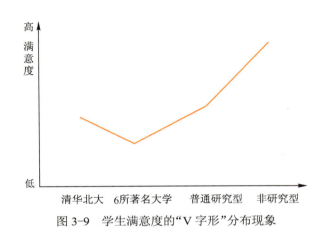

图 3-9　学生满意度的"V 字形"分布现象

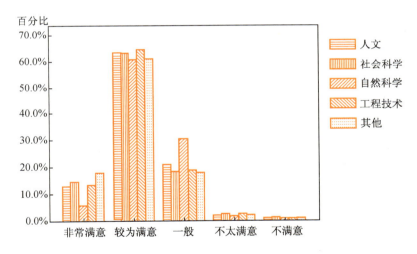

图 3-10　学生满意度在专业上的差异

　　学生对自己三年来所修课程中满意课程的百分比估计情况如图 3-11 所示。显然,研究型大学与非研究型大学之间存在较大差异(相关系数 Gamma=0.5,　λ =0.10；P<0.001)。研究型大学明显比非研究型大学问题严重。8 所著名大学的数据显示有半数的学生对 50% 以上的课程不满意。

教授上讲台是提高高等教育质量的必由之路

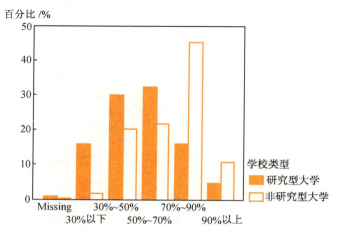

图 3-11　学生所修课程中满意课程的百分比

　　两类大学的学生在估计"在令您满意的课程中,由正教授主讲的课程大概占百分之几"的问题上也存在显著差异(相关系数 Gamma=0.48,λ =0.14;P<0.001)。研究型大学的学生倾向于将较百分比的满意课程归功于正教授(图 3-12)。

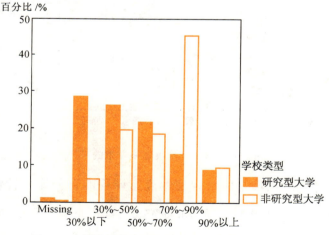

图 3-12　学生满意课程中由正教授主讲的百分比

　　同样,研究型大学与非研究型大学的学生们对自入学以来授课最好的教师的职称的判断也存在差异(相关系数 Gamma=-0.31;P<0.001)。研究型大学 43% 的学生认为是正教授,非研究型大学 54% 的学生认为是

正教授；认为是副教授的分别为 28% 和 38%，认为是讲师以下的分别为 25% 和 8%。

对教授的总体水平的评价也呈现出研究型大学的学生较非研究型大学的学生不满意的情况。研究型大学只有略过半数的学生认为教授的总体水平高（表 3-20）。

表 3-20　学生对教授总体水平的评价（人数／百分数）

	研究型大学	非研究型大学	总计
高	796/51.5%	568/82.2%	1 364/61.0%
一般	714/46.2%	119/17.2%	833/37.3%
低	35/2.3%	4/0.6%	39/1.7%
总计	1 545/100%	691/100%	2 236/100%

相关系数 Gamma=-0.62，显著（P<0.001）。

同样，在其他类似的评价教授教学问题上，也呈现两类大学的显著不同（表 3-21、表 3-22）。

表 3-21　学生对教授在帮助自己学术上成长的作用的评价（人数／百分数）

	研究型大学	非研究型大学	总计
非常满意	133/8.6%	169/24.5%	302/13.5%
较为满意	762/49.2%	467/67.6%	1 229/54.9%
一般	538/34.7%	53/7.7%	591/26.4%
不太满意	71/4.6%	0/0.0%	71/3.2%
不满意	45/2.9%	2/0.3%	47/2.1%
总计	1 549/100%	691/100%	2 240/100%

相关系数 Gamma=-0.67，显著（P<0.001）。

表 3-22　学生对教授在帮助自己人际交往上成长的作用的评价（人数／百分数）

	研究型大学	非研究型大学	总计
非常满意	112/7.2%	177/25.5%	289/12.9%
较为满意	564/36.4%	395/57.0%	959/42.7%
一般	681/43.9%	102/14.7%	783/34.9%

教授上讲台是提高高等教育质量的必由之路

49

	研究型大学	非研究型大学	总计
不太满意	110/7.1%	16/2.3%	126/5.6%
不满意	84/5.4%	3/0.4%	87/3.9%
总计	1 551/100%	693/100%	2 244/100%

相关系数 Gamma=−0.63,显著(P<0.001)。

因此,在被问及:"您是否会重新选择这所大学"的时候,研究型大学的学生更多选择了"否"(表3-23)。

表3-23 学生对"是否会重新选择这所大学"一题的回答情况(人数/百分数)

	研究型大学	非研究型大学	总计
是	673/43.4%	580/83.7%	1 253/55.9%
否	340/21.9%	49/7.1%	389/17.3%
不确定	537/34.6%	64/9.2%	601/26.8%
总计	1 550/100%	693/100%	2 243/100%

相关系数 Gamma=−0.69,显著(P<0.001)。

多项题目的回答结果显示,非研究型大学学生对教授教学质量的满意度高于研究型大学;而且相关性较高,且检验显著。

(三)影响学生满意度的有关因素

1. 教授承担本科教学的情况

有6.3%的学生认为自进校后"没有"任何课程由正教授为他们主讲;73.3%的学生认为自进校后"小部分"课程由正教授为他们主讲;反映有半数以上的课程由正教授主讲的学生刚刚接近20%。

学生对副教授的反映是,认为自进校后"小部分"课程由副教授为他们主讲的学生占53%;认为有"半数"左右课程的学生占32%;认为大多数课程由副教授主讲的占13%。

从表3-24、表3-25可以看出,学生反映教授主讲课程的比例在研究型大学与非研究型大学之间没有明显差异（相关系数 Gamma=0.07，检验不显著）。但研究型大学的学生反映的情况略微严重一些，即由教授主讲的课程比例更小一些。

表 3-24 学生对"所修课程中多少由正教授主讲"一题的回答情况（人数／百分数）

	研究型大学	非研究型大学	总计
没有	117/7.6%	23/3.3%	140/6.3%
部分	1 110/71.9%	531/76.3%	1 641/73.3%
约半数	179/11.6%	82/11.8%	261/11.7%
大多数	98/6.3%	55/7.9%	153/6.8%
绝大多数	40/2.6%	5/0.7%	45/2.0%
总计	1 544/100%	696/100%	2 240/100%

表 3-25 学生对"所修课程中多少由副教授主讲"一题的回答情况（人数／百分数）

	研究型大学	非研究型大学	总计
没有	21/1.4%	6/.9%	27/1.2%
部分	929/60.2%	267/38.4%	1 196/53.4%
约半数	358/23.2%	357/51.4%	715/31.9%
大多数	164/10.6%	62/8.9%	226/10.1%
绝大多数	72/4.7%	3/.4%	75/3.3%
总计	1 544/100%	695/100%	2 239/100%

相关系数 Gamma=0.25，显著（P<0.001）。

在为教授配备助教问题上，从学生反映来看，认为"没有"教授配备助教的占 16%；认为"小部分"教授配备助教的占 34%；认为"约半数"的教授配备了助教的占 5%；认为"大多数、绝大多数"的占 45%。这个比例远高于管理人员对本校自评的结果（表 3-26）。在这个问题上，研究型大学与非研究型大学之间没有明显差异（相关系数 Gamma=-0.08，显著（P<0.01））。

教授上讲台是提高高等教育质量的必由之路

表 3-26　学生对"多少教授配有助教"一题的回答情况（人数／百分数）

	研究型大学	非研究型大学	总计
没有	255/16.6%	99/14.2%	354/15.9%
部分	515/33.6%	234/33.6%	749/33.6%
约半数	87/5.7%	33/4.7%	120/5.4%
大多数	197/12.8%	258/37.1%	455/20.4%
绝大多数	481/31.3%	72/10.3%	553/24.8%
总计	1 535/100%	696/100%	2 231/100%

关于教师职称与教学质量的关系问题，学生调查问卷中设有是否需要全部课程由正、副教授承担的有关问题，对此，78% 的学生表示不同意全部课程由正、副教授承担，64% 的学生不同意全部基础课由正、副教授承担；这在研究型大学和非研究型大学基本相似（表 3-27）。这与其他两类人员（教授与管理人员）的调查结果也是一致的。其原因已于上文讨论。

表 3-27　学生对"全部基础课由正、副教授承担是否必要"的判断情况（人数／百分数）

	研究型大学	非研究型大学	总计
是	601	207	808
	39.4%	30.2%	36.5%
不是	926	479	1405
	60.6%	69.8%	63.5%
总计	1 527	686	2 213
	100%	100%	100%

相关系数 Gamma=0.20，显著（P<0.001）。

同样，对于让更多的教授承担本科教学工作是否可提高教学质量的问题，略过半数的学生（52%）给予肯定答案，但认为不确定的比例也很高（45%），完全否定的很少（3%）。与此相关，对于基础课教师选定原则的考虑，绝大多数学生（76%）认为要根据课程的要求，将青年教师和教授两者合理搭配，而不是简单地认为要以教授、副教授为主（仅 17%）。

2. 教师学术水平、教学方法与教学态度等因素

问卷中有这样一题："如果让您重新选择，您是否仍然选择这所大学？"回答"否"的同学对各项可能原因的选择情况见表 3-28：

表 3-28　学生对影响教学质量因素的选择情况

影响因素	百分比
校园学术氛围差	28%
校园文化贫乏	23%
很难有机会与教授接触	21%
图书馆、网络、实验设施等学习条件差	17%
生活环境差	13%
由分校区引起的问题	12%
很少见到教授上课	12%
其他原因	10%
教师不重视教学	9%
师生关系紧张	3%

从这一题的结果看，最大的问题似乎不是教学问题，也不是教授是否承担足够量的课堂教学问题，"教师不重视教学"只有 9% 的人选，"很少见到教授上课"也只有 12% 的人选；但"很难有机会与教授接触"排在第 3 位，这与排在第 1、2 位的对校园文化和学术环境评价低是共通的。而且，与第一阶段针对 8 所著名大学进行的调查结果相比，有非常相似的结果。

另外，根据调查发现，是否参与过教授的研究课题或进行过"本科生早期研究"项目，对学生的满意度有一定的关系，但影响程度不大，校正后的 C=0.16；P<0.001。

出乎意料的是非研究型大学比研究型大学的学生更多地参与了教师的课题，而且是近 4 倍的百分比之差（相关系数 Gamma=-0.77；λ =0.2）（见表 3-29）。这是否能成为解释他们对教学质量满意度差异的又一原因呢？研究型大学的本科生有较少机会参与教师课题的原因大致

教授上讲台是提高高等教育质量的必由之路

有二,一是被研究生代替了,二是课题的难度大,本科生还有很多基础的东西没有掌握。不过,尽管非研究型大学的学生参与了课题研究,但他们的满意度并没有明显提高。

表3-29 学生对"是否参加过教师课题或本科生早期研究"
项目一题的回答情况(人数 / 百分数)

	研究型大学	非研究型大学	总计
是	228	391	619
	14.8%	56.7%	27.8%
不是	1 309	299	1 608
	85.2%	43.3%	72.2%
总计	1 537	690	2 227
	100%	100%	100%

相关系数 Gamma=-0.77,显著(P<0.001)。

不过,参与过教师课题的学生对教授给予自己在学术成长上的帮助有较多的肯定(表3-30)。

表3-30 参与课题对学生肯定教授在学术上帮助的影响

	参加过课题	没有参加过	总计
非常满意	122	176	298
	19.7%	11.0%	13.4%
比较满意	399	822	1 221
	64.6%	51.3%	55.0%
一般	83	499	582
	13.4%	31.2%	26.2%
不太满意	8	63	71
	1.3%	3.9%	3.2%
不满意	6	41	47
	1.0%	2.6%	2.1%
总计	618	1 601	2 219
	100%	100%	100%

未校正 C=0.22;P<0.001

五、问卷调查结果的分析与讨论

（一）本项问卷调查的主要发现

教授参与教学的比例较高,达 95%。其中 93% 的教授在调查进行的学期承担了 1～3 门本科生课程;6% 承担 4 门以上课程。研究型大学教授的承担量略低于普通高校的教授,但两类学校都以 1 门为众数。

学生,特别是著名大学的本科生期望值很高,但对教学质量的满意度不高,对教授的教学水平、学术水平也不满意,对教授教学的态度尤其不满,对已经开设的课程的满意度也较低。有的学生满意度之低到了令人瞠目结舌的地步。平均而言,超过一半的被调查学生认为教学质量"一般"、"不太满意"和"不满意"。最差的学校只有 15% 的学生对教学质量表示"非常满意"或"比较满意",其余学生认为"一般"、"不太满意"和"不满意";最差的学校近一半的被调查学生后悔选择了目前就读的学校。这些问题在研究型大学更为严重。而且,多种题目的调查结果都显示了研究型大学学生的满意度明显低于普通高校。然而,清华大学、北京大学是例外。

两次学生调查的结果都显示,影响学生满意度的主要因素是校园文化氛围和学术氛围及生活、学习条件,而且研究型大学更为严重;教师的学术水平低也是研究型大学学生反映的重点问题。清华大学、北京大学较其他研究型大学情况较好。而教授承担教学的工作量和教学方式方法目前没有成为最直接、最主要的原因,这在两类高校都是如此。不过,参加过教授课题的本科生对教学的满意度略高于未参加过的学生,这无论在研究型大学还是普通高校都是如此。而且,根据学生的自述,普通高校的学生比研究型大学更有机会参与教授课题。

根据教授们的反映,影响教授承担教学工作的主要因素是科研压力和评价导向,而教学过程中的困难主要在于图书资料陈旧和助教不足问

教授上讲台是提高高等教育质量的必由之路

题，但它们仍然没有评价导向和科研压力的影响大。

大多数教授的教学理念和教学方式、方法陈旧；不少教师缺乏教学经验。尤其是教学与科研的结合没有真正开始。很少教授注意将自己的研究课题与学生分享，目前做得较好的形式还主要是在课堂上与学生共同分析问题，如案例教学法，用以学习系统的知识。结合访谈资料可以看出即便有个别教师有所创新，也没有形成全校的制度。类似于"本科生研究"的做法，还局限于"挑战杯"之类的"创新活动"，而且只能限于极少数学生参加，脱离教师的课题，或脱离实际的问题。人文社会学科则更少运用这些新的教学方式方法。

调查结果也反映出学科上的差异。从平均状况看，自然科学教学质量较好，工程技术与人文与社会科学较差。除清华大学外，新设的人文与社会科学学科往往问题较多。

对于推动教授承担本科教学工作、提高教学质量的政策与措施方面，绝大部分教授和管理人员赞同进一步提高教授职称评审中教学工作的权重，并在岗位职责中明确规定教学工作量；大多数教授和管理人员赞同将教授工资或津贴的一部分与教学任务挂钩；大多数教授和管理人员赞同建立健全以年轻教师和研究生为主的助教制度。半数以上的教授和管理人员赞同鼓励教授课题中吸纳更多本科生、鼓励教授指导"本科生早期研究"项目的建议。但绝大多数教授和管理人员对从科研经费里提取一定比例补充教学的建议，持消极态度；对所有课程或所有基础课都由正、副教授承担的建议持非常一致的反对意见；对让年轻教师以科研为主、教授以教学为主的提法意见分歧很大，更多认为应该因人而异、因学科而异。

（二）讨论与建议

综上所述，结合前人的研究，可以看出，我国目前本科教学问题大致有如下几方面。

第一，尽管教授参与教学的比例很高，但效果并不理想，这与湖南省近期的一项调查结果相似：71%的大学生认为教师的教学没有满足培养学生能力的需要。[①]此外，教授的教学态度和学术水平都不能令学生满意，研究型大学问题尤为严重。因此，进行全方位的教学改革、提高教学质量迫在眉睫。尽管研究型大学的学生可能比普通高校的学生更具批判性，对教学的要求更高，但最具批判性的北京大学、清华大学的学生在8所著名大学中给出最好的评价结果，这说明研究型大学问题不是简单的学生批判性的问题，而是具有一定的普遍意义的问题。根据美国最近一项研究显示，按卡内基分类的七类大学学生的满意度和学习收获自评结果，已不存在学校类型间的显著差异，尽管普通学校学生学术参与机会不及研究型大学。[②]事实上，无论如何，让学生满意是任何类型的学校教学质量的基本要求。即便学生的批判性确实很大，教师则应该具有更大的批判性或更高的学术道德让学生折服。

我国目前教学改革的情况大致与发达国家80年代的情况相似，但问题似乎更为严重（表3-31）[③]。

表3-31　中美两国大众化早期不同类型学校的学生对教学质量的满意度*

	著名大学	研究型	其他博士学位	综合大学	文理学院
美国1987年	68%		68%	71%	85%
中国2006年	49%	69%	93%		

注：*由于中美学校分类系统不同，表中将本次调查的研究型大学对应于当时美国卡内基分类的前两类研究型大学。

---

① 姚利民，成黎明. 期望与现实[J]. 中国大学教学，2007（3）.

② Pike, G. R., Kuh, G. D., Gonyea, R. M. The relationship between insititutional mission and students' involvement and educational outcomes [J]. Research in Higher Education, 2005, 44（2）：1-21.

③ 博耶. 美国大学教育——现状·经验·问题及对策[M]. 复旦大学高教所译. 上海：复旦大学出版社，1988.

教授上讲台是提高高等教育质量的必由之路

　　第二，教授们认为，教学经费严重不足是导致质量问题的首要原因。这主要体现在学生生活、学习条件差，图书资料等硬件设备陈旧，班级数太大上，进而导致了校园文化氛围和学术氛围差，高水平教师少或教师学术水平难以提高等方面。事实上，经费较多、教学改革投入较大的学校，教师的态度要积极一些，学生的满意度明显高一些，如清华大学、北京大学。

　　第三，尽管教授与管理人员普遍认识到科研与教学的相互促进关系，但许多高校现有的改革措施缺乏明确的理论指导，没有根据自己的特点处理好科研与教学的关系，这个问题在研究型大学尤为严重。一方面在评价导向上轻视教学，另一方面没有充分利用丰富的科研课题资源促进教学改革。研究型大学没有向学生提供既符合自己特点又充分发挥自己特长的教育。教授课题多、难度大，往往不适合本科生参与，而且评价导向上更重视出高水平的成果，因此，严重冲击了教学工作。而在普通高校，由于教授课题难度较小、又没有或很少研究生，因此本科生们参与教师课题的机会多于研究型大学，而且难度较小的课题也易于运用现代教学法，如将研究课题内容带进课堂、案例教学、课堂讨论、合作学习。

　　从美国等发达国家20多年来走过的高等教育教学改革路程及其取得的经验教训来看，本科教学改革在不同类型的大学应该采取不同的方法和举措；研究型大学是改革的重点和难点。对于研究型大学而言，改革的根本原理在于重建教学与科研制度，以保证：第一，转变广大教职员工关于"学术"的观念——学术不仅指发现知识和应用知识的活动，而且应该包括传播知识和整理知识的活动；①第二，将科研与教学融合，在二者

　　① 博耶，欧内斯特．学术水平的反思——教授工作的重点领域[A] // 国家教育发展研究中心．发达国家教育改革的动向和趋势　第五集[C]．北京：人民教育出版社，1994.

58

之间建立同生共进的关系。①博耶委员会的派生机构"重建中心"在 2001 年进行的对 1998 年博耶报告影响的跟踪调查结果,基本肯定了许多研究型大学在科研与教学融合上的探索,其中扩大本科生研究计划和实施研究性教学被认为是最为成功的举措。②

根据国际经验和本次调查情况来看,我国首先要在国家层面上下大本钱,加大对教学改革的投入,而不是通过限制或削弱教授科研来改善现状。1999 年以来,国家财政对高等教育的投入是过去的两倍,但生数扩大了五倍。③为此,首先要重视教师队伍建设,大力吸引优秀教师留在教育系统,大力吸引优秀留学人员回国,提高教师质量,改善学校学术氛围。

各级管理层要重视教学制度建设,而不是重抓"闪光点"。虽然少数优秀教师典型走在前面,但广大教师各自为阵,资源分散,缺乏教育改革的积极性,成功经验得不到有效交流。特别值得重视的是,各级管理部门要区别对待研究型大学与普通高校,并应该体现在各项政策和制度上。根据国际经验和本调查数据,针对研究型大学学生的特点,要督促研究型大学从制度上保证科研与教学的融合,在科研与教学中建立同生共进的关系。要鼓励教授吸纳本科生参与课题,要大力推广"本科生科研计划"和研究性教学,在管理机制、人员配备、活动空间、学生的研究学分承认、教师的辅导工作承认等方面,为该计划实施提供有力的支持。

教授上讲台是提高高等教育质量的必由之路

---

①　The Boyer Commission on Educating Undergraduates in the Research University. Reinventing Undergraduate Education: A Blueprint for America's Research Universities. [2006-10-10] http://www.sunysb.edu/pres/0210066-Boyer.

②　Katkin, W. The Boyer commission report and its impact on undergraduate research [J]. New Directions for Teaching and Learning, 2003, 93：19-38.

③　张尧学. 新思路解决新问题——教育部高等教育司司长张尧学谈高教质量工程建设[N]. 光明日报, 2006-10-19.

研究型大学的教学改革要有自己的理论基础,而不是像普通高校那样,在所谓现代课堂教学法上做太多的文章。要赋予教授学术自由以新内涵,让一部分乐于和善于从事教学改革的教师发挥自己的特长,享受应有的学术地位。同时,辅助以其他评价上的措施,如在聘任岗位中明确规定教授本科教学任务;将教授工资或津贴的一部分与教学任务挂钩。国家要增加投入,以保证研究型大学设立更多的合适的"本科生早期研究"项目,弥补研究型大学教授许多高深研究课题不合适本科生需求的不足。麻省理工学院的报告建议,应当制定保证 100% 的本科生在四年的某个时间参与科研的目标。①我国目前在这方面刚刚开始,学生覆盖面太小,因此,各级政府和学术团体应当立即行动,在经费上给予更大的支持。

其次,在学校层面上,除了在教师评价导向上鼓励高质量的教学外,要尽快改善教授教学工作的条件,建立健全助教制度,研究型大学尤其要对年轻教师助教和研究生助教在政策上和待遇上给予支持。同时,要重视学术文化与物质环境的建设,重视教学硬件的更新与建设,重视学生学习条件和生活条件的改善。此外,无论对于研究型大学还是普通高校,都要加大对教学优秀教师的政策支持和奖励力度。

最后,应该强调的是,由于我国的社会政治、经济和文化状况以及高等教育发展水平,与美国 80 年代相比存在很大差异,研究型大学甚至还肩负着类似美国 19 世纪的"赠地学院"(为地方经济建设普通项目服务)的任务,科研和教学的关系具有更大的复杂性,教学改革的成败关系重大。因此,在我国目前要推进研究型大学的教学改革,首先要注意遵循研

---

① 刘强等.美国研究型大学本科教育改革简介[D].[2004-11-12]教育部网站.

究型大学发展的内在规律,避免重大教学改革举措完全脱离科研活动,影响大部分教授的科研工作。否则,一方面必然会导致形式主义,使改革以失败而告终,另一方面可能会影响研究型大学在实施以建设创新型国家为目标的科技发展中发挥应有的作用。

教授上讲台是提高高等教育质量的必由之路

61

第四章 价值重估：教授上讲台的责任与意义

　　教授作为本科教学的承担者，他们如何看待"教授承担本科教学"这一问题？他们在承担本科教学的过程中有着怎样的酸甜苦辣？对于如何更好地促进和鼓励教授投入本科教学，他们又有哪些建议？现在担任大学本科教学管理的副校长、校长助理和教务处长们，绝大多数也是来自教学、科研第一线的教授，他们在进入大学管理层以后，对教授承担本科教学的价值和意义有哪些新的认识？他们对推动体制变革、机制转换、政策调整以解决本科教学中的矛盾和疑难，为教授承担本科教学扫清障碍、挹注资源等等，有哪些不同的考虑？这些都是我们的调查想了解的内容。

　　我们的调查分为两部分，一是问卷调查。大量的问卷调查提供了丰富的信息，对这些统计数据的分析处理，有助于我们更全面地把握教授与管理人员对教授承担本科教学的诸多问题的共识与歧见。前面第三章的分析讨论就围绕这一主旨进行。

　　二是面对面的访谈。我们选择了 8 所研究型大学的 56 名教授和 13 名大学管理人员，进行结构式访谈。这 8 所研究型大学位于北京（2 所）、上海（2 所）、南京（2 所）、西安（1 所）、兰州（1 所），教授涵盖人文、社科、理学、工学、医学等多个学科。56 名教授中,有国家级教学名师 5 人,原代理校长 1 人,原教务处长 2 人;13 名现任大学管理人员中,有主管本科教学的副校长 5 人、校长助理 2 人,有教务处处长(或副处长)5 人,人事处长 1 人。这 13 名现任管理人员中,除 1 名研究员、2 名副教授外,其余 10 人均为教授。为了行文方便,所引用的访谈资料一概以"教授(编号)"[①]出现,只是在需要突出其大学管理者的身份时再加以说明。

之所以选择 8 所研究型大学的教授和管理人员进行访谈,是基于这样两个认识:其一,相对于一般本科院校而言,研究型大学的本科人才培养质量更加引人关注,这些大学本科生教育的质量直接影响研究生教育的起点水平,进而影响一个国家高层次创新人才的培养;其二,近年来,无论是美国等发达国家,还是我国,研究型大学等较高层次的大学都不同程度地出现了过分强调研究而忽视教学质量,过分强调研究生教育而忽视本科生教育的倾向,其本科教学存在"被边缘化"的危险,教授承担本科教学较一般本科院校存在更多问题和矛盾。

通过面对面的访谈,我们获得了更丰富更鲜活的第一手资料,而且,在对 69 份访谈录音记录稿(将近 70 万字)的整理和归纳过程中,我们不时被这些教授学者与大学管理者犀利而独到的见解所折服,被他们关注学生成长、坚守三尺讲台的执著与激情所感染,也不时因他们极具针对性的睿智建议而击节叹赏。本章及第五章即是对访谈资料的梳理和分析。

一、本科教学:大学的责任与使命

过去,在精英教育阶段,本科人才培养是一所大学的主体和根本,一

教授上讲台是提高高等教育质量的必由之路

---

① 我们以 A、B、C、D、E、F、G、H 代替 8 所大学,以数字编号代替教授姓名,如教授 A03,表示我们访谈的 A 大学的第 03 个教授。

些本科毕业生成了大师级的人物。随着教育规模的扩张,特别是研究生教育的发展,本科教育的地位有所下降。一些研究型大学的研究生规模已经接近甚至超过本科生规模;加上对科研的强调,一般人都有这样的感觉,研究型大学更注重科研,因而会更重视研究生教学而忽视本科教学。那么,研究型大学的教授是如何认识本科教学对一所大学,特别是研究型大学的意义呢?

(一)对于国家:本科教育是培养创新人才的"孵化器"

一个国家长期的发展离不开人才,尤其是创新型人才。虽然高等教育已从精英教育阶段走向大众化,但能考上大学的毕竟是优秀人才,特别是考上高水平研究型大学的人,正如访谈中许多教授认可的那样:"他们的各个方面都是非常非常优秀的"[①]。实际上,无论是普通大学还是重点大学,本科生都是国家未来的人才,更是国家创新人才的主要来源,"本科生的培养应该是创新型人才培养的一个很重要的基础,一个关键","应该是我们建设创新型国家的最最核心的动力"。

如果忽视本科教育,忽视对这些优秀人才的培养,不仅会导致人才和资源的浪费,而且国家创新人才队伍也将成为"无源之水"和"无本之木"。

> 教授 C15:"从国家培养人来讲,毫无疑问,他们是我们国家未来的希望,就像当年毛主席讲的,'好像早晨八、九点钟的太阳,希望寄托在你们身上。'他们是国家的未来,这些人如果发展得不理想,将来我们国家怎么办?"

---

① 如果没有特别的说明,引号内均为所访谈教授所言。以下同。

有教授认为，我们现在的教育制度，不利于杰出人才的出现，"其中一个很重要的原因，就是忽略本科教学，忽略本科教育"。还有教授形象地用"母鸡孵蛋"、"下蛋"来比喻这件事。

> 教授 C14："我打一个比方，现在国家和学校是逼着老母鸡下蛋，而不注意把蛋孵成鸡。""叫老母鸡下蛋啊。你们这一批杰出青年、长江学者，也包括我们年纪稍大一点的，现在也算骨干教师吧，你们赶快做文章，赶快出东西。但是就不注意培养本科生，来增加我们的新鲜血液。""我觉得现在国家在搞知识创新，如果你的眼光只着重于'老母鸡'，而不重视'小鸡'、'孵蛋'，不注重本科生培养的话，那么知识创新是没有效果的。因为我们的创新力度，最主要的创新，应该在我们的年轻人身上。"

作为高水平的研究型大学，集中了全国优秀的生源、师资，国家的财力也向重点大学、研究型大学倾斜，所以这些学校肩负着更多的培养创新人才的重任，也应更重视本科生教学。正如上海某大学的一位教授所言，我们培养的人，今后大部分都要成为科学家类的高层次人才，"这些学生都非常优秀，对学习都非常有兴趣"，"你如果不好好地教他们，而是像我们上海人说的'捣糨糊'的话，其实是不负责任的"。而且这些研究型大学，"相比较而言都是一些名牌大学，它的本科生教育质量，对全国的大量的本科院校和专科院校，还有一种示范作用"。

（二）对于大学：本科教育是"立校之本"

对于大学的两个重要任务：培养人才与发展科学文化，教授们几乎一致认为，人才培养是大学更根本的任务，"高校的最主要的任务是培养

教授上讲台是提高高等教育质量的必由之路

人才,在研究型大学培养人才还是第一位的",所以,"无论是研究型大学也好,还是其他大学也好,实际上本科教育永远是第一位的","人才培养是大学的中心任务"。由于本科教育是高等教育的主体,所以本科教育质量的高低,实际上关系到整个高等教育的质量。在这个意义上可以说,本科教育是一所大学的"立校之本"。

　　教授 E05(E 校教务处长):"本科教学的重要性,那是没有什么可以怀疑的。不管是中国的大学也好,还是国外的大学也好,一句口号就是'本科教学是立校之本'。实际上,对于一个大学的发展来看,本科教学所产生的意义也远远超过其他任何一项工作……不管是评价哈佛大学、剑桥大学,还是北京大学、清华大学,不能仅仅以这个大学里出了多少成果来评价这个大学的质量,很多这种存在一两百年的大学都是以这个大学出了多少个对社会有重大影响的人[作为评价标准]。所以说,本科教学的意义是不言而喻的。"

对研究型大学来说,作为基础教育的本科教育同样重要。

　　教授 F02:"大学首先是培养本科生,然后才是研究生,而且本科教育是打基础的,这四年是非常关键的。如果说这关键的四年没有配备最强的师资的话,我觉得对学生来说是损失,这对高等教育来说也是一种损失。""我认为必须要重视本科生教学,毕竟什么事情都是从基础开始的,不可能说基础很差,中间很强,[如果这样的话]这个房屋肯定要倒塌的。所以我觉得研究型大学非但不意味着要减弱本科生教学,反而还要加强。"

认为研究型大学不可避免会不重视本科教育,是对研究型大学的误解。"研究型"只是一个定语,它的主语是"大学",仍是以培养人才为中心的;研究型大学"只不过[意味着]培养的学生可能层次比较高,探索性比较强,将来能够有大作为,能够有原创能力,这个是研究型大学和其他大学的差别"。

> 教授 C05:"我认为研究型是一个定语,真正的主体是大学,大学就不是以研究为中心,大学是以教育为中心,以本科教育为中心,这才叫大学。如果以研究为中心的,那就不能叫大学,那就叫研究所或者叫科学院。所以'研究型大学是以研究为中心的'这句话我不是很同意,我不认为这样。""研究型大学应该是能够培养学生具有创造性思维的大学,而不是仅仅传输知识,要传授他的创造性的思维能力,它强调的可能是这个,而不是强调大学教授去做科研。所以我认为是这样,研究型大学还是大学,它的主要任务还是培养学生。""一个大学好坏事实上是看它的毕业生的好坏,它培养出来的人的好坏,[这]应该是判断一个大学好坏的最主要的标准,不是光看它的教师的科研成果。"

研究型大学的特点体现在本科教学上,就是要求充分利用研究型大学的特点进行本科教学,如根据研究型大学的学生素质比较高、教师从事研究比较多的特点,教师要结合自身研究的经历以及对研究的深刻理解,把"这种经历向学生阐述",指导学生"进行研究性学习",这样的教育

教授上讲台是提高高等教育质量的必由之路

67

才是真正的研究型大学的本科教育。这就是说,"研究型"的特点是可以体现在本科教育之中的。

> 教授 G01:"其实在本科教育里面也可以体现研究型大学的特点。最好的一个例证就是耶鲁大学。耶鲁大学是世界一流大学,这毫无疑问。但是耶鲁大学常年进行宣传的,我看到他那个莱温校长每年在新生进校讲话的时候,他说:'和同样水平的大学相比,我有两个优势:第一,我有全世界最好的本科教育——通识教育;第二,我为社会发展培养了一大批领袖人物。'……我一直强调,我给教务处同志也说,不要把高水平研究型大学的建设和本科教育对立起来,或者割裂开来。它是一个系统、一个整体。研究型大学里面的本科教育和你的研究型是紧紧挂在一起的。研究型的价值要体现到你的本科教育的全过程里面去。这样出来的学生才是精英教育的结果。"

本科教育是大学的立校之本,还因为本科教育质量是评价一所大学的重要指标。人们评价一所大学,往往最看重其本科教育质量;评价一个学生,也最看重该学生所受本科教育状况。如在美国,"讲一个学生是哪个学校的话,主要看他的本科是在哪里读的;而研究生在哪里读的,则是次要的。因为人的一生中最关键的是大学本科那几年所得到的训练,后来的发展都是在这个基础上建立的"。

教授 C11 认为,一所一流大学必须具备以下六个方面的条件:一流的校长、一流的师资、一流的管理队伍、一流的实验室、一流的图书馆、一流的本科生。其中,第一到第五个指标实际上都是讲的办学条件,只有第六，一流的本科教育质量才真正讲的是办学效果，是一流大学的本质特征。

　　教授 C11："我国民间有一句俗语，叫'好钢要用在刀刃上'。一到五说的是好钢，那本科教育呢，它就是所谓的刀刃。如果一所好的大学，它把五项好钢都用在本科教育这个刀刃上，培养出一流水平的本科生，我想这是评估它为名校的最重要指标。我打个比方，如果一个林场，没有它自己一个优质苗圃的话，那这个林场很难成为最好的林场，它砍掉大树、老树以后，要不断地补充好的树苗，它必须要有自己好的苗圃。如果只是从别人那里引进树苗到自己的林场上的话，固然也能办成林场，但要它成为一个一流的林场，还是很难的。"

　　所以，"要想成为一个最好的研究型大学，你必须要有最好的本科教育"，"真正把本科教育做好了，你培养出来优秀的人才了，那么你这个学校的声誉、地位也就奠定了"。

（三）对于学生：本科阶段是人才成长的关键期

　　从个体发展看，本科阶段是一生中的关键期，是"学生世界观、方法论形成的关键时期"，是"学生成长过程当中最精华的阶段"，也是他可持续发展的准备期，"以后发展方向都要从这里开始"。

　　教授 C14："我觉得，本科生正好处在从高中到大学的一个转变，一般来讲，现在大学生进来都是 18 岁，正好是成人的当口。这个当口对于学生而言，一个是做人，第二个是做学问，

教授上讲台是提高高等教育质量的必由之路

69 ■

两个都是最关键的。所以我的想法是,本科教学怎么重视都不为过。"

此外,"从世界各国[经验]来看,本科教育对人的一生影响是最大的,时间也最长"。所以,本科教学"是至关重要的一件事情",对"本科生的教育一定要特别重视"。学生将来无论是"做学问也好,做工程师也好,将来走向社会做其他方面的工作也好,方方面面,本科教育都是至关重要的,可以讲,是人生的一个转折点"。

教授C11:"本科四年,如果莘莘学子都能在优质教育下,在名师的教育下茁壮成长的话;如果在这四年当中,能够受到一批好老师[的指导],[受到]他们高尚的人格、一流的敬业态度、科学的自学方法和深厚的人文精神的熏陶的话;如果他们真正地学会了自主的创造性的学习的话;如果他们在这四年里打下了真诚为人、严谨为学的基础的话,我想,我们就不愁他们今后成不了大事,这个四年对他们今后一生的事业至关重要。"

从国家的人才培养看,本科教育是培养更高级人才的基础。如果本科教育的基础未打扎实,培养的学生视野不够开阔,"将来你要指望他做一个非常好的研究人员,这是非常非常难的。一个好的本科训练,是至关重要的"。有教授用盖楼房、建金字塔来比喻本科基础教育的重要性。

教授A04:"没有严格的、严谨的、扎实的基础的话,就跟盖的大楼一样,基础没有弄好的话,你说你要盖 100 层的大楼,那简直不可能,非塌不可。"

教授 H03 :"这实际上是在建造金字塔。金字塔的底层,是学生在本科阶段学习的基础知识,他的基础比较宽广雄厚的话,再往上面走,那他就比较容易,塔就可以做得高。"

教授 A05 :"在哈佛大学,你是哈佛的研究生和博士生,人家不理你的。但是,你是哈佛校友会的,那你一定是哈佛本科毕业的,大家才把你当回事,否则的话,那就像混进来的。本科反映了一个学校的真正的未来和希望。"

(四) 对于研究生教育:高质量的本科毕业生是其主要生源

很多教授从生源角度考虑本科教育的重要性。正如有教授说到的,中国目前是一个相对单一生源的国家,本科生、硕士生、博士生都主要是来自本土;这就是说,它依靠自己的本科生来支撑起研究生教育,"所以本科教育的好坏,对于一个大学的发展,研究型大学的发展,我觉得是生命攸关的问题","如果不抓本科教育,你最基础的源头就会出问题"。

教授 C11 :"作为一个大学,它的本科教育是培养创新型人才的基础工程,没有过硬的本科教育,那么一流的研究生教育也无从谈起,这是我的一个基本认识。"

首先,从大学的自身利益看,一所大学的优质本科生常常构成了这所大学的最主要的研究生生源。而对由于地理位置而导致生源不好的西部高校来说,这一点尤为重要,正如西部高校的一位教授所言:"这对我们

教授上讲台是提高高等教育质量的必由之路

这所大学有特别的意义。我们学校区位优势不够,对人才的吸引非常不利,现在学校研究生的生源不好",所以本校推荐的那批本科生成了重要生源,因而要尤其注重培养本校的本科学生。

正因为认识到"研究型大学的本科生其实就是未来硕士研究生、博士研究生,甚至是以后教授们的后备军",所以一些大学非常注重本科生的质量,有的在大三、大四时就开始对本科生进行初步的科研引导和训练。

> 教授 D04:"研究生的来源主要是本科生,那么本校的本科生可能会有一部分进入到研究生继续深造,所以本科的教学质量直接影响到研究生的生源质量。实际上我们最近几年在招研究生的时候越来越注意到本科生当中比较好的苗子,三四年级的时候就会和他们有一些交流沟通,让他们进入实验室体验一些科研的氛围,有点初步的训练,然后朝这个方向发展。"

其次,从更大范围来看,还要为其他大学和研究所输送良好的生源。一方面,我们"要培养我们自己的研究生,[本科生] 是研究生的血液";另一方面,"我们还有责任向研究所输送 [好的生源]"。

> 教授 E04:"这个实际上不是一个学校的问题,如果所有的研究型大学都能把本科教学搞好了,那么这些学生出来实际上是所有研究型大学的研究生的一个很好的来源,你这个环节不抓住,那最根本的就没有了,你的学生来源肯定会越来越差。"

（五）正确看待本科教育地位的变化

本科教育是大学最基本、最重要的使命。教授承担本科教学是天经地义、无可置疑的"本分"。但是，随着科学研究成为大学的重要职能，随着研究生教育的勃然兴起，本科教育无可争议的地位就发生了微妙的变化。在访谈中，有些承担大学层面管理决策工作的教授提醒我们从历史发展角度审视这一问题。

　　教授 E05："在目前，在任何一个学校，大家说，这个重视［本科教学］，那个不重视［本科教学］。只是说，对本科教学的重视，没有五六十年代，八九十年代那个时候，那么特别独特的、那种完全的重视。这是很正常的现象。……现在那么多 973、863 项目，都是大学老师承担任务，……必然会花费精力来做这些事情。对国家来说，为了促进这方面的发展，往往在一个事情发展的初期，为了激励它，必须采取特殊的措施，不断有大量的政策出台，这就导致了目前本科教学的情况。"

曾经担任常务副校长和代理校长的教授 C301 更加全面、详尽地回顾了这一历史发展进程：

　　教授 C301："学校里面的情况和当年的情况不一样。当年，我指我做学生的时候，或者后来我教书的时候，也就是说文化大革命以前。那个时候，学校的任务主要就是教学。因此，教师的任务只是教学，或者说最最主要的任务都是教学。因为那个时候科研的分量很轻啊，研究生也没有啊。那么，现在学校担负的任务是教学、科

教授上讲台是提高高等教育质量的必由之路

研和为社会服务。这是社会在进步、在发展的过程中,学校肩负的任务有所变化……也就是因为这个任务的变化,所以学校必须要分一部分力量去做科研,去解决除了教学和人才培养以外社会向学校提出的问题,就是现在讲的所谓的研究型大学科研占的比例增加的状况。"

在教授 C301 看来,20 世纪中叶的中国大学,其实比西方发达国家的大学更加重视本科教学和人才培养。他说:"为什么很多老先生都在建议恢复西南联大的精神和传统呢?六十多年过去了,我们各方面的发展突飞猛进,为什么人家还在怀念西南联大呢?就是因为那个时候大学的任务就是教学,教授是全心全意地投身教学。"他如数家珍地回忆 50 年代的名师教学:

在物质条件极为匮乏情况下的西南联大,教师备课认真,课程的质量很高,比如当年王竹溪教授的量子力学,为杨振宁先生以后的发展奠定了基础,杨振宁先生仍保存着王先生(王竹溪教授)的量子力学笔记,并视之为有用的参考资料。可以说,一流教师讲授基础课,是许多学校的优良传统。在我读书的 1950 年,教我们普通化学的是黎则儒教授,教无机化学的是戴安邦教授,教分析化学的是高鸿教授,教有机化学的是高济宇、刘有成、黄葆同教授,教物理化学的是李方训教授。他们都是化学界的名师,是当时化学界领军式的大师级人物。另外,教理论物理的是程开甲教授,教化工原理的是"化工研究和高等学校化工教学的一代宗师"——时钧教授。他们才华横溢,学识渊博,更是认真负责、为人师表。他们的上课旁征博引,深入浅出,循循善诱,引人入胜,给人留下深刻的印象。他们不仅在讲授具体内容上影响到学生,更重要的是在做人、做事、做学问上给学生以言传身教。

现在情况发生了很大变化,本科教学面临严峻的挑战。"一是不够优秀的教授给本科生上课,这和学校的管理有一定关系;二是有些教授既不教又不授,光忙着搞研究搞开发。"教授 C301 认为造成这种现象原因是多方面的,其中重要的原因是"大学功能的变化"。

大学功能随着时间的推移而变化。1977 年,邓小平同志提出:重点大学既是办教育的中心也是办科研的中心。大家欢欣鼓舞地做科研;1993 年,《中国教育改革发展纲要》就提出高等教育三大职能——教育、科研和为经济建设服务;1998 年,江泽民同志在庆祝北大百年校庆时指出:"大学应该成为科教兴国的强大生力军"。由此,我们看出,高校逐步从教学型变成教学研究型变成研究型。现在,大家到处都在谈研究型大学问题。人们最早热衷于谈研究型大学问题是始于 20 世纪 90 年代初期。在 1994 到 2004 年期间,讨论研究型大学的文献有 356 篇,2001 年以后增加尤其迅速;在 985 工程、211 工程的推动下,高等教育就实现了跨越式的发展,无论从人才培养还是从科技创新的角度,建设一批综合性研究型的大学已经成为大势所趋。在高校中,科研任务加重,研究生教育的比例不断地增加。

大学所处的社会已经发生巨大的变化,大学所具有的职能和所承载

教授上讲台是提高高等教育质量的必由之路

75

的任务也已经与往昔大不相同。必须在新的时空条件下准确定位本科教育。要承认,尽管许多人还在"怀念 100% 的教师"[①],但时移势迁,研究型大学承担的科研任务越来越重,"述而不作"的"100% 的教师"已经难以再现。不同学科、不同时期的"教授们可以有自己的重点领域和工作方式"[②],但教授 C301 特别强调指出:

> 大学在发展的过程中间肩负的任务有所变化,但是不管怎么变化,最重要的还是培养人才,这是最根本的。因为任务的变化,所以学校必须要分一部分力量去做科研,去解决社会向学校提出的问题……关键在于精心组织这支队伍,要人尽其才,用其所长,各得其所,同时不要忘记了最主要的任务和方向。什么都可以冲淡,[但要]保证教学不能冲淡。这是我的看法。

由上可见,虽然社会赋予大学的任务日益增多,研究型大学承担的科研任务也日益繁重,但无论从国家的人才培养,还是高校的发展,或是大学生个体成长来看,本科教学依旧是一所大学最根本的责任与使命。

二、教授承担本科教学:魅力与价值

(一) 作为"思想最活跃的学者",教授承担本科教学是其责任

通常来讲,教授是"一批思想最活跃的学者",这是大学"对人的教

---

① 欧内斯特·博耶.学院——美国本科生教育的经验 // 吕达,周满生.当代外国教育改革著名文献·美国卷·第一册.北京:人民教育出版社,2004.

② 欧内斯特·博耶.学院——美国本科生教育的经验 // 吕达,周满生.当代外国教育改革著名文献·美国卷·第一册.北京:人民教育出版社,2004.

育中最最宝贵的东西"，如果失去了这种联系，割裂了这种互动，那无疑是最大的浪费，是对大学教育本质的背离。而在研究型大学，教授们更多地从事科学研究，如果他们走上讲台为本科生上课，影响可能更为深远。

> 教授 D01："在本科生教学上，研究型大学跟教学型大学的差异在哪里呢？一个研究型大学跟教学型大学的差异，在于研究型大学有一批教授始终在第一线从事研究，最先进的研究，有一批课题。所以我是这样想的，从研究型大学本身来讲，这些教授从事的课题应该成为本科教学的内容，这是研究型大学的本科教学高于教学型大学的基础。"

正因为如此，有些学生选择某所大学、某个专业，也许正是慕某教授之"名"而来。然而，当前的中国大学，由于学生规模扩张、偏重科研等原因，一个大学生在整个大学四年中也未必能见到本院系的某些教授。"四年下来，见不到面，这个是对学生的一个挫伤。啊，一个挫伤！"

而且，这种现象越来越多。某教授在与本院的毕业生聊天时，一个毕业生问他，这个学院有几个正教授？该学生对本院的正教授基本上都不认识，几乎就没有教授给他上过课。这个曾经留学德国，目睹过德国教授如何重视本科教学的教授很惊愕，"当时我就呆住了"，"德国是教授必须给本科生上课，××学院却几乎没有教授给本科生上课。很伤心呀，听到这个"。"学生冲着你教授来的，教授如果总不跟学生接触，我觉得对不起学生。四年大学念下来了教授都不认识，让大家很伤心"。"当时我对学校的意见就是我们这样可能对学生不负责任"。

教授上讲台是提高高等教育质量的必由之路

教授 A07："当前中国的某些高校出现了一个恶性循环,大家辛辛苦苦地上课,然后争取当副教授,最后争取当上教授,等他当上教授,他就不再给本科生上课了,只做他自己的研究,实际上就变成了一个'学术个体户'。这样,本科生永远都受不到这个学校最好的教育。我觉得,应该让本科生受到最好的教育,才能保证你这个[学校]本科生的质量。"

所以,教授作为大学中最有声望、最有学问的教师群体,作为大学最为宝贵的资源,走上讲台,为本科生上课,是其不可推卸的责任。那么,教授承担本科教学有什么特别的意义呢? 他与讲师、副教授的不同点在何处呢?

(二) 成功者有其人格魅力

为什么要强调教授从事本科教学? 他们和讲师和副教授相比,对学生的成人和成才的影响是不是确实有所不同?

成功者的示范作用和感召力,对青年学生的成长十分重要。

教授 G01："是有明显的不同。一般到教授这个层面,我想,如果从一个人的发展来说,他是一个成功者。他在他这个学术领域或者学术方向上已经做出了比较突出的成就,在他的事业追求里面,也是达到了一定的高度。这些人上讲台本身就对学生有示范作用。他们的成功,他们在学术领域做出的成绩或者贡献,他们对社会产生的影响,可能对学生本身就是一种示范。再加上他们把自己的研究成果或者心得体会,[把自己]对这个学科的专业知识比较深的一种把握,通过课堂讲授这种方式传授给学生,对学生本身就是一种很大的鼓舞、激励和影响。我觉得这是很明显的。"

教授,特别是名教授,他自身的经历、人格魅力,可能比教书本身更能影响学生。

　　教授 B01 :"教授自身的影响可能比教书本身更重要,比如请杨振宁教普通物理,他不一定能比我们这些五十岁的教授上得好,但是他给学生的这种感召力是很强的。他以自身的经历去感召学生,培养学生的科学精神,这比教什么知识更重要。"

正因为教授的这种人格魅力,他进行知识教学的效果也不同寻常。

　　教授 E07 :"一个院士讲话是很有意义的,学生的认可度不同,接受的程度也不同。如果他本身对你不认可,同样的一句话,对学生产生的意义不一样。所以说,在这个意义上来讲,我们强调教授应该上课,尤其要上本科生的课,不[仅仅]是上研究生的课。"

而且教授对学生的影响,不仅仅是知识上的,教授还"通过言传身教,来指导学生如何做人,来培养学生的综合素质"。

　　教授 H08 :"我们给学生开这样的基础课,不仅仅是把这个书本的知识一二三地全部交给学生,更重要的是,把你这个教授的生活经历、你的知识积累、你的人文积淀,借助很简短的时间传授给学生,这就是教授上课的魅力所在。教授上课,就是把教授一生当中所积淀

教授上讲台是提高高等教育质量的必由之路

79 ◾

的东西,通过某个单元、某一个话题,作为一个载体阐述给学生。"

教授 E05:"大学［的任务］是培养一个人,［作为培养者的］这个人必须有宽厚的基础、宽阔的视野,要有非常好的个人品质,有非常好的研究能力、创新精神。不是就讲讲数学、物理就完了。大学是打基础,而这个打基础阶段,对他终身的发展,都有至关重要的影响。那什么人具备这个能力来教化他,那肯定不是刚毕业的博士。是不是说一个博士来教几门数学就教不了? 教不了! 因为他对数学的理解常常只是从知识层面来理解,他不理解怎么做人,不理解怎么具有宽阔的视野来看待这个事物。他不知道一种怎么样的方法才能够对学生的创新意识和综合素质产生正面的影响。这一定是让教授来教,即使教授的表达能力没有讲师好。学生听他的课得到的绝对不是知识,言谈举止,待人接物,这些课外的知识对学生产生的影响总是有的。"

这就是说,相对而言,教授给本科生上课,具有更大的感召力,对学生所产生的影响也是更全面、更深远的。

(三)教授的经验使之能更有效地进行教学

一般而言,教授由于具有较好的知识结构与科研基础,较多的教学经验,因而能更有效地进行教学。

第一,更好地激发学生的兴趣。有教授认为,激发学生兴趣比传授知识重要得多。课堂上能讲的东西非常有限,"教学是否成功,我认为最重要的一个标志是能否激励学生,能否激发学生对这个东西有兴趣"。有了兴趣,才能促使学生自己读书,养成读书习惯,也才能有所创新。"书其实是读出来的而不是教出来的。"相似的观点如:"兴趣比知识点更重要,本科生的课，就是在于如何把学生对这门课的兴趣调动起来，这比你在课堂上，单纯地把知识教给他要重要。尤其进入大学的同学，实际上他们的智商都不低，实际上你不教他，他们自学也能把这门课学好。教学是要让他能产生一种好奇心，一种热情。"而要激发学生的兴趣，"好的教材固然很重要，好的老师更重要"。

教授们由于有多年的科研基础和教学经历，能够把研究问题简化成可以听得懂的问题，并结合身边发生的生动的例子，深入浅出地讲解。

> 教授 A04："学生为什么喜欢听这个课？我觉得很重要的是，我的讲课内容都是我自己多年研究工作的积累，如果我自己没有很深的研究的经历，我可以说我不会讲出这么生动的例子出来。这里面大量的问题都是我科学研究的成果的累积。我把科研成果简化，把很多问题简化，把问题从研究的论文简化为学生可以听得懂的诉语。"

第二，具有扎实宽厚的知识基础。"在教学中，你要真正给学生一杯水的知识，那你要有一桶水的基础。"教授们具有雄厚扎实的知识基础，因而更有资格从事本科教学，所教知识也更加权威，而这种权威性的教学对刚进入大学的本科生来说，尤为重要。

> 教授 H05："本科生呢，他对学业一点都不了解，他需要大师去指导他，把他领到这个领域里面。那么这种状况下，你让一个在学术上不是很成功的、技术不是很高的 [老师来教]，很可能领错门了，那对学生就是很不负责任了。"

教授上讲台是提高高等教育质量的必由之路

81 ∎

而对于水平较高的研究型大学来说,教授的水平更加重要。

教授 H05:"[研究型大学]本科生需要一些高水平的教授去上课,因为只有高水平的研究项目才会给学生高层次的[教学]。假如一个教师没有做过多少研究工作,就可能水平一般,他给学生能讲课,但可能只能照书本上去教些内容,不太可能跳出书本,高层次地去讲课。"

第三,能把握知识的内在联系。教授们认为,作为一个好教师,不仅要讲清楚知识,还要能在知识之间建立内在的联系,从而教会学生自主学习。而教授在这个方面比较有经验。因为一个年轻老师或博士,通常会在一个比较窄的领域做得比较深,在这方面可能超过教授。但教授带的学生比较多,从事科研的经历也比较丰富,这使得他对建立知识的联络和引导学生更有经验。下面是两位教授的经验。

教授 C13:"我在讲课的过程中,至少会注意到,我讲我现在的课程,会想办法去联系他们以前学习的一些课程。第一个了解他以前所学的课程的基础是否扎实;另外,虽然我讲的这门课程和其他许多课程,在研究的问题、课程的名称,包括处理的问题[等方面]都不太一样,但是很多基本的问题、物理上的基本原理,在理解上都是有些共通性的。如果我们能把这些共通性提炼出来,那我跟他去讲一些问题的时候,他们慢慢地就会把以前学过的一些问题,好像都是比较零散的东西,变得不再像以前那么零散。他们会觉得知识之间有些联系。要完全做到这一点,我还做不到,但至少能够有这种感觉。比如量子力学和我讲的现代光学以及傅立叶光学,好像是风马牛不相及,差异非常大。但是我在讲课的时候,如果它们之间能够有联系的,我就尽量把它们联系起来,比较它们的异同,或者找出它们有些什么共性的东西,尽可能地把它们提炼出来。"

教授 E08:"我讲课不是像书上面那样,先是第一节,讲完以后第二节第三节接着讲,[这样]一节一节之间的相互联系不是很明确。我的一次课上完后,人家看我上课[会有疑问],你怎么从一个定义里面可以引出来 10 个内容、10 个注意点? 这 10 个点以后通过一个内在的联系串起来。当然,这样的联系性是需要一定的知识积累。没有很长时间的教育经验的积累,恐怕要把这些知识点联系起来,很难。确实,教授上课上得多,经验比较多,内容比较熟。知识点之间的应用比较熟,知道在什么样的条件下用什么。"

第四,注重科研熏陶和方法培训。教授,特别是资深教授给本科生上课,能更多地把学科的进展及研究方法介绍给学生,更注重对学生科研及方法的训练。教授"在课堂上讲课的过程,就是把研究性思维示范出来的过程,学生会受到感染",所以教授上课的"系统性、条理性[也许]比不上一个师范学院的老师,但是学生的感觉可能会不一样"。下面是两位教授的体会。

教授 D06:"我会把我的研究和同行的研究加到课堂讲授中去。我研究的是细胞膜离子通道,这部分我会加进去的。再譬如,讲到视网膜,我会介绍某某老师正在研究这个,那么同学如果有兴趣的会去查这些文献,请教这个老师。如果我熟悉的我会讲得更详细些,

教授上讲台是提高高等教育质量的必由之路

83 ∎

我会把了解到的全面地讲出来。如果同学对这个研究有兴趣,他会到你这里来做学士学位[论文],或者说今后到这里做研究生。所以我是觉得为什么说大学教授要上课,是[因为他]可以把科研领域最新的东西带给学生,而不是照本宣科,照本宣科这个东西比较老套了。搞科研的人会接触到国际的国内的很多专家,我们也经常听学术报告,会[感觉到]有比较多的信息在里面。"

教授F03:"为什么名师出高徒,名师出高徒并不仅仅在于他把这个问题本身讲清楚,那容易得很,助教也能讲清楚,只要弄懂了就讲清楚了。关键是他在讲这个问题的过程中[所表达]的一些潜在的东西,他把他的思维方法,把他的研究的方法、研究的体会讲清楚,让学生在这方面受到熏陶。我觉得这是教授上本科生课的意义所在。"

(四)"功夫在诗外":教授影响不仅在课堂

被访谈的教授不约而同地强调,不要狭隘地把教授承担本科教学仅仅理解为上课和讲授。他们认为更有意义、更有价值的在于高水平教授与年轻人的密切接触,以及这种接触引发的思想碰撞与共鸣。在研究型大学,这一点尤为突出。

教授D01:"恐怕有一点是非常重要的,就是研究型大学的本科教学可能应该不仅仅局限在课堂上,学生接受科学研究的训练,将成为研究型大学培养人才[的重要途径],这种重要性不亚于课堂教学。因为是研究型大学,因为教授通常在学科前沿开展研究,所以他们会跟各种各样有思想的人接触,这种思想的碰撞,对于学生的教育,它的重要性恐怕要超过课堂教学。一个学校成为研究型大学，恐怕不仅仅是在它的科研上，同时在教学的观念上应该会发生变化。而这种变化正是因为我们有这么多的、各种各样思想活跃的学者与本科生接触，所以它对学生的这种熏陶，绝对不是一般的高校所能拥有的。而它培养出来的学生的思想的活跃程度恐怕也不是一般教学型大学的学生所能比的。"

教授承担本科教学，通过讲课、做学术报告、指导学生科研或社团活动等等，其价值在于耳提面命，潜移默化。

教授 D01 ："[最好的] 教育一定是面对面的。再好的老师，你把他的声音录下来，录像录下来再去放，绝对是会打折扣的。因为他是会根据学生的具体情况不断地调整他的讲课，这是一方面。[另一方面]，学生可以和一批思想极其活跃的人交往，在和这批人交往的过程中，它的潜移默化 [的影响]，中间的这种思想交流 [所产生的作用]，这个很容易解释，你交往的人越聪明，你也越聪明。"

所以，教授对学生的影响不仅仅表现在课堂上，教授承担本科教学也不仅仅限于上课的形式；教授通过各种途径与学生接触，在接触与碰撞中对学生产生潜移默化的影响，在接触与碰撞中产生思想的火花与共鸣，其教育意义甚至可能更大。

三、教授承担本科教学：矛盾与困难

（一）教授承担本科教学的现状

问卷调查显示，目前 95% 的教授承担了本科教学工作，且在学校类

教授上讲台是提高高等教育质量的必由之路

型上的差异很小。对研究型大学教授的访谈也表明，大多数教授都在承担本科教学，而且很多教授都十分投入。下面是一位教授谈他本科教学的情况。

　　教授 C11："一般我给他们（本科生）上三门课以上，有的时候上四门课，这样他们跟老师接触就比较多了。一般两门课在××（分校区）上的话，都在同一天，为什么，中午都有那么两个小时，有的时候会有四个小时，因为有的课是 1、2 节课，10 点钟以后到下午的 2 点钟。一些同学查了我的课表，知道我哪一天要过去，中午早早吃了饭，在那排队了。哈哈，这是多少年来的惯例了。这些同学确实非常可爱，学习积极性确实非常高，[他们] 用小本记下了平时读书时遇到的问题和我交流。我像这样已经形成了一种习惯，希望有更多的教授能投入到教学里面去。

　　"一个中午会有三、四位，谁先到，排在前面的先谈。

　　"大家的问题不一样，有些是共性的问题。我也已经形成了一个习惯，在食堂买完饭吃后，就马上到下午要上课的地方去，同学们知道在哪能找到我。本科的同学觉得，我的课一下子就能把他们自己的专业方向确定了。我原来也这么想，从本科抓起的话，本科四年，硕士三年，博士再三年，十年磨一剑，十年培养一个高素质人才，这个目标应该能够实现。"

（二）教授对承担本科教学的态度

教授是否都应该给本科生上课，教授们有不同的观点。

观点一：是教授就必须承担本科教学。

大部分教授都同意教授要承担本科教学。如果说定岗的时候定的是教授系列，他就必须得参加教学，教学是教授的职责，否则可以做研究员。"教授教授，（教学是）他的天职，大学评教授的目的不是让你搞科研的，是让你搞教学的，否则的话，干脆去研究院或研究所去了。"大学的主要对象是本科生，当然教授就该去上本科生的课。"所有教授都应该去上课，只要在学校里待着，就应该给本科生上课去。""尤其是这些知名的教授，学术成就比较高的教授更要承担。"

教授 A05："你是教授，对不对？那你不去教学生，不去上课，怎么能叫教授呢？那你索性去做研究员了，去做工程师了，做什么师了，等等。这个政策上一定要紧，真正做到一票否决，这个要真做。本科是一所大学的核心。"

教授 B04："教授教授，教和授，两个是首先的，所以呢，教授都应该承担本科教学。像我们学校有这方面的规定，要想担任 ×× 大学的教授，必须承担本科或研究生教学的一定学时数，否则的话你就不能聘任教授这个岗位。"

教授 C06："我认为所有教授都应该承担本科教学工作。顾名思义，所谓教授，一个非常重要的 [职责]，就是培养学生，因此，如果培养学生的话，不直接和学生打交道，那他就可以当研究员，不必要当教授。"

教授 D04："我觉得不应该作为一个问题提出来，这个答案是肯定的。'教授'嘛，第一个就是教，我觉得这个是责无旁贷的，是他的本职工作。"

教授上讲台是提高高等教育质量的必由之路

教授认为，教授承担本科教学不是"应该"、"鼓励"，而是"必须"，这是教授的天职，"没什么好说的"，"你上课可以多一点，少一点，但是你必须上课"。个别老师甚至认为，不仅所有老师都要承担，而且应该承担相同工作量的教学任务。

教授D05："教学应该是教师最根本、最本职的工作。而且我认为不仅是应该承担，而且所有的教师都应该承担具有相同的工作量的教学任务。除了每个系的系主任以外，因为他［为系服务］，系里可以给他减免一些课程以外，其他的教授，从教师的角度上来讲，他都是应该承担相等的工作量。"

观点二：教授肯定要上课，但不一定都要给本科生上，研究生培养也是教育的重要部分。

是教授就要上课，这是肯定的；但部分教授认为，不一定都要给本科生，这其中研究生教育也是很重要的一部分，"你不可能单独地把本科生拉出来"。

教授B02："一个教授上课肯定是天经地义的，不是科学院不是研究所是大学，那你在大学受聘，你肯定就应该上课，我觉得这一点是毫无疑义的。至于给本科上课，现在国内的一些研究型大学，它的本科生和研究生的比例已达到1：1，在这么多研究生的情况下，研究生的教学也很重，所以我觉得，一般要求一定要上课而且也鼓励大家给本科生上课，但在执行的时候一定要所有的人都要给本科生上课才能在××大学任职，我觉得这点可能稍微苛刻了一点。

因为研究生的课也有很多基础课，也有很多专业课。如果有一些教授，致力于研究生课的教学和教学研究探索，我觉得定位也还是对的。所以我就觉得不要苛求一律，一条杠杠。"

观点三：原则上（理论上）同意，但具体操作时，还要具体情况具体分析，不能一刀切。

应该有尽可能多的教授给本科生上课，但不可能100％的教授都上本科生的课。

教授F03："我觉得恐怕百分之百很难做到，这个是实际情况，因为一方面有些专业，教师比较多，课程很少，没课好开，没办法开那么多课。另外一方面，也有一些教授非常繁忙，科研任务也比较重，研究生比较多，他对本科生开课精力上顾不过来，确实有这种情况。但是，我主张大部分，我们尽可能多一点的教授应该跟本科生接触。现在有些学生反映，进了大学，四年中很少听到教授讲课，特别是一些有名的教授，连见都没见过。感觉他们听一次课以后，哪怕听一个讲座，对他们有很大的影响和熏陶。所以我觉得应该有更多的，尽可能多一点的教授为本科生上课。"

教授B05："你不能说所有的老师100％都要上本科生的课，或者说要求100％必须上课，否则就怎样怎样，我们做不到。我们不能追求100％，这是一个数字上的问题。我们的宗旨我们的思路[是]，最好的教授要给本科生去上课，这个宗旨××大学在努力推进，但是你不能一刀切。"

教授A06："其实不应该一刀切，应该根据每个人的年龄情况，根据他承担工作、任务繁重程度的情况。我觉得还是应该鼓励，比如说如果教授给本科生教课，可以在精神上，也可以在物质上，给予鼓励。你要是去要求，说你必须去上，他的确也有这方面的问题，有客观情况，年龄和工作，繁重程度方面的具体问题。"

学校是个集体，不同的教授有不同的分工和任务，有些教授行政繁忙，有些教授研究生教学任务重，有些教授科研任务紧迫。不必要每个教授都去承担一定量的本科生教学任务。

教授 H03："他承担着大量的研究生教学任务，承担着大量的博士生、硕士生的培养任务，这时候你非要要求他一定得上多少本科生的 [课]，那这个可能有时候就不太现实，不太合理。"

教授 H04："大学也是一个集体，这之间肯定有分工，比如说，优秀的教授现在当校领导了，那么他离开了教学第一线和科研第一线，这也是工作的需要，因此，在一个集体内部，做一些分工也是一个非常正常的事，把一个集体搞好的话也需要这么来做。[另一方面] 由于工作的需要，由于各方面的需要，在某一阶段，有些教授去从事一些科研活动，我想这个也是需要的，尤其是完成一些比较重大的科研项目，他这个时候需要这种精力。我们都知道，现在各个高校尤其是研究型大学特别强调，本科教育不能换课，因此从这个方面来说，冲突是必然的。因此在某一个阶段急功近利，我想这也是应该的，而且是肯定会发生这样的事。如果过分地强调本科教育，这样的安排也是不合适的，我想这也是不正确的。"

■ 90

观点四：不同的教授有不同的特点，要量才分类，人尽其才。

"有的老师口才好，适合讲课，那他就应该多讲一点"；有些教授科研很好，但是"满肚子学问倒不出来"，"不适合讲课，他内秀"。

教授 H08 认为，可以把教授分为三类：一类是研究型教授，一类是教学型教授，还有研究—教学型和教学—研究型的。对教学型教授来说，上课是他的天职，他必须这样做；对于研究型教授，他可能不一定要全职放在教学上，但要把他研究的最新成果，通过讲座形式、讨论课的形式传达学生；至于研究教学型的或者教学研究型的教授，可能教学和科研能力都很强，所以教学和科研的任务都应兼有。

> 教授 H08："所以我觉得没有必要要求所有的教授都上本科课，你可以看这个教授，他的主要能力在什么地方，根据这个来确定是什么类型的教授，（因而）应该把重点放在教学上或者研究上。"
>
> 教授 D07："在一个研究型大学里面，有些教授，他虽然评上教授，也做研究的，但是他上课就是不灵的，他上课水平不高，不受学生欢迎。这个嘛，不上课也没有关系的。我认为，最关键的还是看情况，人尽其才。"
>
> 教授 E08："[这个教授]他可能在分析能力方面强一点；那个呢，可能在教学表达能力方面强一点。现在有很多教授，研究型的，比如他研究搞得很多，题目（课题）也做得很多，一上课，表达能力很差。这样对学生来说，也是一种不负责任。我认为这就是不负责任，因为他没有把应该讲的东西讲出来；而且，语无伦次，好多东西东讲一句，西讲一句。这个可能……教育就是要研究教育规律，你没有[研究]这个教育规律你也去[上课]，每个人都去上，那……过去有

教授上讲台是提高高等教育质量的必由之路

些领导总认为,上课还不容易呀？给你3个礼拜备课,备好课后你去上,没问题的。讲这种话的,主要是搞科研的。实际上真正一个好教师,你说要备课,给你3个礼拜备课,不是那么够的。培养一个教师不是5年,10年的问题。所以我认为,有的教授可以讲课,有的教授可以不讲课。"

教授F06:"我的看法是:不是所有的教授都应该承担[本科教学]。应该[让]适合承担的[教授]去承担本科教学,不适合的不要承担。原因有这么两个:一个就是有些人文社科的教授升了教授以后可能就不再知识更新,不一定适合教本科生了,可能更适合去做点研究或者其他的。这是体制导致的。这是一类教授。另外一类教授呢,他不适合讲课,他适合研究,不会传授知识,这种人也不合适教本科生。最好不要让他教。如果教了,可能学生还会有些错误的印象,认为你教授也不过如此。所以说我觉得没有必要一刀切。从政策来讲,就是教授要给本科生讲课是绝对正确的,这个没有问题。但是不适合一刀切。"

教授C06还认为,教授,特别是名教授、学科带头人,更重要的责任是学科建设和教师团队建设,他需要对学科负责,对本科生负责,但不一定要将一门课从头至尾地讲完。

教授C06:"每个教授必须得教本科生的课,我觉得这个政策应该有,但是主张每个教授都得从头到尾地上,那个政策我不赞成。我觉得这个要因情况而异,应该有一个总量控制,但是对于学科带头人来说,他不应该扎在一门课里上课,他上课肯定好,但问题是他还得有接班人啊，如果这门课老是他上，谁来接他的班啊？另外，他如果整天就这一门课从头讲到底，他的很多工作都会受影响。所以我主张最好是团队，教学要有团队，尤其在现在的数字化环境中。我主张所谓学科带头人，他应该对整个学科的整体的课程结构负责，他应该提出这个学科的课程整体怎么建设［的方案］，而且不断更新，这是他的责任。我觉得更应该强调的是学科带头人、教授要对教学，包括本科生教学负责。而这种责任呢，有更高的要求。不是说，你上了多少小时的课，你就算完成你的任务了。因为任何一所高校的教师结构都是一个梯队，而且一般都是金字塔形的。我觉得最佳模式不是他从头到尾讲一门课，而应该是他领导着这个教学团队和科研团队来不断地提高教学的质量、水平。而且，我主张导论性的、开始的话，应该由他来讲，这个一般来说，新手不容易驾驭，特别是前一两遍。我觉得教授［承担本科教学］应该换一个说法，［即］学科带头人和教授要对本科生的教学负责，这样一个提法我觉得可能更好一点吧。"

同一个教授在不同年龄段也有不同的分工和侧重，教授应该给本科生上课，但并不表示各个年龄段或每年都要，教学科研双肩挑不等于必须同时挑。（教授的具体观点参见后文）

不同学校，问题不一样。有些学校的有些专业，教授多，本科生少，所有教授都给本科生上课，没有足够多的课；而且还要培养教师梯队，培养年轻教师，要让他们也上些课。另外，研究型大学和应用型大学也应有所区分。

教授上讲台是提高高等教育质量的必由之路

教授 A01："[我们这里] 教授比较多，老师里面大概将近一半都是教授。你想让教授全都上基础课，给本科生讲课，那就有相当多的副教授、讲师没课了。这是一个最大的问题。"

教授 D06："我觉得应该上，但是这里面也有一个矛盾，有的时候实际上本科生的基础课数目也不多，学时数也是不多的，你说我们全院三十几个、靠 [近] 四十个教师，怎么去分？这是一点。近四十个教授，近四十个副教授，近四十个讲师，然后学生每年招一百六十个，我们不想扩招。你说哪有那么多课？所以我觉得不一定要强求，但是我们总体要鼓励，鼓励教授去给本科生上课。"

教授 E08："研究型大学和应用型大学可能要有些区别。各个学校的目标不一样，可能要有所侧重。特别是在研究型大学，我认为，有一些教授，可以不上课。因为他上了课以后要花很多精力去备课，备课得花时间，[这样] 可能他的整个科研思路会被打断，而且，比如说我哪天可能要参加一个会，那肯定要停课了。这样可能有些不大好。双方都有影响，对学生有影响，对老师也有影响。这样最后的效果可能不一定很好。那么在研究型大学里，我认为，有一些教授可以单独搞科研，将来他就是研究员，不一定都要是教授。这样完全可以。教授和研究员本身就是同一个档次的。"

不同学科，有不同的特点。有些学科知识更新快，而老教授的知识更新可能反而没有年轻教师快，这时老教授上课不一定就比年轻的副教授甚至讲师上课效果更好，所以要考虑学科特点。

教授 F06："人文社科的教授，现在存在一个问题，就是论资排辈升教授的倾向是很严重的。有些老教授升了教授以后可能就不再注意知识更新。这种情况下，不一定适合教本科生了，可能更适合去做点其他的工作。"

教授必须有更新知识、提高自己科研与学术水平的时间，否则便成了教书匠。提高水平的主要途径是科研和进修，所以如果一直要求教授给本科生上课，教授就没有了科研积累和充电提高的时间。

教授 B05："如果我们这里有人必须要这样做的话，那显然没有让他有自己学习提高的机会，特别在研究型大学更是这样。研究型大学教授水平的提高是需要很多科研的积累的，你必须给他充分的时间让他去做研究，你没有这个时间，他怎么去做研究？这个是需要一定的过程的，否则的话，不做研究，可能在某些学科上就落后了。"

大学的政策应该更宽松、更人性化一些，教授需要一定的自由，这样也才能使教授选择他更擅长的工作。

教授 E04："我觉得我们现在的政策环境应该更宽松些，这样自然而然地就会有分流的，有些人对教学就是比较适合，他也愿意在这上面多动些脑筋花精力，确实有这样的人，科研也不错。但是现在是一刀切，你必须得有多少科研经费啊、有多少文章啊等。你这样来弄，肯定有利益驱动，没有办法的，不管你行也好，不行也好，总是往那里走。有的人可能擅长那方面的，但是不行，他觉得这么走

教授上讲台是提高高等教育质量的必由之路

95

没出路。人是各种各样,有的人更擅长教学方面,但是你逼得他往他不擅长的[方向发展],把他擅长的东西扔掉。"

综上可见,所有教授都认为,学校应鼓励教授为本科生上课;但是对于所有教授都应给本科生上课,教授们意见并不一致,有坚决维护的,认为既然是教授就一定要走上本科生的讲台,责无旁贷,甚至所有教授应该承担相同的最低工作量的教学任务。也有教授认为,由于科研、行政、研究生培养等任务的加重,可能很难做到所有教授都上本科生的讲台;有些学校的院系更是"僧多粥少",无法满足所有教授都承担本科教学的要求;而从知识更新、年轻人培养、教学效果等角度来看,也没必要做到每个教授都要为本科生上课;更恰当的办法似乎是具体问题具体对待,应根据教授特点、院系特点、学科特点等,合理分工,人尽其才。很多教授反感"一刀切"的做法,希望能有更宽松更人性的工作环境。但是,如何具体问题具体分析,以真正做到合理分工,人尽其才,还有许多问题亟待解决。

(三)影响教授承担本科教学积极性的因素

前文的问卷调查显示,参与调查的教授们认为,目前教授投入教学工作精力不足的原因有"科研任务重","晋升职称时,教学是软指标","本科教学太累"等,其中科研任务重和评价导向是两个最重要的影响因素。对研究型大学教授的访谈资料不仅证明了这一点,而且为我们理解这一问题提供了更丰富的素材。

1. 教师评价指标导向问题

教授们认为,现行"重科研、轻教学","硬科研、软教学"的教师评价体系,影响了教师(包括教授)对本科教学的投入。例如,对教师非常重要的职称晋升，明确的考核标准侧重在科研，而且是严格的定量的科研指标：经费多少、规定级别的论文或专著多少、科研获奖的级别如何等，教学则往往只是一个附属。并且，对教学的定量考核仅体现在课时量上，在教学上花费精力与否、花费多大精力，都无法确定。除了职称晋升之外，每年的岗位聘任的考核标准，还有各种层次的评奖（含院士、各种"人才"、"学者"的评定），也都主要考核科研，正如有教授说的："其实很多评奖，包括你评国家的什么学者啊，有几个把教学放在里面？教学本身是软的，就是放进去也是软的。"下面是几位教授对现行教师评价体系的批评。

教授 A04："这样的一种评估体制是混乱的，这是硬指标，你必须要有多少篇 SCI 的论文，要怎么样怎么样。那么教学上来讲的话，评估相对是软的，它没有硬指标，你只要基本课给他讲完了，课时达到了，学生反映的话，没有造你的反，就说你讲的还可以，那最后来评的时候，评估分合格了，那你教学就算完成任务了。所以，它相对是个软的。因此，很多年轻人，在教学上不愿意花时间，这是很大的问题。不愿多花时间，特别是他觉得这门课我已经讲过了，第二遍的时候更不愿意花时间了。"

教授 D02："现在的评价系统也造成了这些问题。晋升就看你拿得出手的东西，科研往往是有这个成果，而教学顶多是学生的评价表，这些东西都是很难量化的，很难把它变成一个物的东西。主观上来讲学校又是评奖了，又是评估了，还有督导组啊，对教学很重视的，现在还有些硬性规定要做班主任啊，等等，但是考核的时候还是考核你科研的水平。"

教授上讲台是提高高等教育质量的必由之路

97

　　教授 H01："关键在于我们现在的政策导向。评教授的时候，主要看他做了哪些研究，写了哪些文章，写了哪些书，至于他教学方面做得怎么样，没有具体的、好的考核指标；没有占到它应该占到的比例。所以有时候用这些标准提拔的一些教授，他讲课并不一定比一些副教授、讲师好，所以这样久而久之就变成一些人专门去搞研究去了，讲课讲得好的人就一直来上课，学生也比较欢迎，但是这是一个不正常的做法。"

　　教授 G07："从各个环节你都可以发现，对教学和科研之间的评价明摆着不平衡，甚至有严重的偏颇，问题出在哪里呢？我们举个例子，你比如说工作量考核，一个是教学量考核一张表，一个是科研量考核一张表，你对比一下那两张表，你就能看出明显的问题来。[从实际工作来看，]凡是科研上有的，教学上都有，你比如说，教学有立项，有经费，有任务，有获奖。但事实上是，在那个表上，除了你上多少课，教了多少学生之外，我刚才说的这些都没有，你立了什么项目，从国家拿到多少补助，你发表了多少教学论文，你获得什么教学奖，都没有，那就是个很严重的问题了，你拿到个科研项目，5 000 块算数；你拿到了教学项目，50 000 块不算数，表格里就没有给你设计，你说，多少年都解决不了这个情况，你让这个教师怎么安心干活？"

　　在这种评价体制下，在科研上花精力，所获得的成果能够得到高度认可甚至奖励，"你科研做得好不好，马上就能显现出来，什么奖励啊，什么都能上了"；而在教学上投入精力则"得不到应有的认可"。

教授 C14："你做科研的论文发表了，得到的荣誉，得到的成果是自己的，你教学付出的谁来认可你？这一点没有。作为学校的领导、校长、书记，他们的目光也是这样，就是说，你教学稍微轻一点或者重一点，看不出来，不显著。然而，今年的 SCI 掉下来了，今年自然科学奖掉下来了，或者说两三年没有什么 [科研成果或奖]，这个就很头疼了。所以说这个事情我们就很难。一个是很显然的指标，取得了多少自然科学基金，获得了多少个奖，科技进步奖、自然科学奖，发表了多少论文，这个指标都是很显然的。你去上课，很难显示出来。写个教材也很难显示。你像我和 ××× 写这个《凝聚态导论》，即使中文、英文都出版了，谁来给我们荣誉？谁来给我们奖励？"

教授 C11："本科生的基础课教学，它是面广量大，付出的很多，但给予的认可不多，极其辛苦。可是这种费时、费力而又劳神的工作，并不能作为一种业绩得到应有的认可。一般来说，重视本科教学的教师的成名，我们说的成名、成家啊，比别的教师相对要晚很多年，大概至少要晚 10 年。这个差别并不是说上本科基础课的老师，他真的这么差，但他的成名比和他同等水平别的老师要晚 10 年以上。这已经算是乐观的估计了，有的一辈子也得不到应有的认可。科研就成为硬指标，本科教学就成为软指标，这是最大的一个矛盾。"

事实上，要真正搞好教学，需"费时、费力而又劳神"。正如教授 C11所说，"本科教学既是科学事业，又是艺术事业"，大学老师要想真正搞好教学，把一门课"讲到精彩之程度"，使学生听了感觉是"一种享受，如沐春风",授课就"必须要融入大量的科研成果到里面去"。要做到这样,"不但需要大量的科研做支撑",还需要"花费大量的时间和精力","把知识点划分为同学特别好懂的一条、一条的东西",深入浅出地讲解给学生。

但另一方面,由于对教学的评价并不能真正反映教师在教学投入上的多少,"认真[教学]的教授和不认真[教学]的教授没有很大的区别",所以教学也变成了"弹性比较大"的工作。

教授 F03:"教学这方面弹性比较大,你可以费很多力气来备课,来研究教学方法,来采取一些教学改革,比如说你要搞讨论式、要改革、要出题目,要去看很多书,但是这方面花的精力看不见,我可以做得很好,花很多精力,我也可以做得很少,讲两堂课我花七八个钟点备课,我也可以只备一个小时的课,大概翻翻就去上课。只要我不被学生赶下来,学生反映不是很差,我就能在讲台上。所以教师的教学质量弹性很大,在考核上也反映不出来,除非我上得非常好,有名了,学生反映好得不得了了,讲课比赛我得第一名了,全校第一名了,那当然出头了,觉得非常好。一般情况下,这种不是很多,所以对多数的教师来讲他感觉到我也不一定能达到那个水平,我也没有兴趣去干那个事儿,只要我上课的学生不反映太坏就行,他们时间腾出来去搞科研,这个压力很大,那很实在。"

在这种评价体系下,教师们自然愿意把更多的精力用在认可度更高的科研工作上,有教授很形象地表达为:"钱向哪里走,人就向哪里走。政策向哪里走,人就向哪里走"。对很多教师来讲,这也是一种无奈之举;如果有教师愿意多花精力在本科教学上，甚至不被理解。下面是两位教授的真实想法，实际上也代表了大多数老师的矛盾心理。

教授 E02："如果我真的一年去上三门本科课，一方面精力跟不上，另一方面觉得不值得啊，我付出那么多，吃力不讨好，我实话实说。教学毕竟是我们工作的一部分，不论说重要也好不重要也好，各种说法都有，二十多年来，各种提法都听到过。但是在研究型大学，就我们这样年龄的人要站住脚的话，仅仅靠教学是不够的。坦白地讲，从学校的现实也好，从社会评价的角度也好，对教学不是真正重视的，包括学校对教学的奖励也好，更多的实际上是一种安慰。"

教授 G07："教学是个良心活，这个呢，我们可以从两个方面去理解，第一，它是个良心活，每个教师你都要对得起学生，你每天花 3 个小时是备课，花半个小时也是备课，那你就应该多花时间把这个事做好，从这个来说，它的确是个良心的问题。这个话从消极方面来说，它隐含着另一个意思，它可以这样理解，这个东西你多花精力，少花精力都没关系，你多花精力那就是傻瓜。虽然这种说法不好，但它是事实存在的问题，就是这个东西很容易看出它的数量，但不容易看出它的质量。"

在这种大环境下，某些院系为鼓励教师从事教学改革的举措也显得微弱无力，况且这种教学激励的力度事实上也远不如科研激励，如教授 C02 所言，系里一两万的教学改革与课程建设方面的经费，"我们系里老师绝对不在乎"，因为教师们科研经费要多得多，"科研经费拿的都是几百万，甚至上千万，他在乎你这个一万两万？"因而，有些领导或老教授甚

教授上讲台是提高高等教育质量的必由之路

至"不忍心鼓励年轻老师太多地投入教学"。

> 教授 E04："有的事情是很难的，你说让年轻人全心全意去上课，说老实话我自己都不忍心的，他愿意这么干，我都要劝他不要这么干，这么干没好处，对他有点不公。你得为别人考虑，在这么个环境下面你得生存下去，你该怎么办。"

2. 其他任务多，尤其是科研任务重

第一，科研任务重。一般来说，教授的科研任务都比较重，特别是一些科研骨干如长江学者、特聘教授等，往往承担着重大的科研项目。这些教授由于科研任务重、压力大而可能顾不上给本科生上课。某大学的教授认为，长江特聘教授中大概有三分之一的人的课程可能是不足的，或者说三分之一的长江特聘教授没有从头到尾为本科生开设一门完整的课。

科研的压力不仅表现为，申请了项目以后要花大量的时间和精力去做，还表现为科研的成果要接受各种评估与考核，正如教授抱怨的："考核太多，整天去汇报"。

> 教授 C02："项目都要考核，像我们有的国家自然科学基金的项目。评估分析的时候，给你五十个专家，打你多少个 A，多少个 B，这个数据对他有压力啊。所以这个也逼着他，能逃避[教学]就逃避吧。"

而且，现在不少项目只有两、三年时间，这也加重了教授的压力："比如像'863'这种项目，两年时间，从答辩、立项到拨经费，可能要半年。提前半年就通知你要验收。你说实际做有多长时间？"

有了科研项目,完成它有压力;而没有项目时,申请项目则是更大的一种压力。在当今的学术界,科研项目的等级、数量与科研经费的多少,是衡量教授水平的一个非常重要的指标,所以教授们必须竭尽全能去申报和争取各种科研项目,这其中的压力只有教授自己能感受到。

教授 F04 :"但是现在精力真的是有点疲惫。精力太疲惫。所以我觉得矛盾最大的是,比如说现在 [申请] '十一五' [规划项目的时期],您可能也一样,要操心怎么去申请项目。关键是一个项目申请下来,比如说我两年、三年做得有一定基础了,我下次想延续再去做,比较接近的题目或者靠近的题目你申请不到。你要再做下去,没有了。所以这样就逼着你要偏离你这个方向。一个项目做两年、三年又偏离了。这个对我们教授的压力太大了。"

对于一些教授来说(特别是理工科的教授),争取科研经费的压力还来自于其他方面,如解决研究生经济问题和博士生发论文压力问题。理工科教授的课题一般需要借助研究生的力量来完成,而研究生也需要通过为导师做课题来学习研究、发表论文和获取生活费。

教授 E02 :"按照国家的规定,一个硕士或者一个博士两百多元钱一个月,他怎么过日子啊? 很多学生家庭条件不是很好, [必须补贴他,] 但这个钱哪里来,这必须从我的课题里来。这个不是我工作的压力,而是我要养活这个实验室,老实说二十多人每个月三五百块,压力也不小了。我这里不是发牢骚什么,我觉得这对教授是不公平的。我既要传授他知识,培养他,我还得解决他的经济

教授上讲台是提高高等教育质量的必由之路

103 ■

问题。实际上是，不仅解决他的经济问题还要解决他的思想问题，这些都是我们在做。老实说，按照系里对我这个教授岗位的定位，二类正职教授，如果完全靠上课来拿到我这份工资，我大概要上十四到十五门课一年，而且没有这么多课让我上，就算我每年上十四五门课了，几年下来还是被淘汰，这样的话我的研究生根本过不下去。这确实很无奈，在教学上碰到的是越来越难的事情。

"学校对学生的压力是什么呢？博士，学校要求他两篇国外的SCI才能毕业，同时要求导师给博士生每个月五百块钱，没钱别招。我要完成任务，必须得接课题，下面得有人，有了人我必须得有经费，能养活，同时我必须得保证他能有两篇SCI。就是这样，不同的压力，不同的矛盾全在一起。"

这里需补充的是，以前对研究生的经济补助多是导师的一种自愿行为，而且多出现在理工科系，因为导师的课题需要借助研究生的力量才能完成。但是现在在一些高校，这种自愿行为开始变成一种强迫行为，学校要求导师招收研究生，必须用科研经费补贴研究生每月一定的费用，没有经费则不予招生，人文社会科学都不例外。这也从一定程度上加重了教授申请课题的压力。

第二，其他教学任务重。教授们除了有本科教学的任务外，还要承担硕士生、博士生的教学任务，这些教学工作量也很大，因而会牵扯本科教学的时间和精力。这一现象在研究型大学尤其突出，因为这类学校的研究生规模很大，有的已经与本科生规模大体相当。某大学的教务处长给我们做出这样的分析：××大学本科生是 15 000，研究生也是 15 000，本科生每年开课 4 300 门次，研究生开课 3 700 门次，二者加起来有 8 000

门次课。学校现在的教师总数是 2 300，扣除一部分专职科研人员及个别的行政人员不上课，上课的老师约 2 000 人，一个教师一年承担 4 门次课。他们教学任务很重，不仅仅是本科生，研究生教学量也很大。

> 教授 H03："我本身承担研究生的教学，这个工作量已经很大，我现在带二十多名硕士生。如果每年招五到六名硕士生，那么三届的话，应该也有十五六名，就说这个本身 [任务就很重]。现在有的人比较片面，特别是研究型大学，如果让每一个教授 [都给本科生上课]，他给研究生开课不算开课的话，那我觉得这个本身就不对了。"

除了研究生教学外，学校还有各种及其他类学生的教学，也会分担部分精力，如有教授提出："老师的精力，这恐怕是有些问题。我们过去也听到一些抱怨，有些老师给 MBA，EMBA 上课，讲得比较投入，到本科教育的时候，他可能就累得不行了。"

第三，行政事务、学术活动和社会活动较多。教授尤其是名教授，往往学术活动和社会活动较多；而且，这些教授中不少人同时担任各种行政职务，所以行政事务也繁多。正如某教授说的："我们的教授兼职太多，我们稍微有名一点的教授都变成了这个院长那个处长，这个校长那个什么评审专家，天天在外面开评审会。"另一位教授谈到本校的一位名教授时也说到"他责任太大了。他是全国人大常委，又是什么教科文卫的什么头，又是学术主任，又是学院的院长，又是民主党派副主席，全国政协的副主席"。这些活动会给他们参与本科生教学带来一定的影响，况且，本科生的课程排得较密，调课困难，管理严格；如果是跨院系的大班课，就更难处理了。下面是两位教授的感受。

教授上讲台是提高高等教育质量的必由之路

教授 D07："有些学术活动很多的人给本科生上课耽搁太多，我现在已经感觉到有这方面的问题了。你像我们，××大学里面有一个非常明确的规定，就是每个学期，给学生开课的，包括本科生的课研究生的课，请假最多不能超过两周。这个我们是有一个基准的，一般的我们每个学期 18～20 周，不能请假超过两周。但是现在我们经常会发现，这个里面确实有矛盾，有冲突，而且这个冲突好像还有点大。这个学期，有两次对我来说非常重要的学术活动，我都放弃了，因为我要给本科生上课嘛。从实际操作来说，因为研究生的课程上的人少，调课比较容易，而补课也比较容易，采取比较灵活的方式方法来处理也比较容易。本科生的教学就比较困难。"

教授 H01："我到教务处之后，[上] 这些本科生的课慢慢就少了，因为学校的工作一方面也比较重，时间难以保证。我们一边要求老师不要随时调课，结果你自己不能做不到。后来我就转到给学生开一些公共的课程，晚上上课，就稍微好一点。"

在这种情况下，如果还坚持上本科生的课，就会相当辛苦。

教授 H01："有很多学术带头人，他们对教学，应该说还有一定的认识的，但是由于他承担的工作太多了，太繁忙了，所以有时候他就力不从心。比如我们有一位在德国十年回来的 ××× 教授，他是我们今年五一奖章的获得者，这个老师是非常好的老师，他回来之后也一再地强调教授一定要上本科生教学第一线，但他自己身体不行。又要上课又要写教材，他承担的任务简直是太繁重太繁重了，结果我们就反过来想，你不要太拼命了，否则的话对自己的身体各方面不好。又让他当了教育部的教组委的主任委员，经常这个评估那个评估都叫他去。你说，他就那么多精力，而事情那么多，他还坚持带本科生的毕业设计、给本科生上课，他完成的任务简直是几个人的任务。"

3．来自学生方面的原因

在问及本科教学中遇到的困难时，很多教授谈到学生方面的因素。教授们认为，由于社会大环境的影响，学生在学习上存在功利性倾向，学习不勤奋不踏实；另外，中学应试教育也带来不良的后遗症。

第一，部分学生的功利趋向。教授们认为，现在相当一部分大学生学习的功利性很明显，而且是急功近利。"目的就是拿到这个学分，到最后拿文凭，最后有什么能力，能做什么都不管的，不考虑的"。

教授 C06："这几年我感觉到大学生的素质啊，存在很多很多问题。这个可能跟独生子女的政策［有关］，现在大多数都是独生子女了，娇生惯养，再加上生活条件的改善，家里父母对他们的娇惯，养成了很多非常不好的生活习惯、学习习惯，以及价值观念。再加上市场经济这样一种导向，现在的学生非常功利，都只考虑考试啊、得分啊，然后将来怎么找工作啊，而且，从价值观念［上讲］，都老想着我怎么能又省事又多挣钱，又不学习还能得好分，都是这样一种观念。我觉得现在抓本科生教学最大的负担和头疼［的事］，是要把这些基础性的教养在大学里来补课，这个是非常伤脑筋的。而且这也就是为什么教授不愿上本科生课的原因，他觉得这个感觉不好。"

教授 D04："他学习有些功利性的倾向，很成问题的，就是说他

107 ■

学这门课并不是说要学点知识学些本领,他可能是考虑对他以后的工作有没有用,或者说他学这门课［是因为］没有办法,是必修课啊,我得拿学分,拿了学分我才能毕业,是这种考虑。"

教授 E08:"现在的学生啊,一个是没有动力,一个是'实用主义'很明显,就是看哪个出路好。大学毕业搞营销,因为能赚钱。实用主义!所以现在很多学生,对计算机之类的课重视,但对有些课能应付就应付。像我们这课,很多学生交上来的设计图纸,不能看!简直不能看,乱七八糟。"

第二,有些学生学习不努力。教授们认为,有部分大学生不珍惜学习机会,不努力,会挫伤老师们上课的积极性。

教授 B04:"我觉得有些学生,绝大多数学生都挺好的,［但］有些学生不太珍惜这么好的环境和学习机会、学习条件,有些教师确实辛辛苦苦准备课,布置的作业,有的学生草草作答就算了,还有学生无故不来。有些学生不珍惜,我觉得这是学生特别让人觉得伤心的地方。"

教授 F03:"真正听课的人很少。瞪着个眼睛,心不在焉,有的人在看其他东西,教师费很大劲在上边讲,像我们讲课是很认真地讲,认真地准备,想让学生提起兴趣来,但收效很小,他下课也不复习,也不看,像看电影一样看看就过去了,有时候讲得很伤心。"

也有个别文科教授认为,学生不看书是因为课程安排得太多,所以没时间读书。

教授 C12："同学的困难在哪里呢？他没有时间。我现在觉得，本科的课时安排得太多了。我觉得文科的教学啊，你要让学生有时间。文科生基本上应该是读书培养出来的。教师上课是一个引导，我们现在可能过于重视上课的任务。假如说一个学生他每堂课都认真听、记笔记，这个学生肯定没出息。一定是教授讲了以后，他受启发，然后去看书。但是现在有一个问题是他没时间去看书。

"这个问题'文强'特别严重，文科强化班，现在这个模式还在扩大，我们文科许多老师都反对这个模式。这个模式其实不好，它有一个想法，以为 [教学] 像压缩饼干一样，我把每课的精华压缩了喂给你 [就行了]。文科真的不是这么弄的，它要有一个自然的、缓慢的成长过程。这个是需自己看书的，你把一些精华弄给他，你得让他有一定的时间去看。"

第三，中学教育的不良效果。教授们认为，由于中学教育是应试教育，学生们习惯于完成老师布置的任务和作业，不会主动学习；习惯于教师上课讲例题下课做习题，"把念书就看作做题目"，"不会举一反三"，不会思考；知识面窄，"在高中时天天闷的就是那几本书"，"实际能力和思维方式都有待于提高"。"这无形当中给教学带来很大的困难"，老师上课很费力气，不仅要教知识，还要帮助他们扭转思维方式，教会学习方法。

教授 C05："像我现在教一年级本科生，我是希望刚开始就把它扭转过来。学生在中学里面被教坏了，中学里面老师叫你怎么样你就怎么样。好多学生问我，我现在有时间我不知道干啥，自主学习的能力已经退化了，退化得很厉害，所以我们在教课的同时，还要做这一方面工作。告诉他怎么学习,在大学里怎么学习。事实上,我在教课的过程中还承担着辅导员的作用。我一边教书,一边还告诉他们这些事情。"

教授E04:"我觉得我们学生从小学到初中、从初中到高中、从高中到大学都是一路考过来的。为了应付考试,他就应付教育,所以从小到大,他脑子里的意识就是我要念书就是做大量的题目,而且他认为我把各种各样的题目都做会了,我的书就念好了,我的大学就考上了。确实有人就这么进[大学]的,然后他就不会念书了,他把念书就看作做题目,题目做完了似乎书就念好了。所以这样一来,我们的学生根本就不会举一反三。所以这涉及整个教育体制问题,涉及我们中小学教学方法问题,他不跟你讲道理,而只是告诉你怎么去做。为什么?这是最有效的办法。我觉得现在学生虽然很努力,但是学习效率不行。"

4. 学校管理、制度方面的原因

第一,班级规模过大、管理混乱。有教授认为,学生从高中到大学,学习环境和学习要求、学习方法都发生很大变化,但学生的管理却未跟上;虽然扩招对研究型大学的生源影响不大,但班级规模过大、管理混乱的状况仍然存在;而且,大班级上课,影响了师生交流和教学效果等等。

教授C14:"××[分校区]的学生完全是放任,我觉得这是很成问题的。现在这些独生子女的家长管得太多,而一到这里来[就放松了]。我说像我们物理上的自由气体膨胀:本来是限制在这个里面的,很有规矩的、有限制的范围。把那个壁全部撤掉了,它就完全膨胀了。我前几年带的那两个本科生,进来都是很好的成绩,[后来成绩不行了]。问他们怎么了,他们说:'我们放松了。我们玩计算机,感觉到自由自在。觉得前面很紧张,现在放松一下。'"

教授 C05:"我们教学班比较大。从不同中学来的,不同学校有不同的教育方式,进来后学生差异非常大,有些学生很好教,有些学生就非常难教,所以对于老师来说,教书在这一方面是比较痛苦的事情。就是说,不知道怎么适应一个班 100 多个人,我不知道怎么去安排教学。你要是按差的学生去教的话,好的学生认为一点意思也没有;按好的,差的学生也跟不上。"

教授 E02:"现在的管理方式,我觉得也造成了一些问题,或者说没有找到一些合适的方法,从我教学的角度来讲,我也没有找到个合适的方法来解决这个问题。比如说现在选课是自由选课了,自由选课以后班级就打乱了,那这个班级如何管理?像以前学生有什么意见,我第一次上课选个课代表或者班长,给我一个联系人,告诉我联系方式,那么出现什么问题,我通过观察什么的,课代表一个星期要给我回馈,到底是什么问题。我现在只是在上面讲,比如这个学期我还没有结束的这门课,一百十号人左右吧,我每次都数一下人数,一般都是一百人左右。但是有的时候我看到八十多了,奇怪了,到底是我上课有问题,课程安排有问题,还是什么其他问题?我一上课就把 e-mail、电话留下来告诉他们,我跟他们讲清楚,有关课程的什么问题都可以联系我,但是没有人啊,我只能课下逮着学生问。但是逮着学生问呢,都说不知道啊。我以前能得到的反馈现在没有了,我现在做不到,这是一个蛮难的[事情]。"

教授上讲台是提高高等教育质量的必由之路

111

　　针对这种状况,有教授提出应该加强学生管理工作,实行所谓"高四"的管理,"我们的学生进来,要像'高四'那样来管理"。有一个"高四",实际上就是一个衔接,从高中的学习方式和管理方式开始逐步地过渡到大学自由的管理,逐步地放,而不是突然一下子放。还有教授提出要缩小班级规模,一年级以后把学生分开,按不同的模式分流培养,"有的讲得比较深,研究型的味道比较浓一些,有些就给他们教些技能,让他们将来找工作去"。

　　第二,本科教学管理过于刚性,调课不便。本科生教学管理严格,课程安排严密,且很多是跨专业的大课,这无可厚非;但另一方面,对教师来说,过于刚性,调课比较难,这使得学术活动、社会活动较多的教授们感到为难。这一点前文已有陈述,再看看另一教授的观点。

　　　　教授F02:"我们学校对本科生的课程是抓得很严厉的,一旦发现你随意调课,处分是很严重的,而研究生的课,相对来说,比较松散。教授承担这么多课题,来回跑得很多,他也怕耽误本科生的课,他如果忘了一次,我们的处罚就是一级教学事故,扣半年的岗位津贴,全校通报,影响很大的,教授他也害怕这个,所以这也是个原因吧。有些教授说,不是我不想去,但是太忙了,本科生一上就是100多人,耽误不起。"

　　第三,工作量规定不合理。当前的很多高校都实行聘任制,根据工作量发津贴。有些学校对工作量的计算不够合理,如对培养研究生工作很重视,也影响了教授从事本科教学的积极性。

　　　　教授H01:"按照中国的聘任制度,带博士生的计算方法是最宽松的，他一年招生 2~3 个，三年下来，早就超过了一个人的工作量，他不用上课，光带研究生就已经满了，那他哪里可能上课呢。如果没有特殊的要求，没有自己的兴趣，就不去上课。"

5. 学校对教学投入少，重视不够

有教授认为，学校虽然表面上看起来对教学很重视，但对教学的支持很小，远不能与科研相比，"没有放到一个平台上"，这是"特别让人觉得伤心"的地方。

　　教授 B07："给的教学支持太少了，基本上没有什么教学支持。你看科研的话，我们都可以申请到各种经费来做，教学不行，基本上没有。你看，我这柜子里面，我的柜子左边这一栏都是教学方面的书，我这上面是总结的学生报告的材料，全部 [用的] 是我自己科研经费剩余，就是用课题结题完剩余的科研经费来做这些事情，包括我做一些教改，比如我现在做一些教学改革的一些项目，我请一些学生来参加，学生勤工俭学的钱，包括聘一些助教什么，绝对是我自己出。系里给一个助教，但肯定不够，又要做研讨，我又聘一个助教，那全是我科研经费出了。我这几年所有的教学 [经费] 都是靠我科研来顶住的，就是这样子的。所以这个支持太少，包括出去参加教学会议，因为我是教育部课委会的成员，所以我们基本上还好一些，每年给两千元，相当于是差旅费，但绝对不够，每年我开教学的会也要两三次，今年到现在已经两次了，全部都是靠自己的科研经费去的。"

　　教授 C06："因为我觉得办教育是需要投入的，而本科生的教学呢,它有很多东西需要研究,需要创造条件的,特别是面临不断创新的学习环境、教学环境,因此要保证必要的投入,使得这个环境能够适应这种不断现代化、数字化的条件。为什么企业发展快?投入很大。而高校人才的培养是最需要投入的,除了设备以外,包括一些实践活动,一些研究活动,我们很希望组织学生到社会上参与很多工作,但实际上条件有限。我觉得精英人才的培养,是要有较大投入的,这是第一。"

6. 本科低年级大都在分校,劳神费时,上课不便

由于学校的合并、扩张,很多高校都建立了分校区,而且有些分校区路途遥远,无论离学校本部,还是离教职工住宅区都有不少的车程,用教授的话是"上两节课的时间,你要花六个小时","不合算,跑来跑去的"。

教授 H03:"我原来就是去给他们上这种相当于学科介绍、技术介绍性质的[课],我去上一次课,我可能上一到两个小时,但是我路上花的时间可能就是整整大半天,甚至一天的时间。我有一次去上课,为了上那一个多小时的课,不到两个小时的课,我整整花了二十四个小时。当然这是特殊情况,那次路上交通出问题了,整个大桥全部堵车。如果你不异地办学,不会存在这种情况。因为这个交通,你是无法去预测的。你从我们这个地方[本部]到我们那个××[分校],然后从××再回来,这两段路程,你两节课,你绝对不是说可以花两个小时时间,你绝对不是,你再多花两个小时时间也是不够的,那你至少得以六个小时来考虑,你提前要来等车,然后在

那边,要提前到,你讲完课还要等车再回来。来回如果路上再一堵,那你平均就要花六个小时,你上两节课的时间,你要花六个小时,你这一天你什么事情都别干了。所以这个问题,可能是我们国家独有的。

"[教师]住的地方既不跟校本区连,也不跟新校区连。这个客观上又增加了教授的[不便]。如果他本身,像我,我是在这边搞研究,本科生是在那边,我住在那个××[另一地方],那我怎么来联系?我这一天又要照顾到我这边的硕士生、博士生科研,我又要去给本科生[上课]。"

对于一些年龄大的老教授来说,困难则更大一些。一些教师为了保证第二天的课,甚至第一天晚上就住到分校区去。

教授C07:"一二节[有]课,我就前一天住过去的。那时间上要加倍。我是全校唯一没有误过课的人。有一次大雪,就是整个学校停课,我到那儿上课。我住在那儿。另外的话,下雪啊,有时候,比如说我回来的时候,一个车很挤……另外一个路上时间也比较长,所以也确实是[很辛苦],这是对我自己来讲。"

所以教授们呼吁地方政府在调整校区、建大学城的时候,"有一种全盘的考虑",让教授"花在工作上的机会、时间多一点,花在无谓的赶路这个上面少一点"。

7. 教师多课时少,限制教授上课

一般情况下,是由于各种原因或困难,影响了教授给本科生上课的

教授上讲台是提高高等教育质量的必由之路

积极性。但教授不给本科生上课，还有另外的原因：在有些大学、有些院系，教师太多，课程不足，即人多课少。或是教授多；或是为了建设教师梯队，培养年轻人；或考虑课时量，给年轻人更多机会。如某教授谈到本系教师结构和课程状况时说，教师里面大概将近一半都是教授，"教授比较多，你开课别人就没法开了"；还要考虑到年轻人，"很多教授不能和副教授来抢课，他就不开课"。这位教授开的一门基础课，就是与一位副教授合开的，"我要每年都开这门课，他就不能讲了。我们俩基本上就是隔一年[开一次]，一个人开一年。"这种情况下，院系的政策不是鼓励教授上课，反而要提倡课程的梯队建设，"我们政策上是打破这种课程上的垄断"。

  教授B03："像在××大学，学生少，教授多，可能会[避免]某一门课成为某一个教授的私人财产。"

  教授F02："教师要完成一定的工作量。对于教授来说，他带博士生、硕士生就可以完成，但对青年教师来说，他不带课都完成不了，不上课就不行。所以我们很多教师[教授]就不愿意跟年轻教师去抢，我们开座谈会，有的教师说，我不是不想上，但年轻教师完成不了工作量，你不给他发钱，那怎么办？这是个很关键的问题。年轻教师如果不教学，除了基本工资，就拿不到[其他钱]了。这是制约教授上讲台的主要原因。"

综上可见，首先，并不是所有教授都不愿承担本科教学，有些学校或院系情况恰恰相反，教授多本科生少，为了课程的梯队建设，反而不鼓励教授承担过多的本科教学，成为"课霸"；其次，确实有很多因素影响了教授承担本科教学的积极性，既由于教授本身承担的科研任务、行政任务较重，因而承担本科教学的时间与精力都受到影响；也有学生方面的因素，学生学习不努力、不会学习、学习上的功利主义，挫伤了教师的积极性；还有学校管理及制度安排方面的因素，如学校对本科生教学管理过于刚性、班级规模过大、分校区的教学模式，都增加了本科教学的困难。但归根结底，影响教授承担本科教学积极性的最重要因素则是教师评价体系，"重科研、轻教学"，"硬科研、软教学"的评价指挥棒使教授更愿意或不得不把更多的精力放在科研上，而不愿去花精力去钻研"吃力不讨好"的本科教学。

（四）解决矛盾的办法

从教授的个人角度来说，他们并没有很好的办法来处理这些矛盾与困难，"这个我觉得是比较难处理"。他们中的大多数都是凭着责任感与良心在认真教学，加班加点、放弃休息，甚至不被人理解；也有少部分老师选择在特殊时间段如科研紧张时，在教学上放松点要求，如花少一点时间备课，或干脆要求不承担本科教学。针对因学生素质而带来的困难，教授们只能尽自己力量去改变和影响学生。

第一，凭责任感教学。教授们认为，是责任感推动他们认真对待教学，对待本科生。

教授 C12："从我的角度来讲，为什么我既然我这么忙，还舍得[花时间]去上本科的课程？第一个，我觉得，看了我们 ×× 大学招了这么多的好学生，如果我不上课，我对不起这些孩子们的父母，我们也对不起这些学生。我总觉得我们有一种责任，应该是要去上课。我始终讲，我们有一种责任，这种责任感对我的驱使是非常非常强

教授上讲台是提高高等教育质量的必由之路

的。我们总要有一种同情或者体贴的感觉。"

教授 C13："一个很重要的责任感在驱使着我必须要这样做。我宁可少出一篇文章，也要为本科生去上课。原因是什么？也许我现在少出一点文章，但是我将来培养出好的学生，他们出的文章会比我更多。我们要考虑的是长期的效应。也许看起来对我自己是损失了一点点，但也许对我学生的将来更重要。"

第二，减少科研时间。在科研与教学发生时间上的冲突时，不少教授选择为了教学而牺牲科研时间，但这也给教授带来了很大的心理压力。

教授 D05："那我的科研做得比较少，成果也比较少，对，肯定是要牺牲一点。我还是比较看重教学的，所以我从来没有耽误过上课或者不上，我觉得需要我上了我就去上了。那么比较受到拖累的就是我的科研项目，比如像我的科研项目无法按期完成，就拖在那里了，也很少有科研成果，这对个人来说压力很大，因为他考核你的时候主要是看科研成果。这个心理压力是非常大的。"

第三，"甩掉教学搞科研"。在科研压力很大时，再加上教学效果又不是能立刻显现，所以也有教授选择放弃教学或马虎对待教学，"特别是如果学校考核你，科研压力很大的时候，那对教学准备的时间不可能很多，这是普遍存在的"。

教授 E08："摆不平怎么办呢？甩掉教学搞科研。教学的东西你马马虎虎一两节课，甚至半个学期马马虎虎，看不出来。到毕业以后才……哟，看出来，但已经晚了。所以这个东西呢，教师心里都有数，没办法。我这个人只有 24 小时，24 小时我怎么处理呀？只能说在这一段时间里我拼一下这个，在那一段时间里我拼一下那个，只有这样。"

第四，超负荷运转。面对矛盾和压力，大部分教授选择"加班加点"、"超负荷运转"。对教授们来说，节假日、晚上不休息，忙教学与科研是非常普遍的事。"有的时候觉得挺累的，超负荷运转了。""我们的周末和晚上都是在备课的。""总需要加班。"

　　　教授 F03 ："无非就是我们少休息一下，你要吃得了苦。礼拜六礼拜天或者假期都上班，所以你要想晚上也不好好干事情，礼拜天礼拜六照样儿玩，假期都休息，那就不行，你干不成事情。我想教师现在大部分时间在假期都休息得很少，但不是完全没有休息。从我来讲，基本上没有礼拜天礼拜六和假期，假期都在干事情，礼拜六礼拜天都在干事情。基本上没有明显的假日的感觉，一直在干活。"

　　　教授 B07："很辛苦，每天我经常一两点睡觉，是很正常的事情。"

第五，通过教育改变学生的学习动机和态度。面对中学应试教育给学生带来的大学学习适应不良，社会风气使得学生浮躁、功利等问题，教授们也显得很困惑，有些无能为力；但有些教授则从自我做起，力求有所改变。

教授上讲台是提高高等教育质量的必由之路

119

教授 C07："我［向学生］问的第一个问题，你是希望一辈子做学生还是做学者？一下子就把他问住了。［因为我要改变他的这种思维：］考得不好，就说你题目布置少了。他希望，一看到题就知道题型，看到题就知道步骤，有步骤就可以猜答案。"

教授 E04："我只能是在上课当中尽量把道理讲明白，给他们'洗脑子'，说你学物理不是为了会做题，而是把道理弄清楚。但不断地给他们灌输，靠上课是不够的。有的人可能一年的课下来慢慢悟出来了，但有的学生还是老样子。我觉得靠我一门课来解决这个问题不大可能，［但我也要努力去这样做］。我不能只告诉你这道题目怎么做，你应该搞清楚为什么这么做，我宁愿少讲几道题，你得把道理想清楚。"

E 大学的一个教授花了大量时间在本科教学上，不仅关注学生学习，还关注他们的发展。上课时，教授记下学生的电话、E-mail，以便于课后与学生互动交流；有学生不来上课，她也及时与学生沟通，了解原因。她的行为甚至不被某些人理解，但她认为"金杯银杯不如老百姓的口碑"，学生的认可最为重要，她因而也被学生评选为"最受学生欢迎的老师"。下面是该教授的一些感悟。

教授 E03："现在在张扬个性的社会当中，又加上社会当中各种丰富的物质、还有诱惑太多了，有 60% 的学生的学习积极性还是很高的，还有百分之二三十的学生对这种诱惑抵挡不住，可以说是被网络、被社会上的其他因素吸引着。我也在想怎么和他们争夺这些学生。我自身能做的，我认为就是在课堂上要关注他们，抓两头带中间。反正发现问题就要督促他们，如果不督促的话，可能最后连考试都通过不了。

"我既是老师，也是作为一个家长。现在的大学生可能还不如我们过去的高中生呢，我们从小没有人督促你学习，他们现在都是在周围的呵护下长大的，一上了大学，有一部分人的自律性就比较差了，这方面需要我们花一些精力。

"有些老师认为我们只要教好课就行了，没有必要管那么多，这是一部分的说法，另外一部分可能认为这是思政老师的事情。对这样的观点，我认为他们讲的有一定道理，可是班主任或者思政老师可能没有像我们任课教师这样和学生紧密地接触，有些问题可能发现不了。有些老师可能对这些事情不在意，[但]我总觉得学生的成长不仅仅是[靠]拿这个成绩和学分。"

四、教学与科研：矛盾抑或统一？

教学与科研是一对矛盾？还是"一块硬币的正反两面"？它们能否兼顾？能否相互促进？我们的访谈获得的回答见仁见智，既有歧见又不无共识。

（一）时间上的冲突：教学与科研的主要矛盾

教授们认为，教学与科研的矛盾主要体现在时间上。正如教授们所说，"科研需要精力、需要时间，教学也需要精力、需要时间，都需要投入的。但是，一个学者的精力是有限的，一个教授的精力是有限的"。特别是当科研压力很大、任务很紧的时候，如有的教授承担了国家重大科研项目且必须在两三年完成，在这种情况下矛盾就会很突出；此外，教授的教学任务不仅仅体现在本科教学上，他还要承担大量的硕士生和博士生的教学和培养任务,正如有教授所言:"就感觉时间不够用。像我们带博士、硕士、MBA,带的太多、太多,有点顾不过来"。

> 教授 D02:"我觉得一天只有 24 小时,你再怎么效率高的话也只有 24 小时,你还得睡觉吃饭和 [做] 一些其他的工作。"

> 教授 E03:"矛盾是肯定有的,时间方面,因为你教学方面要投入很多的精力,那么科研方面就不能像以前那样了。对于学校来说是基础课,六十多个学生,让他们扎扎实实学得好,并且不能让他们有一个掉队的,这样你就要关注他们很多方面的问题,包括心理的或者成长过程当中 [的问题],你需要和他交流啊。有些学生很愿意和你交谈,在交谈过程当中不仅仅是专业方面的,社会方面、与人交往这些知识也要跟他们讲,也需要花很多的时间和精力。"

(二)教学相长:教学与科研的共生与互动

教授们虽然认为教学与科研可能在时间上存在冲突,但从内容上说,或者从本质上说,教授们又一致认同,教学与科研是互相促进、相辅相成的。

1. 科研是高质量教学的保证

"一个从来不做科研的教授,那绝对教学是做不好的。"

"教学要上档次确实要有科研依托。"

"本身有科研背景的做教师,他底气足啊,他言语之间流露出来的就不一样。"

第一,科研为教学内容提供知识源泉。教师要教好学生,必须有雄厚的知识基础,科研的积累能提供这种知识基础;科研还能让教师了解知识发展与创新的动态，科研是教学"可持续发展的一个机制"。所以，有科研背景的老师，才能了解学科前沿，才能使自己的教学内容不断更新。

教授A04："教学与科研的关系，看你教学是属于哪个层次的教学。你想讲得好，要给人一杯水，你自己就要有一桶水。哪来一桶水？你必须靠科学研究。"

教授C02："很多科研的积累，沉淀在脑瓜里面，然后慢慢就倾注到这堂课里面。研究做得好的人，不一定教学好。但是你要真正教学好，一定要有研究。怎么才能教学好，看科研。他一定要有自己创新的理念，才有出彩的可能，才能出彩。"

教授E07："研究型大学的这些教授必须是做过科研的教授，这是非常重要的。没有做过研究，这样的老师是上不好课的。当然他可能在某个地方是可以的，但是，作为我们综合性大学来讲，他上不好课的原因在什么地方？因为他没有搞科研，不知道前沿所在。你不知道前沿，你就不知道你的教学哪些是落后了，哪些是重点？是新的东西？以前不重要的东西可能变得重要了，以前需要的东西可能变得不需要了，那你就得在课堂上体现出来。"

第二，科研使教师更深刻地理解教学内容。做过科研的老师"对自己的学科理解得特别深"，懂得科研的过程和思维的方法，了解知识的来龙去脉，因而能深入浅出地教学。

教授F03："一定要做科研，你要把课教好一定要做科研。你自己要从科研当中体会思维方法，碰到个问题怎么去思考，怎么去研

教授上讲台是提高高等教育质量的必由之路

究,怎么把问题解决了,那么这种思维方法自然就会渗透在你的教学当中,在教学中就会体现出来,会潜移默化地体现出来,而对学生就有一种很大的影响。所以我觉得一个教师你如果自己不做科研,你就没法揭示这个 [思维方法]。"

教授 F04 : "你只有对科研有更深刻的理解,你知道这种科研到底是一个什么过程,什么是一个研究,你把它理解透了,你自己体会了,你才能够把它讲出来。你也才能用你自己的语言,讲出来别人能够理解,才能达到这样一个效果。"

教授 F07 : "从事大学基础课教学的老师,我认为必须得做科研,你做科研,你才会对基本的原理、知识点有更深刻的体会,对一些成果才能理解得更透一些,否则只是一知半解。我跟你举个例子,我们那个工程物理界,一个很有名的院士 ×××,他说不少从事了一辈子燃气轮机教学或者科研的那些老师,没见过燃气轮机。这个是非常悲哀的事情。"

教授 A02 : "如果你细心归纳总结的话,你的科研活动往往会成为教学中很好的例子。有时候你在科研上的经历和经验,通过这个科研的经验和视野,会使你的教学富有特色,不是说书本上那些抽象的东西,你可以举很多生动的例子。"

2. 教学促进科学研究

第一,教学提供科研的宽厚基础。教授们认为,承担本科教学后,"从某种意义上说是自己给自己设了一个门槛,设了一个动力站,你必须逼着自己去学东西,逼着自己看很多很多新东西"。这些知识可能是非常基础的,或者说看起来与自己的科研关系不大的,但可以"使你对这种基础概念的理解不断地加深"，"会让我们自己对基础知识的理解更系统，能够到一个更高的高度去理解这些问题"，因而为自己的科研提供了宽厚的知识基础。

　　教授B01："有时候我会喜欢教一门离自己的研究领域略微远一点的基础课。现在的学科的一个基本走向是交融。因此，你如果不去上课，也许没有太多的机会去好好念一念跟自己现在的研究没有太大关系的书，教书是一个天然的压力，你也因此能更新很多东西。"

　　教授C10："如果总是教研究生，在这个领域里面，你可能是个专家。但是在整个学科领域呢，其他方面的发展，实际上你慢慢地会萎缩、会退化。而如果我为了兼顾这个总的方面的话，系统地开一门课，你为了去讲好这门课，你必须备课，必须思考整个的问题，这样等于说可以有一个比较厚的基础，来支持自己的研究。"

　　教授D05："对自己知识的积累是一个帮助，对有些平时自己不太注意的问题，不太考虑的学术问题，因为通过上课逼迫自己去考虑，所以说这对自己也是有帮助的。可能研究的时候是研究一个很窄的点，[但]因为上课，往往会迫使你去考虑[更多的东西]，这样的话你的视野可能会变得更开阔一点，这个是有帮助的。"

　　第二，教学引发科研的灵感。教师在教学过程中，尤其是在与学生的互动过程中，往往会产生一些科研的灵感，这些灵感有的来自于学生的提问，有的则来自于教师在教学过程中的感悟。

教授上讲台是提高高等教育质量的必由之路

125

教授 A04："会有一些学生在教学当中提问题，可能学生提的是一些比较粗的问题，但是你仔细去想一想的话，真的可能是很好的科研问题。"

教授 D04："和学生交流当中，学生有的时候提问题，有些问题问得非常基本，那些问题可能你以前觉得是想当然的事情，但后来一想其实给我们启发，可能也是与我们的科研任务有关联的一个概念，促进我们进一步地去思考。并不是说他本身说出来的观点是正确的，他是抛砖引玉吧。这个真的是教学相长，或者说教学科研都是互动的。"

教授 C06："教学怎么促进科研呢？比如像我这样的教授吧，我做研究的时候，我很希望跟人家探讨一下，探讨除了同行以外，很重要的是给别人讲。很多学者写东西之前，最好给谁讲一遍，我看到很多学者，他就抓着你来讲，也不管你听不听，实际上他讲的过程，他是在整理自己的思想。教学就逼着你系统地、完整地把你自己的研究梳理一下，包括把你过去的知识和现在新考虑的问题结合起来思考，因为科研往往是在一点上孤立地思考，所以研究了一段以后，就好像看一个东西似的，你钻在里头看有时看不清楚，你退出来，远远地看呢，往往能更好地把握它的全貌，也反思自己的研究，特别是当你研究走入一个误区的时候，所以这个能促进他的科研。"

第三，"教学成就了大师"。有的教授认为真正的大师，是能够培养和造就一批又一批出类拔萃的创新人才，形成一支团队、一个流派的人。在这个意义上说，教学成就了大师，成就了科研，成就了学术流派。

　　教授 E05："如果有人认为教学和科研有矛盾的话,有两种:一种是这个教授本身的素质问题,或者是这个学校本身的水平问题;另外一个就是说,在处理这方面的关系的时候,他把长远的利益和短期的利益、把主次关系搞混了。我觉得,人才培养,不管对学校来说,还是对老师来说,它这个关系,是非常长远的长久之计。如果这个老师能培养出一拨一拨的非常优秀的学生来,如果这个老师能在学生中产生很大的影响,那么将来这些学生会很怀念他。就像以前的那些大师,像苏步青等,广大的社会上的人已经很难知道苏步青在哪个领域作出了重大贡献,但是都知道苏步青培养出了很多著名优秀的学生,这对于苏步青来说,他造就人才的成就远大于他在科学上的成就。……从长远来说,你说科研和教学,哪个重要呢? 你培养了这么多的人,那不就促进了科研吗? 欧洲的教授,没有几个人直接搞科研的,都是靠自己的学生,培养出学生来承担科研项目。他如果是个大师的话,他会调动一个团队的力量,从思想上、培养一拨一拨的人来搞科研,这样不就对科研有很多促进了吗?

　　"科研和教学是什么关系? 无论如何,教学成就了科研,我一直是这个观点,而且是本科教学成就了科研大师。没有说哪个科研大师不通过本科教学就成了名。"

3."教""研"相长

　　教授们认为,科研和教学之间相互促进的作用,比矛盾要大得多。一方面,很多研究课题是在教学中产生的,学生所提出的一些问题,可以引发教师的思考和研究;而"你把自己第一线研究的、很前沿的问题初等化,实际上这里面有很多促使你研究方面改进的地方"。另一方面,科

教授上讲台是提高高等教育质量的必由之路

研成果可以拓宽和更新教学内容,如某教授的亲身体会:"我是基础课老师,没有搞科研之前,我确实是书本上写什么,我就讲什么,但是自从搞了科研,十几二十年下来,自己都感觉上课要生动得多了,有开拓的地方,你就有发挥的资本,我觉得这两个不应该对立 "。

所以,教授们认为:"没有一定的科研基础,他肯定讲不好";"大凡讲得好的人写得也好,写得不好的他讲得也不好,'教'跟'研'相长";好的教学不是教师"站在讲台上告诉大家什么",而是师生间的一种"合作",是教与学的"良性循环";"决不要只以为教学就是支出、科研是收入,这样的概念是完全错误的";"不要老想着对教学倾斜,这是不正常的说法,其实你可以这样呼吁,科研要为教学服务"。

教授 A06:"我们讲'教学相长'嘛,老师给学生讲课的这个过程中间,学生会给你很多的反馈,对吧? 然后这些反馈,或者说这些问题,会促使你、吸引你、刺激你,或者促进你去思考很多的问题,对于你的研究也是很有帮助的,然后,你再把研究的成果教给本科生,我觉得这是很好的一个良性循环的过程。而且,我感觉到,本科生如果你很好地引导的话,他们,至少在 ×× 大学,会问出很好的问题来。"

教授 C06:"对于教授来说,科研、教学应该融为一体的,而且在这个过程中,能够最快地把他的科研成果带入教育,带入整个人才培养的活动中。反过来,这个也是促进他自己科研的一个很重要的过程。教学和科研,我觉得一个很重要的差异是什么呢? 就是科研可能是抽象的,它可能从一个角度钻得很深,但教学呢,即使是一门课的教学,他也必须在一个比较广阔的领域里来阐述他的成果的价值。所以,它要求有一定的系统性。如果结合得好的话,我觉得是相辅相成的。他研究一段以后,他会把这个放在一个比较广阔的学科专业背景下来思考他研究的价值。同时,怎么让他的研究能让没有参加研究的学生能够听明白,这个又有助于他对自己研究成果、包括研究成果价值的一种反思。所以,我觉得为什么有些学校的教授,他的科研成果反而比单纯研究机构的人要多、水平要高,就是因为有这样一种机会和环境。"

教授H05:"一流学科等于一流教学加一流科研。你必须在学科这个平台上把教学、科研互补起来,首先就是教学内容的扩展,教学内容的扩展需要科学研究的支持,新的教学内容从哪里来？光上课没有新内容,一定要科学研究去拓宽教学领域,这个研究可能拓宽学科方向,也可能直接成为一个教学内容,很可能是一门课。科研方向的开辟、教学内容的更新、新的教学方向和课程的开设,以及教育的更新,这些互补起来。学科开拓跟教学内容[拓展]互补,科技成果的发布跟教学内容的更新互补。互补以后,[形成]良性循环。"

（三）研究性教学：教学与科研的双赢

1. 研究型教学的内涵

教学与科研可以相互促进,"教""研"相长,而研究性教学是促进这两者相长的最佳教学方式。所谓研究性教学,借用一个教授（E07）的话是:第一,要把科研的思路带进课堂;第二,把最新的科研成果带进课堂。而在教学方法上,常常采用讨论的方法,如某教授介绍的为共同研究某个问题的小组讨论法:出一些特定的题,然后由3~5名学生组成一个小组,针对一个题来准备,由他们自己尝试去自学、理解,然后再把研究的结果向其他同学表达出来。下面是一些教授进行研究型教学的尝试。

教授 C06 是一位国家级教学名师,他非常重视同学之间的交流,包括研究生与本科生之间、不同年级本科生之间的交流与学习。他认为,因为老师和学生之间学术的背景、认识的能力水平、兴趣,差距比较大,有时对话反而不容易,而同学之间的对话、交流往往更重要的。他说给他印象很深的是,斯坦福大学刚刚离任的校长的观点:他在斯坦福做了十年校长,一个很重要的体会就是学生在大学获得的很多东西不是从老师那儿来的,而是从同学那儿来的。因此,该教授认为,通过研究性学习在同学之间创造一个相互交流的舞台,非常重要。他采取的方法之一是,把研究生带到本科生的课堂里去,而且有的课不同年级在一起上,这样不同年龄段、不同经历、背景的学生之间就有一种交流。

教授 C06:"我觉得研究性学习不仅仅是一种形式,而且是引导他们进入做学问的这样一种境界 [的一种方式]。我概括我的多少年的教学经验,我讲三句话,也就是我的教育价值观吧:什么是最好的学习?什么是最好的教学?什么是最好的教育?我觉得最好的学习是个性化的学习。古今中外,就是在传统课堂里,讲授灌输为主的课堂里,倒霉的肯定是两头的学生。好的肯定吃不饱,差的肯定跟不上,但是你只能适应大多数呀。但是网络出现以后,特别是多种教学的研究深入以后,就给这种个性化的学习创造了条件。那什么是最好的教学呢?我觉得最好的教学是对话式的教学。古今中外,大教育家都倡导对话。第三个,什么是最好的教育?我觉得最好的教育是自我教育,帮助学生不断地认识自我、超越自我。这是我这么多年积累的一些东西。"

教授 C07 也是一位全国名师,他非常注重对教学的研究,探索了一整套的研究性教学方法。他的感悟如下。

教授 C07:"现在我的想法其实就是一句话,就是要把研究所需要的很多很多元素,都融到教学里面去。所以我做这个教学的话,我觉得一点都不比科研轻松,乐趣也不比它少。从哪个方面来看,我都是处在一个平衡状态,研究要求开放的,我就是开放的,研究要求不断探究的,我也是要不断探究。而这个做了以后,还有面对人的问题,[科学]研究是主要面对科学规律的问题,教学[则]是两方面的,我[还]要把学生调动起来。现在这个大家也知道,调动学生,起码要是引起学生兴趣,并不是一件很容易的事情。对学科的内容你要研究,整个内容的内在的逻辑性,整个的组织,整个的表达(要使这些内容易为学生所接受,并能使学生产生兴趣)。我现在做的东西,实际上有很多比我做[科学]研究的都要深。"

教授 B01 在百人大班的基础课教学中,再生出一门只有十个人左右的小班,这十个人对这门课特别有兴趣,所以讲授的是前沿一点的专题。教授认为,不要求学生一定完全懂,但希望告诉他们存在这样一个领域,在这个领域做研究的话,大概需要做一些什么样的东西,"我希望给予的是精神",希望能激励学生的学习和研究兴趣。具体形式是教师自己先讲两个专题,然后教师给出一些问题让学生做。两个人或者三个人一组,去查一些资料,然后一起讨论,并且做 presentation。类似的做法被不少教授采用,如教授 D03、A08,他们还鼓励学生把自己讨论、研究的东西整理成论文发表。

教授上讲台是提高高等教育质量的必由之路

131

还有很多的教授非常注意将科学研究的最新成果引入课堂。

教授 D06：“因为我们是研究型大学，所以要把一些最新的研究动向告诉学生，所以我的课件当中会涉及诺贝尔奖获得者的最新的东西或者是我所了解的神经领域 [的新成果]，还有一些科研院所的新的研究进展。那么我讲课当中就会提到，让学生对整个科研有所了解，当他们攻读硕士学位的时候他们会有所选择，甚至有些学生还选定了今后出国深造的科目。”

2. 研究性教学利于科研

这一点显而易见，研究性教学无论从内容还是方法来说，都更接近于教师的科研，例如很多研究的灵感、火花都可能来自于教师与学生的互动，以及学生之间的讨论交流。“学生提的问题促使我们思考，或者我们自己没办法解决的问题，那我们告诉学生自己去思考。”有些教授还在授课过程中找到了研究课题，并利用教学来促进科研。

教授 C10：“我这个研究性教学是什么概念呢？讲课的时候，把教材里面的一部分内容按照某个学术观念串起来，是用研究性的一种讲授方法，来启发同学们去进行研究性学习。同时在这个讲的过程当中，就注重了把一般的理论和知识与现实的经济生活相关联。用这两个思想来进行备课，然后进行讲授。这样的话，学校的教材可能是一本，但是每一年上课的时候，我这个主题不一样。在书目的梳理过程中，去找自己的研究课题。那么这样呢，容易把自己的研究和教学思维紧密相结合起来。而在教学当中，从学生的讨论和反映当中,也可以发现我的研究还是不是有问题。"

3. 研究性教学的价值和意义

研究性教学固然可以促进教师的科研,但其最根本的目的还是为了更好地教学。

第一,可以训练学生的科研意识与能力。教授们把自己的科研课题带进课堂,讲述自己的科研思路与体会,或介绍一些科研上的前沿信息,可以激发学生的研究兴趣和研究意识;而以研究问题形式组成的学习小组,通过查阅资料、讨论、调研等过程的学习,则可以很好地训练科研能力。

> 教授 C05 :"我们会把我们的研究工作浓缩成一些小的、本科生能够接受、能够理解的问题讲给他们听。[向他们表明:] 你看这个问题你们都懂,那么你再往下想一点,就可能想出一点东西出来,然后我就会告诉他,这是世界上现在很多大科学家正在研究的问题,他们就会觉得我们离大科学家也不是太远,所以很可能他们慢慢地就会喜欢上研究工作。"

> 教授 B05 :"[学生提出问题来] 相当于一个 surprise,也称不上是一个灵感。我们通常会有这样的做法,只是没想到他能想出来,如果是研究生提出来,也没有什么。我觉得在他那个年龄或者年级的时候,一般还提不出这样的问题,但是他能提出来,就是说我们学生的创造力还是蛮强的,上课能提出一些很尖锐的问题,那些问题很有价值、很有想法,但那些想法付诸实践还有很远的路要走。所以对培养学生来讲,是值得这么去做的,真的能激发他的兴趣和灵

133

感、思想。"

教授 A08 介绍他的体会：他曾写了一篇关于人民币贬值问题的论文并在学报上发表。上课时，教授就把自己的研究向学生介绍，学生很感兴趣。

教授 A08："学生一听见问题就恨不得自己赶紧来做。我说，好，我拿墨西哥的数据给你们，这些都是真实数据，你们赶紧做，每一个人都假期不回家在这里做这个问题。我觉得这是一个很典型的例子，就是我的第一线的研究成果，把它初等化，变成学生的教学内容的一部分；学生倒过来知道，原来统计学这么有用，连国家的这么大的问题我们都可以从中提出自己的看法。"

第二，能提高学生的兴趣和参与率。由于教学内容的前沿性和教学方法的互动性，研究性教学会引起学生更多兴趣和更高的参与率。

教授 C02："把好多的知识点从提问的角度理起来，就是用提问的形式把以前的东西联系起来。用讨论的形式，效率提高了，学生参与进来了，听得也轻松。"

教授 C13："因为你在讲课的过程中，会把你科研上的一些东西适时地穿插进去，学生对这个方向了解多了，也就会感兴趣了。"

4. 研究性教学的组织形式

第一，在大班级中组成研究性学习小组。

　　由于班级规模过大，一个班常常有一百多个人，所以在这种情况下，一些教授认为开展研究性教学存在困难。"现在上课最多能够做到启发式，你要真正能够展开深入的讨论必须是要小班，但是现在客观条件肯定做不到。我们现在一个人承担两个大班，基本上一个大班是120~150人，所以你根本没有办法去开展这样的工作。"但也有教授在大班的基础上，根据学生的研究兴趣，再组成小的研究性学习小组，进行更进一步的研究性教学。

　　前文提到的教授B01，即在一个上百人的基础课中，再生出一门只有十个人左右的小课，"这十个人实际上是我的一百个人的一个子集"。大课上讲的是比较基础的东西，小课则是研讨性的专题课。

　　教授A07把课程变成两个部分，一个部分是老师在课堂上讲课，如每周讲两个小时，剩下的两个小时就由助教和老师带着学生利用课后和业余的时间，比如说晚上或者黄昏，开讨论课，讨论更深层次的问题。

　　教授D03介绍D大学数学系的传统：在三四年级的学生中组成小班讨论，一个老师带几个学生。讨论班围绕某一个方向，进行研究性学习。一个班大概有6～8个人。一般是老师选定方向，学生根据自己的兴趣报名；如果学生自己有方向也可以。小组的学生就某些问题读书或写一些论文，然后学生报告，老师作指点，最后形成论文。

　　第二，开设一些特别的研究性课程。

　　新生研讨课。一些学校在大一年级开设新生研讨课，并且让知名教授去授课，讲授教授自己的研究的经历与体会。

　　　教授G08："我们在想，从一年级开始，就给学生们开专题讲座，让他们一进门就知道做研究，而不是一种简单的知识的积累。

教授上讲台是提高高等教育质量的必由之路

你要做研究，你要去找知识，这打算从今年新生入学开始，这是可以把研究和单纯的本科教学结合起来。到了二年级，我们希望老师定期地开一些讲座，把一些科研的前沿问题[介绍给学生]。"

教授B07："新生研讨课，我基本上讲的都是我自己课题研究的内容，就是跟他们一开始讨论一些比较简单的问题，比如说，那个生命物质DNA，为什么两个核糖中间要有一根链连起来的。我们知道是磷酸二酯键，我们就讨论为什么是它，不是别的。就讨论这个，从各种角度讨论，其实这是一个已经有答案的问题。八几年在SCIENCE上就已经出过这么一篇论文了，我们就装着不知道，学生看不到这个文献，我们讨论，讨论完了以后，学生讲学生的观点，完了我把这篇文章拿出来，人家是这个观点。他们说，噢，噢，从这几个方面，我怎么没想到有这几个角度可以想。他们可能又想出新的角度来了。"

暑期课题研究课。还有学校利用暑假为学生开设小班化的课题研究课。如教授C11从1985年的暑假开始，至2006年暑假，一共开了10届。这是本科生一个创新型的课，学生自愿报名，由教师负责指导，由院系提供学习的场所。学习时间二十多天，主要任务是科研培训，学习做研究。

教授C11："这个课的教学效果非常好，经过这种科学研究的培训之后，这些同学到了研究生阶段后的能力明显比别的同学要强，有些老师甚至评价说，上过这个课的同学，他的精神面貌都和别的同学不一样了，明显地感到要懂事了，能力、为人方面都明显的有长进了。同学也说这课对他们影响特别大，终身受益。这个课时间是20来天，跟他们朝夕相处，每人要完成一个学术研究的课题，写一篇论文,有的同学第一次在这个课上写论文。这个课叫课题研究课,是本科生一个创新型的课,开出这个课以后,我们再也没有放弃它。同学们的热情比较高,往往提前几个月就问,下面一个暑假还开不开啊。本科生学习热情的确很高,如果我们的教授们能好好地带一带,他们很快就能脱颖而出了。"

然而有些遗憾的是,能这样投入本科教学的老师并不多,如教授 C11 开设的这种暑期课题研究课,20 年来只由他一个人带着一个助手(这名助手还是他的学生,现留校学生处工作)承担。"我从 1985 年暑假开始,一直坚持把暑期课题研究课开下来,开到现在为止,开到今年暑假为止,一共开了 10 届。我一个人开了 10 届啊,投入了大量的时间和精力,每开一届出一本学生的学术论文集。"所以,他非常希望有更多的教授投入到这件事来。"这就是非常辛苦的一件事。我希望一个系,至少有 20 名教师,大家都投入到这份工作当中来,不是说一年里 20 名教授都开,一年由一名教授开,另一年由另一名教授开,如果说一个教师能开 10 届的话,那么 20 个教师可把这个课开 200 年。"教授呼吁,"大家都伸出有力的手来搀一搀这些本科的同学,特别是来参加这个课学习的都是班上学习积极性最高的同学。"

第三,让本科生参与研究梯队。

让本科生直接参与到教授的研究梯队,让他们在参与研究中学习,也是一种研究性教学形式。教授 C06 就组成了一支由博士、硕士、本科生都参与的研究梯队,本科生在这个梯队中学会研究,另一方面对教授的科研也是一种促进:"能够把博士、硕士、本科生很好地融为一体的话,我觉得这个对研究的促进,效率比一个人单打独斗要强得多。"另外,让本科

教授上讲台是提高高等教育质量的必由之路

学生参与到研究中来,参与到知识的生产和创造中来,对社会也是一种贡献。所以该教授认为,要改变对学生的看法,要引导学生把单纯的"消费性的学习"变为一种"产出性的学习"。

> 教授 C06:"从知识的生产来看,学生的学习不仅仅是消费知识,如果一个学生从小学到大学都是在消费着社会的财富的话,他付钱,他上学,而这种学习过程中一点都没有给社会的回报,我觉得这是非常浪费的一件事。你像我们国家,那么大一个国家,有多少学生啊,尤其大学生,如果把他们的学习本身,让他不仅是消费,而且是一种创造,特别是知识的生产与创造,加入这个链条、这个环节以后,我觉得会增值不知道多少财富。变消费性学习为产出性学习。"

5. 研究性教学的困难及问题

教授一般都很认可研究性教学,但不少教授认为,在开展研究性教学时要注意一些问题,如要适度,要考虑教学对象的特点和学科的特点等;研究性教学需要一些条件,目前开展研究型教学还存在一些困难。

第一,应注意的问题。

保证基础,适度进行。有教授认为,本科教育的主要任务是打基础,创新需要基础,"当他什么都不知道的时候,你让他提创新,要搞什么东西,我觉得是不现实的"。"本科生大部分还是以学习知识为主"。所以,在进行研究性教学时,要适度,不能忽视基础知识的教学。而且,教授做的科研一般很专深,或者说涉及的领域很窄,"以这么窄的学科,用这个东西去培养学生,未必是件很好的事"。

教授 A06：“应该有个度，这个度就是说你在教授 [知识时]，尤其是我们面对的是本科生，那 [传授的主要] 是基础知识，你要使这个系统是完整的，所以你不能说因为你想把你的研究成果告诉学生，而忽略对整个体系的这样一个构建。”

教授 B04：“这个课程最好是与你的研究有些相关性，如果没有一点相关性的话，你带入 [你的科研] 的话，显然就不会起到很好的作用了。如果是比较牵强地把自己研究的一些东西给学生讲，不会起到很好的作用。”

教授 B04：“有些东西呢，可能研究的理论性比较强的东西，不太可能在课堂上实现 [研究性教学]，但是有时候用一些比较浅的语言在课堂上作比较简单的介绍，是必要的，但是在课堂上用大部分时间来介绍自己的研究而和课程内容又没有太直接的关系的话，可能就不好了。”

根据学科特点和教学对象，注重方法。教授们认为，研究性教学一定要考虑到学科的内容和学生已有的知识基础。

教授 B05：[讲授“人工智能”课]“并不是所有的科研问题科研成果都适合带入课堂，你要进行一些挑选。这实际上是很难的，你要考虑到本科生的知识背景、能力，还有他的兴趣。有时候我们研究的很多问题过于专、深，过于枯燥。你研究 [的东西] 很有价值但是很枯燥，你拿到课堂上有的就会没有效果，或者是需要大量的背景知识，学生们理解不了，所以你可以适当地找一些有趣的问题或者我们做出来的问题。这些东西可能会有几个好处，它很直观，

教授上讲台是提高高等教育质量的必由之路

139 ■

比如说下棋这件事,假如说实验室里面有人研究这个问题,那下得最好的,他可以拿到课堂上,为什么这样下,为什么下得这么好。也有可能我这个程序可以对很多图像进行识别,你可以画画,你可以让那个图像显示得非常漂亮,这些东西你可以放到课堂上,因为它很直观很生动形象,容易激发学生的兴趣,容易让他想到一些问题。可能有些东西过于枯燥,不适合拿到课堂上。就是说,我们一定会把一些科研问题科研成果拿到课堂上,但是我们要千挑万拣。"

教授B07:"根据我们课的不同特点,还有不同课的不同阶段,进行不同方式的教学。比如说我上的有机化学课,这是一年的课程,所以第一学期我肯定是以讲授为主,一定是讲授为主。为什么呢?因为我个人认为,这批学生高考有一点畸形。为什么?就是背结论背得太多。但是它中间的过程,为什么是这样子,他太不考虑了。所以我第一学期一定要讲。讲什么,结论我都不再讲了,我就讲为什么。我就讲为什么是这样,给他们一个思路和方法,带他们一下,所以这是第一个学期。第二学期我们讨论课就比较多了,讨论的是什么呢?我们第二学期就是拿出一个结构,因为第二学期涉及的一些结构他们不太熟悉了,中学可能接触不到,我们就讨论。我们讲过了一些常见的理论了,你用这些常见理论,你看它会有什么反应,什么结果,完了讨论,完了还有一部分让学生上来讲。学生讲,就这一段的内容我不讲了,由学生上来讲。学生讲我不要你讲结论,你也讲你怎么推出来。在一起研讨,讨论,它能把人潜能激发出来。"

教授C12:"这个我觉得在教基础课,特别是我现在教的一年级基础课时不合适。不可跟本科生讲得太专门,跟本科生讲得太专门不太适宜，你把研究的东西弄进去就太专门了。专业课那肯定 [要研究型教学]，如果高年级的话那应当这样，而如果教研究生的话，你是一定要把你研究的东西带进去的。"

注重科研方法与思维的训练。研究性教学不仅仅是把教授的科研成果带进课堂，更关键的是研究方法与思维的训练。

　　教授 H01 ："我有这个体会，我写了一篇文章，然后在上课的时候，那时候我还是班主任，我让我们的学生听，他们根本没法理解。但是后来我体会到，你做过研究之后，你可以把你的研究方法、研究思路这些东西放进去；分析问题，怎么搞研究，启发学生发现问题，发现问题后如何去思考，如何去解决，如何来进行验证，就把学习变成研究性的学习。所以，我们现在感觉，研究性教学，首先要研究性地教，才能引导研究性地学，这就包括老师自己教书，不是简单地像教书匠一样地把书上的东西贩给学生。以前我们学校一个教授，他就形容得非常形象，他说我们的很多老师怎么上课呢，首先备课，把教科书上的东西变成自己的备课笔记，再去上课，把备到笔记上的东西抄到黑板上；学生的学习呢，是把老师黑板上的东西抄到自己的笔记本上，考试的时候呢，就把笔记本上的东西背下来，把这些又答到试卷上，考完了，全部就完了，我们不少的老师就是这么一个过程。"

第二，研究性教学的困难与限制。

班级规模过大。不少教授认为，现在本科教学班级规模过大，不宜

教授上讲台是提高高等教育质量的必由之路

开展研究性教学。

教授 C12："我上高年级的选修课会有这样一个问题，都是公选课，选的人特别多，每次都像讲座一样，有时候这种场合也让你很难从容地讲一个小的东西。小范围就会试着讲得深，因为来的同学都是非常有兴趣的。"

教授 A07："[班级学生太多] 这就使本科生的讨论性的课程很难开展，所以在课堂上我们讨论性的课程很少。"

教学滞后。有些课程的教学严重滞后于学科的发展，这使得研究性教学非常困难。如某大学教授 H04 介绍的计算机教学，他说我们现在用的计算机，无论是笔记本还是台式机，CPU 都是 32 位字长的，而且从 2004 年开始国际上已经推出了 64 位字长，但是我们大学教材上讲的还是 16 位字长的，"这意味着什么呢，现在学生学的内容，等到他们毕业的时候没有用了"。用这么落后的教材，要想进行研究性教学，把科研成果带到课堂上来非常困难。

教授 H04："如果我们要上 32 位，那么我以前的所有课全部要打乱，因为它必须把整个基础抬高。这个抬高就意味着前面所有的先修课程整个系统全部要改，这个牵扯面太大。这是第一个困难。第二个困难就是说我现在没有 32 位的实验课本。[第三个困难是] 学生基础够不上。我讲 32 位，因为它是 16 位到 32 位的，它整个的一种计算机的结构思想全变了。你要适应这个，前面所有的课程全都要变。但这个改革的话，必须要有一批人，认认真真做教学研究，才能做出来。但现在我看是没有这种环境来做这样的工作。"

其他限制。有些教授还提到，开展研究性教学还受到诸多条件的限制，如课时限制、工作量限制等；另外，开展研究性教学要花费更多的时间与精力，但这样的付出得不到现有体制的承认。

> 教授 F02 ："现在说老实话，还受很多条件的制约，我不知道你们是不是也是这样，工作量的限制，教室的限制，师资的限制，我们希望开的是小课，大课也可以，但效果要差一些。"

> 教授 F07 ："方法还是以教授为主，原因有两条，一是课时的限制，我有这么多内容要讲，如果为了一个问题在那纠缠不清，那我教学任务就完成不了了。二是启发性教育非常耗费时间，我同时带研究生的课程，叫高等传热学，在这门课上，我尝试过让他们几个人合作做一个课题，给你两个月时间，然后来答辩，再请些老师来打分。效果很好，但耗费了很多的时间。应该说我们看得更远一点，对学生是有好处的，但是还是回到刚才那个问题，你做了这么多东西，没人觉得 [它有意义]。不是说我们要追求回报，我都是教授了，但我觉得人要有种被承认的感觉，我不在乎你给我多少钱，但你要反映出来。你花了好多时间都没有得到承认，积极性就没有了。"

由上可见，对于教授来说，教学与科研的矛盾主要体现在时间上，但教学和科研更可以相互促进，"教""研"相长，而研究性教学则是促进这两者相长的最佳路径。

教授上讲台是提高高等教育质量的必由之路

143

五、概念澄清：对"教授上讲台"的再理解

教授上讲台，承担本科教学，除了以上所述的教学与科研在时间与精力上的矛盾外，还来源于人们对"教学"与"科研"的误读。对"教授上讲台"的误读，所以要真正解决难题，界定和澄清概念非常重要。

（一）多样化：教授承担本科教学的内涵

1. 教授承担本科教学方式的多样化

教授要参与到本科教学中去，这是教授们的一致意见，前文也已有很多的陈述。但是要避免简单化地把教授承担本科教学理解为课堂教学。正如教授 D01 所说："千万不要把教授承担本科教学等同于教授上课，因为我们教育学生的舞台是宽广的"，如果仅仅理解为在狭窄的课堂上，那就太简单了，而老师"上完课夹个皮包就走，就完了。这恰恰可能是把教育最主要的功能忽视掉了"。所以，要多样化地理解教授承担本科教学，教授参与本科教学的方式应该是多种多样的。教授 F04 也说，教授、院士可以以不同方式跟本科生接触。教授们认为，除了我们通常所说的"上讲台"，即承担本科生的课程教学外，教授参与本科教学还有以下方式。

第一，通过讲座等形式把最新研究成果传输给学生。教授 H08 认为，教授可分为研究型、教学型、研究教学型或教学研究型。不同类型的教授参与本科教学的程度与方式可以有所不同，"对于研究型的教授来说，他可能不一定要全职放在教学上，他可以把他研究的最新成果，通过讲座或讨论课的形式给学生 [讲授]。"

第二，开设研讨课。有些大学要求名教授给新生开设新生研讨课（见前文），目的就是让名教授与本科生接触。如大学 B，校长、院士都在为本科生开新生研讨课，一般是 16 学时，也有是 32 学时，是"老师和学生面对

面"的一种研讨性质的课程。

　　教授 B03 ："我的另外一门课是大学一年级的,叫作新生研讨课,也是跟汽车交通有关系的,那是大一的课,小班上课, 15 个人,全校性的选修课。这个研讨课,它的主要目的不是为了传授知识,而是为了拉近教授和学生的距离, [要] 能够引起大一的学生科研的兴趣,所以它是一种讨论性质的,绝对要求小班上课,这个以讨论为主,要有一些比较有兴趣的题目,学生的负担并不是很重。"

有些大学是让教授给本科高年级学生开设研讨课。

　　教授 D07 ："高年级的学生可以有一些研讨班的教学方式。[通过] 这种教学方式,老师就和学生有比较多的互动。在这个互动过程当中,老师就要花更多的时间和精力了。除了课堂以外,还有很多课外的 [教学活动],要回答学生的提问,要给他们提供资料,要辅导, [学生] 写 [的] 东西要看,另外还要专门地组织类似于研讨会一样的 [课程]。"

　　第三,开设组合课(或拼盘课)。一种方式是让几个教授合起来开设一门课,每个教授讲授自己最熟悉、最有研究的一部分。如教授 D02 认为,可以根据每个教授的特长,把一门课分成几段,一个教授承担一段教学,这样学生"可以认识很多新的教授,了解不同的风格"。在大学 F,四个有名气的教授为大四本科生合开了一门课"现代数学选讲"。

教授上讲台是提高高等教育质量的必由之路

145

教授 F03 ："今年我们四个教授合起来开了一个现代数学讲座。主要是介绍数学在某个方面 [的发展]。四个教授 [是四个] 不同的方向，[教授们] 在不同方向上介绍这个学科最新的一些发展。当然是基于他 [学生] 的已有的知识，在他已有的知识基础上把他很快地引导到最前沿。反响很好。我们选的是四年级，下半年开的。最后学生写一个报告。"

不过，教授 F03 认为，四年级开设这门课有些晚，三年级开设似乎更合适。"一年级的时候缺少体会，没有这个基础，谈深了谈多了他们没有体会。但是四年级，他们觉得晚了一点，他觉得现在听了以后感觉到数学这么重要，[学了] 很有趣味的一些东西，很有用处，很有兴趣，[但] 好像又晚了一点。有的学生反映至少在三年级开这个课程。"

还有一种方式是一个或几个教授带着副教授、讲师等组成一个教学团队，合作开设一门或几门课。如教授 H08 所说，教授去带一个团队，就可以把他的教学理念通过这个团队灌输给学生，既教了学生，又带了一批新教师、青年教师。通过教授团队方式，让教授真正走向课堂，让更多的人来享受教授资源（参见后文）。

教授 H01 还介绍了美国 MIT 名教授给本科生上课的方式：MIT 的物理课，真正的主讲教师只有四个，这四个人都是全美有名的物理学家，他们才有资格给一年级的学生上物理课。但并不是说一个教授从头到尾把一门课全部上完，他们把课分成几种层次。一种是大课，可以有四五百学生。主讲的名教授给这种大班学生上课，一周只上一次课。接下来把这个班分成小一点的，不超过 100 人的班，由另一个普通的教授上，任务是进一步把名教授所讲的内容加以细化。然后再下来是由 TA（助教）来帮助普通教授上习题课、实验课。这等于每门课有三个层次，每个层次由不同层次的教师上课。这样既能保证知名教授给本科生上课，又不过多地占用他们的时间。

但是，也有教授反对这种组合或拼盘课。

> 教授E04："比如说搞了十几个教授，比较有名的，层次也比较高的，然后像讲座一样的，一个学期，一人讲一两次，好像是可以对外宣传了我这是高水平教授上基础课，给本科生上课了。但这不是真正意义上的上课。"

所以要使这种组合课名副其实，教授一定要认真负责；尤其是那种由名教授带领一个教学团队的情况，必须避免的是：名教授只挂名，或只开个头，上一两节课。有教授认为，这是名教授"虚假上课"，甚至有的教授没有上过本科课程就得到了国家精品课程，所以"教学上也要打假"。

> 教授H04："所谓梯队中间的人说是助教啦什么的话，有的时候[教授上课]就有一个真实性的问题；第二个就是说学生接受程度的问题。好多学生都反映的，助教跑来讲最后讲得很差。或者甚至就是说，主讲的是一个挂名的，绝大多数都是助教来讲，但对外讲起来却是挂名的教授在讲。"

第四，通过课题指导本科生。一些高水平的研究型大学都非常重视鼓励本科生参与科研活动，而教授指导本科生的科研活动，也是教授参与本科教学的一种形式。如大学D规定，"985平台"上所有具有高级职

教授上讲台是提高高等教育质量的必由之路

147

称的教师,每一年必须为本科生提供一个课题,接受有关本科生参加研究活动。"平台上集中了我们学校最好的老师,也集中了我们学校最好的设备,最多的钱,平台上的这些老师可能不六承担教学任务,所以他们有义务指导学生的科研活动。"其他一流研究型大学也有相似的规定与措施。

教授 A01:"我们 ×× 大学有一个非常重要的教学改革措施,就是鼓励本科生从事科学研究,大概就在大三、大四的学生。学校给本科生的钱一年就有一百多万,这钱都直接用于学生搞科研。本科学生的科研项目必须要由老师来指导,没老师指导不给批的。而这些导师几乎都是教授。有些教授一年带好几个学生。那你说这种情况,算不算给本科生上课?"

教授 B03:"我们还有另外一个很好的本科生的训练,叫做 student research training,大三、大四的学生参与。我觉得 ×× 大学的这个做法挺好的,也是从国外抄来的,那就是说,我教授可以立一个小项目,作为一个小的科研课题 [给学生]。我也比较多地参与这种东西,但是要花很多时间,那是一对一的,有时候一个项目对两个学生,有时候一个项目对一个学生,相对于纯教学,对学生来说有好处。你必须得想一个学生能做的课题,他们能做的课题往往是不能发表论文的,而且往往和我做的科研没有太多的联系,我经常得花时间选一些这种题目,但是我觉得对学生很好。比如说我的一个 SRT(student research training)项目,给他们两个学生做,每两个星期和我讨论一次,在星期三晚上八点到十点,这一个学期下来他们至少和我见十次面,这二十多个小时的讨论,这算是固定的时间,还不算不固定的讨论。"

第五,做本科班的联系教授。有些大学为了增加名教授与本科生的接触机会,安排教授做本科班的"联系教授",要求联系教授为这个联系班开展一些活动如做报告、讲座等,也给大学生的学习做些辅导。"每个本科班配一个联系教授,让本科生有机会来接触这些大牌教授。"

> 教授 F04 ："让教授都作为本科班的一个联系教授。我们要求是每学期至少两次报告、讲座。"

2. 教授承担本科教学时间安排的灵活性

教授们认为,从时间安排看,教授要承担本科教学,并不意味着每年、每学期都要有教学任务;也不意味着所有年龄段,要求都一样。

观点一:年轻老师先着重忙科研,因为这个年龄段,科研的能力更强;年龄大一点如 40 岁以后再以教学为主,这时候科研上的创造力会有所减弱,但在教学上却有更好的积累,更成熟。

> 教授 A05 ："大学老师既要搞教学又要搞科研,这是肯定的,[但]双肩挑不等于同时挑。我想比较好的办法就是,岁数小点的, 30 来岁, 40 来岁,可能不脱离教学,一定要参与教学活动,但是不妨这一个年龄段多做一些课题,多承担一些项目。到了年龄再大一些时,可以多做一些教学,少一点科学研究,但不能够脱离科研。在一定的时段里面多做一些教学,在另外时段里面多做一些科研。"

> 教授 B02 ："年轻的教师刚刚开始进入学校的时候,或者说在40 岁以前,可能他的科研应该比教学位置更高一点。这是因为年轻人研究的效率比较高,有新思维,这样他多拿出时间搞科研可能

149 ■

对他的成长会有好处。这时如果又给他太重的教学负担，就很难搞好教学，因为教学需要科研基础，需要积累，而且一个人能力毕竟有限。等到了40岁以后他的科研效率低了一点，可以考虑到教学，而且他的科研积累到一定程度了，他的教学可能会很好。"

教授D03："现在就是什么压力都要你年轻人承担，包括教学、科研。科研呢就是年轻人多做一点，年纪大的少做一点，因为很多科研是要有创新思维的，年轻的肯定比年纪大的要活跃一点，而且他有精力，思路更开放。到了一定年纪新的思维会有一定的限制。[所以，年轻人]在教学上可以适当地减轻一点。当然到50岁以后，教学上可以多投入一点。教学上经验是很重要的。应该让年纪大的、有经验的老师多承担一些教学，多在教学一线。"

观点二：先教学，再科研。也有教授认为，应该先站稳讲台，搞好教学，再把精力投入到科研中去。

教授F03："从我自己成长来讲，我是先搞教学，先从事教学，教学方面我可能也有点天赋吧。我这个教学方面，比较年轻的时候就教得比较好，教学我先站住脚，然后进入科研。现在的年轻人，因为他们进来的时候是硕士、博士啦，现在都是博士了，应该说科研已经入门了，但教学不一定入门，所以我主张他们进来以后，先能够在教学上，过教学关。就是进来你用两三年的时间，科研不要占先，你可以慢慢做，但把主要精力用到教学上来，教学能够站住脚，过好教学关。这样教学站住脚了以后，你再来做科研的话就好得多。我通过自己体会，在教学上站住脚以后，再进入科研，特别是到南大学了两年回来以后，[再投入]科研工作，后来带研究生、带博士，[再]后来我去国外呆了一段时间，去美国，回来做科研。"

观点三：根据科研任务的轻重，适当作灵活安排。当科研任务较急时，可以将教学与科研时间作些调整，如可以将一学期的课挪到另一学期；甚至更长一段时间，教授可以专注于研究而暂时不承担本科教学。

教授 B04："课程呢，不能减，可以有一种比较灵活的办法叫作'挪'。就是说，[如果科研任务较急]，这学期教学任务又比较重，如果有可能的话就把这个课程挪到明年或者下半年，用这种调的方式，把关系处理好。"

教授 G06："我肯定说当然所有教授都应该上本科生的课程，但从全面来看，我觉得也不一定吧，一个人在某个时期总有比较擅长或不大擅长的。年轻的教师如果在某个时期科研大量出成果，那没必要让他花那么多时间去上基础课，这与他的科研关系也不大。总的来说，基础课讲了对本科生打基础是对的，但具体来说，比如那年他可以出 10 篇文章，现在你压他了，他只能出 8 篇，我觉得暂时不讲课是可以的。"

观点四：设置主讲教师"AB 角"。一门课程安排两三个教授承担，教授可以一学期承担教学，一学期专注科研，这样教学、科研两不误；或者两三个教授都承担相同或相似的两三门课的教学任务，这样一个教授出差、出国进修或有其他任务，另一教授可以为他承担教学任务，教授称这为"AB 角"。

教授上讲台是提高高等教育质量的必由之路

151

教授 D04："我们往往两个三个 [教授] 组成一个 group。这样就可以调整,比如和系里面沟通一下,安排教学工作的时候可能两个教授,一个这个学期上,另一个这个学期不上,错开一点。这样科研工作也能够全面地抓,同时也不耽误系里面和整个学校的教学任务。"

教授 H04："像我现在所有的课程都有 AB 角,我和另外的一位教授做 AB 角。我们到现在为止基本上没有发生过由于科研冲突耽误课程 [的情况]。如果冲突了,他就代我上课,或者我代他上课。AB 角并不是说相当于我上课他就不上了,而是说,就像我们现在有两门课,另外还有一门我们的自动化技术概论,那么今年我上这个,明年他上那个,我们两个就轮流换。这些课程本身教学时间就不是一致的。因此我们就可以完全符合这个要求。那么其他的很多课都可以采取这种方式,比如两个教授承担两门课,一位承担这门课,另一位承担另外一门课。然后有问题的时候,两个人之间就互为 AB 角。这实际上也不是一个太难的事情。这当然需要 AB 角本身之间、教师之间要关系比较融洽,同时学校也好、系也好,这方面要有意识地去要求。"

(二)"教学作为学术的一翼":教授学术标准的重构

一直以来,我们只把教师的研究活动狭义地理解为"科学研究",而不认可教学研究;另一方面,人们误认为在大学中,有知识就能当老师,科研水平高就会是好教师,教学内容很重要,采取何种方法无足轻重。这样使得教师不愿意花时间与精力投入到教学研究中,长期下去,会影响到教学改革、课程建设,进而导致教育质量的下降。有些老教授担心,"教学改革和课程建设可能后继无人"。

　　教授F03："现在老的一批，原来在教学上很有建树的、很有思想的、有成就的、有献身精神的[教授]都退了，年轻的这一批接不上来，尽管他的科研、业务基础是很不错的，但是教学上没有什么[研究]，也不愿意投入。这个中间的空当现在非常严重，青黄不接。这样看来，这个教学改革、课程建设前景不良，而且教育质量会滑坡。再加上大众化以来，教师在这方面投入已经不够了，这个是很大的一个问题。"

　　教授D07："综合性大学普遍有这个问题，就是不大讲究教学经验的研讨，好像就是书读完了就可以当老师了。实际上不完全是这样。有教得好的，也有教得不好的；有会教的，也有不会教的。我们在这方面做得比较少。现在我们一直在倡导，搞些教学经验交流，就是提高点水平，形成比较好的氛围，这是很重要的。教学研究的水平，这个很重要。"

　　教授F03："我发现年轻教师对教学钻研得很少，对他本身的教课钻研、准备及研究比较少，要谈什么课程建设、教学改革啊，关心这个问题更少。我们现在感觉到教学改革和课程建设可能后继无人。"

1. 教学研究是学术研究的一翼

教学研究与科学研究都属于学术研究，构成大学教师学术水平的两个重要方面。有些教授如南京大学的卢德馨教授，花了大量时间在教学研究上，研究教材体系、教学方法，研究知识如何呈现才能更好地被学生接受,才能激起学生的兴趣,才能更好地培养学生的创新意识与能力,这实际上是一种很重要的研究。正如某大学的管理者所评论的:

教授 E05:"比如说这个教授,像卢德馨教授,他前面是搞科研,他后面是搞教学。他搞的这种教学,独立的教材体系,不是科研吗?我觉得他只要是在研究,不是每天在照本宣科,那他就是科研。所以说,如果把科研的定义拓宽的话,他只要是在这方面有他的造诣,而且这些造诣取得了一些很好的、公认的成果,这些成果对推动人才培养有非常明显的意义的话,我觉得这就是一个很不错的教授。"

所以,不能把教师的研究活动窄化,教学研究也是学术研究。

教授 H08:"老师出成果的方式,不一定就是写文章去。"

教授 C08:"你带着这些[教学中的]问题,看更多的书,有更深的思考,这就是科研。并不是一定要发表到一个什么杂志上的什么东西才叫科研。"

教授 D02:"教学本身也是一种研究,我觉得教学本身也是研究。把教学看成研究的话,我觉得两个可以沟通,我觉得本身这里面也是个学问,学问就是科学了,就是带有研究性质的东西。你要发表真正意义上的教学论文,有探索的话,我觉得可以做。"

教授 H03:"本科教学它实际上也是属于学术研究的一个范围,从这个意义上来讲,这个也体现了在大学从事研究的一个方面。"

2．教学需要研究

"在教学上也要研究，而且教学有非常多的问题等待大家去研究。""教学研究是个无底洞。"

教授 C06："我觉得 [应当] 把教学当成研究。教学本身，尤其是大学的教学，需要研究很多很多问题的，当然作为教育学的专业，这两个是统一的了，但是作为其他专业的，好像不是他的专业了。但是我觉得怎么把这种东西很通俗地让学生了解，这本身是一项非常重要的研究。所以，我觉得应该倡导在所有学科都开展教育研究、教学研究、课程研究，而且这一些要算他的研究成果，我觉得这样就能够把教学和研究很好地统一起来。"

教授 F02："为什么科学研究简称科研，教学研究就没有人称教研呢？我在多次场合中都说过，一说到教学，很多人就认为是上课，其实，教学也需要研究，领导们如也意识到教学需要研究的话，我想，这个事情就不会对立起来。"

3．教学研究及其成果应当得到认可

教授 B07："我觉得是一个评价问题。大家觉得，比如说，做科研的发文章，大家就觉得文章发多是比较好的；但是教学大家就不是太认可。我们看国外有一些教授，他的职业 [履历中] 肯定会写，比如说我做的科研，另一方面，他可能还会写 [教学研究]，比如做化学教育研究，它就很正常，这样写的。而国内一般不这么写。"

教授 F02："学校评奖、评职称，请的专家大多数是学科型

教授上讲台是提高高等教育质量的必由之路

的，这些老师根深蒂固地觉得你教学研究不值钱，虽然学校有规定，但他投票的时候就是不给你投，你也没招。我觉得从上到下，如果都认为教学研究也和科研研究一样重要，那么就应该可以了。"

4．重视教研项目，与科研项目同等对待

要同重视科研项目一样地重视教研项目。但是，目前这一点各个高校做得都很不够，如在相关评价中不被重视；甚至学校都没法给教学经费上账，没有管理教学经费的办法。

教授 F02："确实要有人来研究一下，怎么来衡量教学研究。你科研可以用项目，用奖项来衡量，为什么教学不能用奖[用项目]来衡量呢？你教学项目在[进行相关]评[价]的时候，人家压根就不算。而且和科研不一样，科研有这么多提成，教学是一分钱都没有，全作贡献了。科研的钱就是钱，但教研的小钱就不是钱，所以这个事我觉得是不合理的。科研怎么衡量，教学也应该怎么衡量。拿到教改经费可不容易啊。照我想，就是拿校级教改经费的都应该算，然后这个项目的经费也应该有提成，国家现在规定不能提成，我觉得是不合理的。你要做得好很困难的，应该有提成。另外教研成果和科研成果也要能真正做到统一，如果所有科研项目、教改项目、科研经费、教改经费、科研成果、教改成果，都能做到统一，那就好了。如果在大家心目中都一样，都能一视同仁，那肯定有人各有侧重，肯定有人侧重教研，有人侧重科研。"

教授 G07："教学、科研地位不平衡。我举个例子，教育部给我

的一个教学项目,名正言顺的,[经费]进来后,学校居然不知道给我们什么账号去上,不知道放在哪个项目里头,所有的教学项目都要走科研处,科研处一般要抽取管理费,我给你项目负责人多少提成。但教学经费没有,科研处就感到难为了,他就不管了。我就觉得奇怪了,下来的钱经常找不到人用,找科研处,找教务处、财务处,[他们]都不知道怎么处理,教学本身连账目都进不了,我自己不拿钱反而成了问题,这到底什么道理? 科研经费进来就从来没有这个问题。到了年底算工作量,教学经费应该怎么算,这又是个问题。教学经费远没有科研经费多,比科研经费更难拿,拿一个也不容易。"

教学经费少,而且不能像科研经费一样提成,也从一定程度上影响了教授从事教学研究的积极性。正如有教授抱怨的:"教学的研究项目不能提成。我经常拿很多教学研究项目,拿自然课题, 15% ～ 20% 就由我支配,教学经费只是从国家来经费,一分钱也拿不到,你不能提。"所以,他建议把教学研究放到基金里边,而且专门切出一块儿来用于教学研究,与科研经费完全同等对待,如美国就是把教学研究放到自然科学基金里边。"我们有些教学研究是不是也可以放到基金里边去,这个钱也一样用,而且地位也比较相当,要承认教学研究也是一种研究,而且是科学研究。现在不是这样看,认为只有学术性的才是科学研究,教学不是什么科学研究,都是嘴皮子功夫"。

由此看来,如果以上述教授的观点来理解教学与科研,不仅能化解所谓的科研与教学的矛盾,而且能促使教授合理安排教学与科研的时间与精力,真正地提高教学与科研的水平。更重要的是,这样理解"本科教

教授上讲台是提高高等教育质量的必由之路

学"，既扩展了"教学"概念的外延，也提升了概念的内涵；既不简单机械地要求每个教师每学期都有本科生的课程，又不固守上了课就搞不好科研的旧观念。这样实质上是对教学提出了更高的要求，因为教学不再仅仅是站在讲台上向学生传输现成知识，更重要的是将科研的因素渗透到教学之中。

第五章　对策探讨：制度重建、组织创新与政策调整

在前两章对教授承担本科教学的现状描述、问题诊断及原因分析的基础上，本章将根据访谈调查的资料对怎样进一步推进教授上讲台、提高本科教学质量的有关对策进行探讨。

一、制度的重建与创新：教授承担本科教学的保障

（一）引入学生"满意度"：教学评价由"软"到"硬"

高校关于教师的晋级、晋升等资格规定，在科研活动方面都有较多的硬性评价指标，如课题经费数、论文发表及被引用情况，科研成果获奖或被采纳、推广情况，等等。但对教学方面的规定较少，也相对含糊。上不上课，给不给本科生上课，上得好坏，一般都无明确的规定。一些全国性的奖励或评审制度，如各种人才的选拔（"长江学者"、"新世纪人才"等）、院士的评定等，都主要衡量科研方面的水平与绩效，而很少考虑教学方面的因素。这些都导致了高校教师对教学的不重视，他们的付出得不到承认，所以全身心投入教学的教师越来越少，"教学的敢死队越来越少"。

教授上讲台是提高高等教育质量的必由之路

159 ■

教授 H06：“口号提出容易，把它真正落到实处太难了。哎，就像这次评教学名师，科研要占 30%；请问评院士的时候，教学占多少？教学是不是也要占 30%？你评院士的时候，教学占多少？他可以一节课不上，照样当院士，对不对？”

被访谈的教授大多认为：要改变这种状况，对教师的评价在教学上“应该有一个硬性的规定”。

1. 教师评价中对教学评价作适当硬性规定

教学评价应该是教师评价中最重要的、最根本的指标。

教授 G08：“[教师评价]应该是先考虑教学，后考虑科研，再考虑其他的因素。”

教授 B05：“上课，这是一个没有办法的事情，就像法律条文那样，这就是那条线，你不能越雷池一步。”

教授 C05：“[教学是教师的]一个义务，作为一个必要条件。”

教授 C12：“当务之急是学校重视，当然这没有问题，大家都会这么说。但是学校到底怎么重视？我觉得还真不是加钱[就能解决的问题]。有一个办法，就是把学生对授课教师的考核放到相当重要的位置上，把其他所有的考核放到次要的位置。”

教师评职称，必须有教学上的硬性规定，“[教学]作为一个评估的指标，不是软的，而是硬的”；教学不符合要求，应当实行“一票否决制”，“如果他所任的本科教学，同学们没有认可，他的教学不过关的话，那么他这个教授职称也要慢一点上。”这样的话，“年轻老师对本科教学才会重视起来。"

教授 A07："把一个副教授，或一个讲师 [承担] 本科教学的质和量，化为硬指标，来限制他的申报，就是职称申报。而教授的年度和阶段考评，也必须把教学和社会工作化为硬指标，不这样做的话，我们中国的教授现在已经比较堕落。知道吧，他以为他是搞研究的，他就可以不上本科生的课程，以为上课就是'小儿科'，然后他去搞研究，结果这个研究呢，成果是出了不少，但是呢，他的很多成果与国计民生与现实发展没有什么关系，我觉得这也是我们 [为什么] 出了大量'科研垃圾'的一个原因。不仅把教学的质和量，量化成一个硬指标，而且也要像要求科研一样，要求他有项目，有奖项。"

教授 H03："教学是一个最基本的 [条件]，如果这个不够，分数不够的话，或者说这个达不到条件 [的话]，不应该评教授。也就是说要评他承担的教学的工作量，他在教学方面的所做的教学研究，他教学的效果、成果，然后在教材建设方面，甚至教学团队的建设方面，都应该给他提出要求。教授首先是教学和传授知识，这是他最基本的任务。"

教授 E02："有些人，老实说，上课很差很差，但是因为论文发得水平高等等，[就能上教授。] 他们上课上得不好，人家认为是茶壶里倒饺子倒不出来。这其实就是个导向问题，论文水平高，你去做研究员去。但是从学校也好，从上层也好，没有人这么想。包括有些从国外回来的，做过什么大项目的，回来就是教授，这凭什么？他们上过课没有？从国内来讲，要评为教授的必须要上过本科的课，

教授上讲台是提高高等教育质量的必由之路

从讲师开始升为副教授,再当教授。为什么会有例外?实际上这样的例外就是导向错误。这个规则的制定包括执行啊,还是应该好好弄的。"

已经是教授的,也要在教学工作的量与质有明确要求,其教学质量也要影响到定岗定级和津贴。

教授 E04:"首先我觉得规定就是你必须得上课,实际上我们学校,包括教育部也发了文件,学校各个院系都有一定的规定,可这个事情并不容易。因为有些教授你碰不了他,有些院士你碰他?有些有名的教授,你敢去碰他?我看系主任都不敢去碰他,校长都不敢去碰他。你怎么弄呢,他再规定也不行,他就不上课,你怎么办呢?除非人事部有硬性的规定,说教授一年得上多少课,不然不能去聘。我觉得即使你上面有规定,下面做起来也不一定。院士也就罢了,我觉得教授,不管你是什么样的教授,都应该去上本科生的课,你上专业课也罢,上基础课也罢,总之你得上。你也别说你是特殊的,否则你别做教授,做研究员去。"

教授 C11:"上了教授级职称,特别是已经升为教授的,我们看到,他们有一些就不再到本科教学第一线去了,因为他指导研究生的任务也越来越重了,他工作量基本上也能做满。对于这批已经升为教授的,怎么使他们保持给本科生上课的积极性,领导要拿出一个积极的方案来,能够有一个经常起作用的激励机制。要有一个评先进、宣传先进、学习先进这么一种机制。我想大家都向先进看齐,形成这么一种氛围的话,那么愿意投身到这项工作中去的老师也会越来越多,本科生的成长就会获得一种非常好的条件。"

教授 C07："如果已经是资深教授，那没有职称问题，怎么办？他如果不好好上，那么会影响他的工资增长，然后影响他的形象，影响他的学生，影响学生选课，影响他的研究生，影响他的基金，影响他的学术声誉。所以资深教授他不上课是不行的。"

要对教学活动制定具体的考核指标，晋升、定级、评优，都应当有为本科生开课和教学评价效果的指标。

教授 A01 介绍他所在大学的三个措施：在开设通选课、职称评审、定岗定级三方面，做比较硬性的规定。首先，鼓励教授开通选课，全校有300 门通选课。学校明确规定，通选课要最好的老师上课。在审批时，一般来说讲师开的课不批，副教授以上才能开课，特别是优先批准教授开的课程，以鼓励和规定教授上课。其次，在提职称时，两年之内不给本科生开课就不能提职称。最后，在定岗定级定岗位津贴时，没有教学任务的需讨论慎重定岗，甚至不定岗。

有的学校规定教师评职称时，要考虑学生评价，凡是当年评职称的时候，所上课的评价排名在后百分之五的，这次晋升职称就没有资格。

还有学校（学院）在教师评职称时进行教学考核，必须让申请人试讲本科生的基础课，讲课过关，才能评职称。

教授 A04："我们学院在提升教授、副教授的时候都有一个前提，必须要抽签 [讲授基础课]。基础课里的很多题目你抽签。有三门课，一个是微积分，一个是解析几何，一个是代数，属于一年级、二年级的基础课。我们认为我们的教授、副教授，这三门课，你都必须要会上，因此是抽签的。你抽到了什么，你就是讲这道题目。讲这

教授上讲台是提高高等教育质量的必由之路

163 ■

道题目的时候,所有的教授都在下边,听你这个要求提职的人,是不是能够在规定时间内把这道题目证明完,而且板书、逻辑各方面的证明都很清楚,这是我们在提升教授里面必须要有的一环。这是对他们非常大的考验。论文,你先放一边,你先拿起一支粉笔,你先抽签,你要必须能够从定理、定义的叙述,到证明,在规定的时间内把题目讲完,这是教学的基本功,所以我们 [要] 看教学里头 [你是否] 真的花了功夫的。刚才我讲一杯水和一桶水的关系,这个问题也说明我们很重视教学。你这关过不了的话,你投票绝对没戏,绝对没你。"

2. 但硬性规定应当慎重

对教师的评价,在教学上应有适当的硬性评价指标;但另一方面,正如前文所述,教授们又反对一刀切的硬性规定,特别当教授不授本科生的课是因为一些客观原因造成的时候(如教授多课程少,课不够上;有些院系只有研究生无本科生等),硬性规定教授必须每年都承担多少学时的本科教学,是不现实的。也有教授强调指出,硬性的、量化的评价未必就准确,未必能对教学质量作公正的评价。

教授 G06 :"没有这个 [量化] 指标不好,但完全凭这个也不好,也有问题。[如评教学名师,要规定上课的课时数] 量化得就有问题,你到底凭数量取胜还是质量取胜? 对于一些讲课很好的教授,不适合用时间数去衡量,可以适当考虑,你要求他一条条都要达到,这是不行的,像北大物理系,名师是很多的,全国肯定排第一了,但评出来居然没有一个北大讲课很好的名师,评上一个是搞实验的。"

教授 G07："现在有些新的措施，比如说不上讲台不能提职称，这个其实可以是容易做到的，问题是你花多少力气来做这个事，数量是容易考核的，但质量高低怎么来考核？像科研，你发在什么杂志上？发了多少篇？检索一下就可以考核出来了；教学上指标是没法定的，除非说你得到某个奖励了，就得到个等级，但得奖是少数，很多教师都是没得奖的，你怎么考核呢？所以我认为我们现在的管理制度严重地滞后于我们的工作。但量化的工作怎么看待？量化管理也需要定性，只要一个是不科学的。定量管理如果缺少定性管理的话，它也会进入误区，你把一个学校不分地点，不分情况，全部输入到电脑里面去，这是最简单的情况，这个谁都会做。"

所以，政策还需一定的灵活性；大学里的教授钟爱自由的学术氛围，而不喜欢行政的命令，不喜欢被强迫地做事，况且，被迫做事的效果常常较差。

教授 B04："我觉得其实硬性的［规定］不行，各个学校应该根据各个学校的情况来相应的制定一些政策，而且这些政策要有一些灵活性。比如规定一个底线；而且首先表明一点就是教授不教书这个肯定不行。没有理由不承担教学工作，［教授］还是要走上教学第一线的；但是我自己觉得行政性地命令不好，可以原则性地规定教授应该走上教学第一线，不应该规定多少多少个学时，要给各个学校制定政策的余地，而且要给教授余地，这样，教授比较愉快地从事教学工作，不要是被动的、被迫的，如果是被动、被迫地去承担的

教授上讲台是提高高等教育质量的必由之路

话，他也不见得能把心思、把精力投入到教学上来，也不定能讲好，反而起到反面的作用。"

教授 B05："我非常支持教授给本科生上课，但是我很担心很多事情我们一刀切，往往会引起一些负面的影响。学校里面很多人都希望自由一点，很多人喜欢在学校里面待着就是觉得学校气氛活跃，可以想一些他想的问题，理科、工科、文科都是这样，你如果把这个条条框框规定得太死，可能会引起一些老师的反感，应该给老师某些方面的自由。"

3. 学生"满意度"，衡量教学质量的重要维度

对教学活动的评估很"软"，还表现在评价标准单一化，除了课时数这样量的指标外，很少有反映教学质量的指标。这也是人们不重视教学的一个重要原因。

教授 H06："教学是软的，我也得对付一下，也得上完多少节课，至于你上得好不好，你备课还是不备课，认真去上还是不认真去上，是用改革的思维把这门课上成精品课，还是一般的对付着，[都反映不出来]。"

所以，不能仅仅评估课时量这些量的指标，"一些不合理的评估系统，一些硬性的规定譬如学校里面规定说二多少学时，把这个教学任务太机械化"，不能反映教师花在教学上的时间与精力。真正科学的教学评估更要看教学质量和教学效果，看人才培养质量。"我觉得教学衡量的话还得看长远，看整体。你的学生以后到底在社会上能不能站得住脚，能不能

为社会作贡献,在未来的多少年内,他对国家能不能作贡献,我觉得这个评估是人才培养很重要的一个机制。"

那么,如何评估教学效果或教学质量? 教学质量如何,学生最有感受,最有发言权,所以,重视学生的满意度、重视学生评教非常重要,"学生评价是非常好的一个'尚方宝剑'","教师评价可以让学生打分,真正把学生打分带入评价体制。"

> 教授D03:"效果怎么评估我不太清楚,但是有一个指标肯定是可以的,就是学生的满意度。学生是不是感觉我学到东西了。特别是一些优秀的学生他们的评价是可以采用的。"
>
> 教授B03:"我们整个高等学校办教育的一个误区,与其说是误区,还不如说我们国家几十年来办教育还没有认识到这个问题,学校的'核心产品'是学生,那你生产的产品是学生,你的顾客是谁呢,你的顾客是学生和学生家长。如果你是一个办企业的,开商场的,你会发现顾客是你的上帝,所以学生和学生家长是你的上帝,这是你的学校的核心;所以国外的大学,我这个学校办得好还是办得不好,这个评价、评估要看我的学生和学生家长说好还是不好。我们这里的评估方式没有发展到这一步;我们的评估方式,是学校的校长、教育部这个系列的。"

4. 重视学生评教的结果

事实上,许多学校都开展了学生评教活动,或书面打分,或网上评教,或开展"学生眼中最优秀的老师"评选活动。但目前的问题是,不少教授都反映学校对学生的评价结果重视不够,"显然没把它放在很重要的

教授上讲台是提高高等教育质量的必由之路

位置上"。很多学校并不把评估结果反馈给教师,而且不把这作为教师晋升、晋级的评价依据,有教授说学生评教"不影响,或者说,从来没影响过[教师的晋升]"。教授 C08 介绍,学校也开展"我最喜爱的老师"评选活动,但学校并不重视。

> 教授 C08:"尽管有人讲,'金杯、银杯不如口碑',但问题是什么呢? 奖状都是学生拿钢笔写的。啊,整个什么呢? 也就是说,你这是一个学生自发的组织,没有专家学者评出来的有权威和含金量。哎,学生的权利,学生评出的这个奖,学校的重视程度确实是不怎么样。"

更有甚者,学校在评价老师时完全无视学生的满意度。

> 教授 E08:"作为一个教授,你的本职工作 [是教学],如果教学没有搞好,可以明确地讲,你的本职工作没有搞好,就这样子,不要含含糊糊。我们这里,讲一个例子给你听。一个教授,下面学生投票,院里的最差教授,最后一个。但是最后呢,他拿到了一个科研项目,150 万的科研项目,他评了'先进'! 这怎么可以啊?!"

但也有些学校比较重视学生评教,把学生评教结果与工资收入等联系起来。据管理者 E05 所说,在 E 大学每次学生在选下一学期的课之前,必须对这一学期上的所有课进行一次全面的评价,包括老师的学术水平、责任心、教学态度、教学方法,有无调课、旷课等情况。学校对评教结果的处理办法是:一方面便于教师自查教学效果,教师在完成教学任务、

■ 168

上交学生的成绩后,可以上网看到学生评价的结果。另一方面,所有的评价结果会反馈给各个院的教学院长。然后学校按照评价结果,下发相应的教学资源。教得好,下发的资源就多;教得差,下发的资源就少;如果不及格,不仅不给钱,还会有惩罚措施如下岗,"你不能给学生提供不合格的教学"。不过下岗的很少,但"每年或多或少都有"。教师对这个评教系统的看法如下:

教授 E08:"我们到年底的时候,要投票,评出'优秀教师',也评出最差的。前面的教师工资量加 5%,后面的教师扣 5%。"

教授 E04:"这个评教系统,教师自己也可以进去的,你可以看到自己的评分情况,然后别人的评分情况你看不到。如果说我是管教学的,我就可以看到整体的评分情况,我就发个通知、E-mail,说你这次是多少分,我们这次平均是多少分,最高多少分,最低多少分,告诉你。这样 [你] 就有个数,你大概处于什么位置。也就到此为止,没有什么其他的。另外也很难光靠学生的打分来评判你上课的水平,这只是一方面,反映一方面的情况。"

教授 E03:"我认为现在的网上评教还是有一定的作用的,据我所知,现在很多的大学都开展了网上评教。我觉得这个把教学投入和教学应付的两类的老师区分开来了。"

然而,即使像 E 校一样对学生评估结果有所重视,也大多关注最差的和最优的这两端的老师,对优秀老师来讲,是一种激励;"对很差的老师确实是起到了一种抑制作用";但"对当中正态分布一般的老师关注的不是很多","那种不好不坏的老师,我该上什么课 [还] 上什么课,该教什么

教授上讲台是提高高等教育质量的必由之路

[还]教什么,我也不特别地投入教学……"这也就是说,学生评估[或其他类对教师的评估]对绝大多数老师基本上没什么效果。

5. 正确看待学生评教可能衍生的问题

一般来说,学生评估都是很认真的,"学生是花钱来[读书]的,当然对这种评教会认真"。但是学生评估也有一些片面性,如受情绪影响较多,有功利色彩,对教学要求严格、作业多、考试难的老师,可能比对教学要求宽松的老师打分低;识别力有限,不能正确判断何为"好"的教学。所以,很多教授都认为,学生打分只能做参考,可能是一个很重要的参考,但不能完全以它为依据;个别教师则对学生评价反应激烈。

教授 F03:"学生的反映有时有片面性,这个要注意。有的教师要求很严,学生就讨厌他,就对你提意见,有些教师很松,学生就喜欢。也有这种片面性。或者有些本质的东西他听不出来,他就看到会做题,是不是讲得清楚而已,对讲得更深入的一些问题,对他有帮助的,有内涵的,他感受不到,也有这种片面性。"

教授 D03:"因为有各种各样的学生。很多学生他不太想学的话,你叫他评价老师肯定是不合理的。比如讲,这个老师给分比较松的,他就认为好,那这肯定不合理的。"

教授 E02:"我可以跟你讲一点,上课的学生评价网上评价我不高的。我跟学生讲了,我不怕你们怎么搞,到我这里不及格就是不及格。这个就是怎么来评价的问题,学校评价教师的话,他认为[可以]从学生的角度,[依靠]学生的网上评议。这对教师公平吗?不公平!现在的学生很功利的,他是个参与者啊,用什么来评价?除了那批真正的鹤立鸡群[的老师],确实很好的,做出名气来了,大多数教师，你如何评价他好还是不好，采取什么样的机制？领导说了算？学生说了算？还是教师大家说了算？现在怎么讲呢，因为对学生也比较凶吧，就会出现这样的问题，这个很难的。相反的，有一些教师，一路放水，到时评为优秀教师奖，为什么？网上评价非常高。"

另外，学生评教还可能产生一些消极的作用，如老师为了得到好的评价而迎合学生，降低对学生的要求，正如教授 D03 所说："这反而是增加了老师很大的压力。老师老想着让学生满意，题目经常出得简单一点，这其实不是好事情"。

6. 学生评教制度的完善：延后评估

学生评估存在一些片面性，但这并不能否定学生评估本身，事实上可以对学生评估方法进行改善，采用多种学生评估方式，以尽量消除学生评估的片面性。这其中，延后评估是一种较好的方式。

学生评估的最大问题是，学生上完课就评，加上对知识的理解和认识问题，可能使评价带有很强的情绪色彩。为克服这个缺点，有教授提到，可以做一些延后评估，如让大四的学生去评一、二年级时的课，让毕业生对在校时所读的课程进行评价。这样的评价可以更客观，而且教育是个"百年大计"，其效果要在很长时间后才能反映出来。

教授 E08："我认为，比如说，我现在教二年级，你在二年级这个班级里面去问'讲得怎么样，好不好？'不要这样。这个当然要问，但更主要的是到四年级，你去问他！你去问他这个教师到底好不好！讲的这些东西在你后面的课程内容里面用到还是用不到！我

教授上讲台是提高高等教育质量的必由之路

171

上月碰到一个大四的学生，临近毕业，还跟我讲，现在我们才知道您当时讲的东西真是好！是不是？要这样来评估。这就真正说明你这个教学的作用。你到二年级的时候问，[他回答：]'嗯，讲得不错不错'，到三年级，[他可能]忘了。其实具体内容怎么样，这很难说，因为他不用，肯定是忘掉了，但是他对于你教学这一套的东西，印象深刻，这个教授教得不错。"

教授G08："过去多少年后，再做调查，这样的评价也许更好些。"

对毕业生的"满意度"的测量与评价，特别是对毕业五年或十年的毕业生进行本科教学满意度测评，也许更为可行，更有意义。因为经过社会实践，经过比较对照，毕业生对母校本科教学的方方面面的评价会更加理性，更加客观，也更全面。这些数据的采集与处理，在以往成本很大，困难也很多。但是，在信息化、数字化程度日益提高的今天，通过电子邮件，大学及各院系保持与历届毕业生的经常联系，在技术上已经没有问题。有些机构如麦可思公司在做大学本科毕业生就业竞争力社会调查时，即通过毕业生的电子信箱进行，而且也已经将"教学满意度"作为问卷调查的重要子项。

学生的即时评估与延后评估相结合，对教师的评价就会更客观。另外，还可以结合教师同行评估等，来更全面地评价教师的教学。

总之，教育"是个百年树人的大计"，教师的付出"要很多年以后才能看到结果"，要鼓励教师上课，并愿意花时间与精力，就要有一种好的评价体系，"能反映教师真实的付出"。

（二）按国际惯例实施真正的 TA（teaching assistant，助教）制

1. 实行真正的 TA 制度势在必行

教授 C01 的专业领域是物理化学。他告诉我们，前几年当有关方面

请他为本科生讲授基础课时，他回答说："可以，但是我要求你给我 1962年的待遇。""他们听不懂我讲的，什么意思啊？你现在是院士，那个时候是助教，你还要什么待遇？我说，我只要一个待遇，我走进教室的时候，有四个到五个助教跟我。"当年他留在 C 大学就曾经做过老教授的助教，二百多人的大班，分成五个小班，每个小班有个助教，辅导习题课、讨论课，因为物理化学数学多一点，抽象概念较多，配备的助教也较多。其他的教授也有完善 TA 制的建议。

教授 D05："完善助教机制的话，那么教授也能够腾出一部分时间来做科研。"

教授 C09："如果有 TA 制度的话，那教授只需讲课，其他的答疑、改卷子，全部都是教学助手去做，那这样子教授压力就会减轻。"

有些教授特别提出应该大量使用研究生（特别是博士生）做助教。教授 B03 就总结了研究生做助教的四大好处：

第一，给讲课老师减轻了负担。助教可以为讲课教授改作业、答疑、做课件等。第二，对当助教的学生是一个训练。如在 MIT，拿博士学位必须有做过 TA 的经历，我们也可以把它作为研究生培养计划之一，就像社会实践一样，博士生必须有两个学分的助教经历。第三，对听课的学生有好处。讲课的教授，特别是大教授，他们都很忙，面对 90 个学生，甚至面对 200 个学生，他能花在学生答疑等上面的时间很有限，如果能配备两个助教，就可以有固定的 office hour 来答疑。第四，在一定程度上补助研究生的生活。现在的研究生每个月两百多块的助学金，远远不够，做助教可能有一定的收入，"你干嘛要鼓励他到外面给人家翻译 500 页的文字，那

教授上讲台是提高高等教育质量的必由之路

173

当然也能锻炼了啊,但是现成的学校里面的工作机会为什么不用呢?"

使用研究生助教有如此多的好处,且成本也不高,"何乐而不为?"

2. 目前 TA 制度存在的问题:第一缺乏吸引力,第二没有质量监督

在访谈中我们发现,事实上,很多学校都有研究生在为教授做助教。但教授们认为,目前的 TA 制度还存在一些问题,一是缺乏吸引力,二是所设的 TA 数量不够,三是没有质量监督。

教授 C01:"个人认为要充分发挥研究生在教学中的作用。优秀的研究生做 TA 参加教学,这是国际惯例,它有利于研究生的全面培养,能够缓解部分师资的不足,能改善研究生的待遇,有利于吸引研究生生源。我们现在一些研究生 [TA 工作] 老做不好、学不下。为什么?第一,缺乏有吸引力的待遇。研究生做助教,提供两三百块的待遇,如今已经没有吸引力。第二,缺乏质量保证和监督。"

教授 B01:"学校对 100 个学生班级可以配一个助教,但仍不够。在国外,如微积分课,一般二十几个学生就可以有一个助教。助教可以上辅导课,网络学堂也要求助教每天上网参与学生的讨论。"

教授 C09:"现在为什么做不到这一点?很简单,你给研究生的经费很少。"

所以,还要采取措施,设足够的助教岗,给助教足够的报酬,并使其制度化,实行真正意义上的助教制。

教授 C09:"所以,我倒觉得你不如就干脆一点,就是说,那部分真正考上的、很好的研究生,你就应该给够他生活 [的费用],然后,

对不起，你就是要参与你的导师的工作，否则，你就不要拿这个钱。现在完全可以尝试嘛，可以先做 1/3，或者 1/4，给他一个月 1 000 块钱或者 800 块钱，责任就是给导师承担教学和科研的问题。而且在实施 TA 和 IA 的过程中，学生就会得到锻炼，等他毕业的时候，他的教学做起来就会很顺利。"

教授 C10："要实行真正意义上的教授助教制度。比如说教授去给本科生上课，其教学辅助工作，就可由助教来解决。这不是那种一般职称上的助教概念，是真正意义上的助教概念。要使助教制度化，而不能靠个人的、私人的关系来解决，比如说，你做某个教授、某门课的助教，你的工作量如何折算？甚至在职称的评审过程中，怎么折算？都必须考虑好。"

3. 将本科教学的缺编折算费用聘请 TA

南京大学原代理校长、中科院院士陈懿认为，包括本科教学在内的人才培养在大学的核心地位不能流于空话，是否落实，关键看经费投入，看教学第一线的教师配备。目前由于本科生或者研究生持续扩招，师生比发生极大变化：

> 1995 年的时候，我在学校做事情，科研我管过，师生比算到 1 比 8 点几、9 点几的时候，我就觉得很紧张了。我就往教育部跑，我要科研编制，我是指 1 比 8 点几、9 点几的时候。现在 1：18，骇人吧？好，那么你说人手不够，怎么办？我说，简单啊，简单，就两点，第一，打破大锅饭，引入竞争机制。我说认真的啊，不是怕得罪人的，不是和事佬的啊。第二，发挥研究生在教学中的作用。将缺编的部

教授上讲台是提高高等教育质量的必由之路

175 ■

分折算成经费,用来聘请真正的 TA。这个不仅仅是用他,也包括培养他。因为教学对研究生来说,是一个非常重要的培养他独立工作的环节,不要以为他是输出,不是的。

要建设真正的国际一流大学,必须在教学、科研第一线投入足够的优质的人力资源。美国顶尖的私立大学的师生比只有 1 : 8,公立大学的佼佼者如伯克利加州大学等师生比也控制在 1 : 10 左右。而我们的许多重点大学目前的师生比实际在 1 : 18,甚至 1 : 20。很明显,科学研究、研究生教育挤占了本科教学第一线的力量。陈懿院士的意见是:"不能长期亏空本科教学。"我们不妨在"985 工程"或"211 工程"的高校按 1 : 12 或 1 : 14(近期)的师生比计算应当参与本科教学的教授、副教授和讲师人数。不足部分以每个编制 4 万元左右折算为经费,用这样的经费来聘请优秀博士研究生做 TA,或者返聘 60 ～ 65 岁的退休教授。如果每个 TA 每月酬金达到 2 000 左右,就必然会有较强的吸引力,就可以遴选优秀的博士或硕士研究生作为教授的 TA。当然,必须建立相应的遴选标准和助教工作监督、评价制度。实际上,这一 TA 制度是与国际惯例接轨,但却是真正实施教授承担本科教学工作的必要条件。

(三)建立弛张有度的配套制度

1. 删繁就简,减少教授的"杂务"

很多教授认为,教授的任务重,往往不是因为科研和教学,而是杂事太多,行政事务多。所以教授们会感叹:"中国的教授太累。特别精神压力太大。"下面是一些教授的感受。

教授 C09："我唯一的压力就是觉得我现在乱七八糟的事太多。你看我那边刚刚参加研究生进修班的典礼,典礼你得去,照相也得去,又是签字,每天这样,这样的事让我特别头疼。"

教授 H03："这个矛盾可能有些时候不完全是跟科研有关。主要的矛盾就是,比如说我,回国以后的前几年,大概做了四五年的国家 863 计划的专家,那么这个不仅仅是花了不少时间,更重要的是这个时间有时候你就很难来把握。通知明天开会,你今天就得走,你去开三天会,课正好在这个中间,那你就没办法开课。并且有些 [时候] 又不是完全有规律性的开会,比如每月开一次,定期开会。它是根据工作的需求,可能有时候一个月往北京飞两三次,或者说一个月。等到这个项目评审、项目验收的时候,可能就是连着一两个星期都在外边。主要是这些会影响到教学。这个时候,这一两个星期,你没办法,你根本人就不在。教学跟科研倒没有太多的冲突。上课没有问题,但是问题在于,第一,你这个时间能不能保证,这个时间并不是说我不愿意保证,我是非常愿意保证的,但是呢 [因为要参加项目的评审、验收等而根本无法保证时间]。主要是这个矛盾。"

教授 C05："那么我现在的问题就是,我事实上不是双肩挑,我是三肩挑,因为还做系主任。教书是一直教的,当然还做科研,还有一大堆研究生,事情是比较多的,投在教学上的时间也没有特别的多,比如说,做各种各样的课件,我实在没有时间去做,我只能是靠我在课堂上的发挥。"

造成这种现状的原因,教授们认为,一是官本位的思想根深蒂固。

教授上讲台是提高高等教育质量的必由之路

教授 H01："我觉得中国还有一个问题，就是刚才讲的，我们很多有潜质的研究人员啊，只要你出名就非得给他封个官。动不动就给他封一个别的官，一当官之后，他的学术生涯就完了。中国这个官本位啊，实在是根深蒂固。"

二是管理体制不顺，给教授压太多的任务。管理者 D01 也承认这一点：

管理者 D01："[各级管理部门给教授任务时]我只是考虑到我自己的一个部门上，而上面千条线万条线都压到一个教授头上，是不是？我们的老师，他是很辛苦的，不管培养本科生也好，培养研究生也好，他本身都有积极性的。但是有些时候是你给他压的事情太多了，他实在是忙不过来了。这是我们的问题，不是教师的问题。问题出在我们身上，不在教师身上。不是教师不愿意培养学生，我想这样的教师大概不多……但是有的时候，他为了完成课题，他的科研压力非常大以后，他自顾不暇。"

所以，要解决问题，理顺体制，给教授减负很重要。教授 B01 介绍说：在国外，学校管的事多，系里跟学术无关的事情很少管。比如说在维斯康星大学，他调查了一下，"faculty"加"staff"大概有 17 000 人，但是它的"faculty"实际上只有 4 000 人。学校有一个几百人的办公室，这个办公室归主管学生的校长管，学生所有的事情都在那儿解决。系里的教授只管教学与科研，比如说去问系里的教授，学生怎么招进来，他们统统不知道，说这个东西跟我没关系。但是在中国，所有的事情都是在系里，要做

178

科研,要做教学,还要管行政。"一个学生出走了,哇,恨不得动员全系教师去找似的。""你像去年的时候,我有一个访问学者,也是个华人。他跟我们一块吃饭,之后有一个教授就说,啊,不行,我得马上走了,我要去带军训。然后那个教授就说了,哇,中国这个 ×× 大学绝对是世界一流大学,因为军训都要教授带。实际上就是你好多东西没理顺。"

教授上讲台是提高高等教育质量的必由之路

教授 B01 :"既然系是一个基本的教学、科研单位,就要把这些杂事都理出去。不能光给教授压担子,还要把这些不该教授做的事情都理出去。什么东西都应该 professional,我教授 professional 地教书、做 research,管学生也要 professional。又要做班主任,教书也要教得好,又要做什么世界一流科研,如何可能? "

教授 B03 :"减少大学教授的兼职,最近我们的一些院士,还有科学院路甬祥院长都在提这个问题,减少大学教授的兼职,兼职多了你不可能所有的事情都能办好,有的兼职要的就是一种名声。如果这个系主任既做行政又做教学科研,他肯定做不好,他相当于兼职嘛。在国外,人家怎么做的呢,ok,你做系主任,五年期间,你做一点教学,做一点点科研,不丢掉就完了,这五年呢,学校给你一定的奖励来保证你这五年的薪水,就是说你的收入是同等教授的两倍,对吧,让他来这儿,然后你做完五年系主任之后,再做你的科研教学。"

2. 建立教授(副教授)学术休假制度

教授们认为,建立学术休假制度,让教授们工作三年或五年,能有一学期或一年的修整、提高时间,在这段时间中,教授不需要承担教学任务,他可以集中时间做一些课题,也可以去进修、学习。学术休假制度不仅可以较好地调节教学与科研的矛盾，还能促进教学与科研水平的提高。

教授 A05："可以有学术休假制。3 年、4 年或 5 年中，有 1 年的时间拿出来天天去做研究，这样就不仅可能缓解一下科研和教学的矛盾，而且可能促进教学与科研水平的提高。"

教授 D05："应该在全国推行教授学术休假制度，我觉得这个应该完善起来，这样每隔一些年他能够去充实他自己，[能够去] 充电。每隔 5 年他应该有一年带薪学术休假，比如他可以到国外去做一年的研究。现在的做法就是，如果出国的话，工资就被扣掉了……他很想去做，但他实际还不得不考虑，所以我觉得 [这是] 很大的问题。这确实是国外大学通行的一个制度，没有哪个国家没有的。"

教授 C02："国外的教授基本上他每学期要上一门课，但是过一段时间他可能要歇下来，歇下来他可能要准备一些新的东西。而且他也到别的学校去，给 summer school 上课，他们对 summer school 非常重视。"

3. 课程教学安排"刚柔相济"

第一，课程安排有适当弹性。本科生授课制度必须有一定的刚性，不能过分随意。但在具体安排上，能否有相应的弹性？有教授建议，不要每年每学期都给教授安排课程，比较理想的是一学期有课，一学期无课，或者两三年中空出一年不安排课程，这样教授可以集中时间进行科研和其他学术活动，它也是教授对自己的知识进行积累和更新的一个过程。

教授 E08："假如说教授 [上课] 的话，我倒不建议他每一学期，每一年上学期、下学期都要有课,不一定。我倒觉得上学期有课,下学期就让他没课。你非要强调他上学期有课,下学期也有课,这对他来说,也不是很合理的东西。甚至我说,三年之内,规定三年之内,至少一定要上一年半,或两年的课,甚至他可以空出一年的时间来,搞一些专门的研究或者参加国际上的学术会议,这样也可以。你不要每年都搞。你比如说,我有一次要到英国去开会,你这个学期都有课,你没有时间准备。因为大会发言嘛,肯定要准备。准备也要花掉很多时间,比如说思路来了,'啪',明天要上课」这样的话,这个事情就很糟糕了。你假如说,你能够让三年里面可以空出一年,我这一年我 [就能] 空出来、集中一点 [去做自己的研究]。"

第二,缩短学制或授课流程。为了缓解教学与科研的压力与冲突,教授 D05 建议,可以在改革学制上做些努力,如可以将学制缩短,假期加长,这样教授就可以利用假期来做科研。也可以考虑将授课时间相对集中于前 10 周或后 10 周,以增强教授,特别是名教授协调教学、科研和社会服务的灵活度。

教授 D05:"现在矛盾很集中的一个问题就是我们的学制太长。一个学期 19 周、20 周的,这个太长,[国外] 在学制上没有这么长的。学制太长的结果并不是说我们的教学效果就好,太长的话到每个学期的后期,教授和学生都人困马乏,效果很差。我是建议把这个 [学制] 缩短,比如说缩短到 15 周,或 16 周。这样的话,教授 [可以] 利用这个假期来做研究。他不应该在教学的绝大部分时间还在做研究而忽视教学。"

教授上讲台是提高高等教育质量的必由之路

第三,尝试主讲教授的 AB 制。也有教授,甚至院士提议,能否在主讲教授中试行"AB 制"。当某位教授有重要学术会议或活动时,可以请"B角"替代。当然,这些都需要在院系或教务处备案或报批。

> 教授 D04:"我们往往两个三个组成一个 group。这样就可以调整,比如和系里面沟通一下,安排教学工作的时候可能两个教授,一个这个学期上,另一个这个学期不上,错开一点。这样科研工作也能够全面地抓,同时也不耽误系里面和整个学校的教学任务。"

在当前的中国大学,教授常常是教学、科研、行政集一身,分身无术;而且,往往越是名教授,这种压力则越大。所以,无论是减轻教授杂务的呼吁,还是教授休假制度的倡导,或是弹性安排课程的改革,都是希望对教授的工作安排[尤其是课程安排]能张弛有度,能给教授留有一定的余地去学习、科研与提高。这样,反过来也会进一步提高教授的教学水平与科研能力。

二、组织创新:形成重视本科教学的平台与氛围

(一)重建大学的教学组织

1. 基层教学组织形同虚设,亟待重建

有教授认为,以前大学中有一些很好的教学组织如教研室或教学团队,教师在一起常常探讨教学问题,甚至集体备课;老教师对年轻教师有传、帮、带的责任,年轻教师也要向老教师学习、请教。中科院院士陈懿对当年老教授对自己初次教学时的耳提面命至今记忆犹新:

　　我 1955 年毕业，1961 年就主讲本系的物理化学，那个时候我还是助教，我帮傅先生［傅献彩］修改的那本书，我帮他做的，主要部分是傅先生做的，我帮他做的，后来就叫我去上课了。那个时候，我上课，今天戴先生［戴安邦先生］坐在底下，明天高先生［高济宇先生］坐在底下，后天李景晟先生坐在底下，都是知名教授，他们不通知你就坐在底下。我上完课了，'陈懿到我办公室来一下'。那就跟我提了，你应该怎么上怎么上，这个受益无穷。

毕业于 80 年代中期的教授 F04 对这一点也有体会。

　　教授 F04："1986 年毕业以后就让我辅导大学生。当时我们的老先生对我们的要求是非常严格的。就是说你首先得听他讲课，你辅导，然后你再去讲习题课。还不是说一节来讲，比如说两节课，先生讲一节，你讲一节。然后呢，你再去讲几个主讲课。最后教授才让你去讲大课，就是我们所谓的三个班、四个班学生的这种大课。然后你才能独立讲课。那么我通过这么一个过程体会到，教学不是个简单的事。不是我们现在的概念，一毕业就能上好课，我是不敢这么说啊。因为上好课不是一件容易的事情。"

目前大学中的这些教学组织渐渐少了，有的则名存实亡，教什么、如何教，成了每个教师个人的事，教师之间很少针对教学问题进行探讨。这既是人们不重视本科教学的一个重要表现，也是本科教学质量不高的重要原因。而从另一方面看，效益也不高，并加重了教授的负担。特别要强调的是，大学教学组织的衰微是与科研组织的日益健全和现代化形成强

教授上讲台是提高高等教育质量的必由之路

烈对照。所以，无论是普通的教授，还是承担大学教育管理责任的教授，都建议尽快重建大学的教学组织。

教授F02："现在都说教学在滑坡，我觉得跟这个［没有老教师的传带，没有培训］有很大的关系。确实完全靠老师自己摸索很难，况且现在的青年教师花在教学上不知道是否还有五分之一？我觉得没有老教师的传、帮、带的话，这个是很难的。"

教授H01："在当前，优质的教学资源非常有限、非常缺乏的情况下，只有［利用］有效的组织方式，［才能］发挥最大的效益，让更多的学生受益。你也不可能把他们［指年轻教师］全部都拉到这件事情上来，但是你采用有效的组织方式，你还是可以做到别人做不到的事情。让他们见到你而且听过你几次课，这个总会做到吧？"

2. 重建基层教学组织的多向探索

基层教学组织的形式，除了传统的教研室外，还可以有其他方式。教授们提得较多的是由学科相同或相近的教师组成教师梯队。

（1）组成本科教学梯队，实施教授责任制。

教授H08认为，让教授去带一个团队，就可以把他的教学理念通过这个团队传输给学生，这样既教了学生，又带了一批新教师、青年教师。也就是说，通过教授团队方式，可以让教授真正走向课堂，让更多的人来享受教授资源。

教授H08："让一个教授带两个讲师，或者带三个助教，这三个助教、讲师上课上得不好全是教授的责任。实行教授责任制，教授带头备课，把什么该讲的，什么不该讲的，该怎么样做，告诉年轻老师，这样就可以把教授的资源，从一个班三十个人、五十个人，扩大到几个班几百个人。"

教授 C15 也建议，每门基础课成立一个教学小组，由长江学者带队。

教授 C15："把每门基础课程成立一个教学小组，首先每个里面都要给我填一个长江学者。所以我们力学、原子物理、热学、电磁学和光学 [都有长江学者带队]，光学是 ×××[教授名]，热学有 ×××[教授名]，我都把他们放进去。"

组成教学梯队，不仅能保证年轻教师在教学上得到锻炼与学习，从而保证了教学质量，而且在教学安排上也可以比较灵活，从一定程度上减轻教授的负担，例如，如果某个教授某学期科研任务重或学术活动多，可以安排团队中其他教师上课。

（2）参与某门课程教学的教师集体备课。

教授 A08 介绍了他们的教学组织形式，即承担同一门课的教师组成教学团队，然后进行集体备课，开备课会。由于学科关系，该教授所在的院系有很多重要的基础课及跨学科课，这些课的特点是：一是合开课，一门课不同的内容由多个不同专业领域特长的教师讲授。二是同一门基础课不同专业不同层次的学生都要上。所以要开集体备课会，讨论一些问题如：所教授的是什么样的班级，教学对象有什么样的特点，有什么样的要求；该教材的使用，会遇到什么情况，应该怎么处理，或者在以前的教学中曾遇到什么问题，这次应如何应对；各章的教学内容如何协调等。一次

教授上讲台是提高高等教育质量的必由之路

185 ■

备课大概半天时间，如从 9 点开始到 11 点半。一般来说，一个学期这个团队进行 3 至 4 次的集体备课会，每次大概备三四章。而且要求全系的老师都要参加，甚至包括一些教学技术员也要参加。所以，一次备课会，全系四五十人，除了上课等原因部分教师不能参加外，一般都能参加，每次大概有 30 人。整个的备课活动由教学秘书来安排，教学秘书先分配一下任务，如这学期这个老师讲第一章，另外一个老师讲第二章，然后通知老师做准备，主讲者在备课会上就要汇报：课程内容是怎么安排的？时间进度是怎么安排的？哪些内容是重点的？哪些是难点的？等等。

（3）以"新生研讨课"方式解决名教授参与本科教学的问题。

> 教授 B06："B 大学以新生研讨课来解决名师不上课的问题。这比给学生做的那个座谈会、报告会要好，它有一个稍微长期的 [时间]，而且有一个话题，不只是讲讲我的成长经历或者什么的。所以这个开了以后得到很多院士、院士级人物的积极响应。第一批开课就有六个还是八个院士，还有长江学者、系主任、院长都开课，而且这些好多老师是连续在开，他们还产生了很多新的想法。我们也通过讨论会，通过一些材料，让大家去了解这种研讨性的课程，或者说研究性的学习，到底是什么，[这些名教授] 也就是做了榜样的工作。"

3. 创建教师专业发展培训中心

作为教授学术水平标志之一的教学能力、教学水平，并非是与生俱来或者"幡然醒悟"的，它必然有一个学习、模仿、领悟和发展的过程。诸多担任了大学层面的教学管理决策责任的教授，对青年教师的教育素养

和教学能力发展的紧迫性和必要性有更深切的体会。教授 C15 是一位主管本科教学的校长助理,他多次强调说:

> 首先要抓年轻队伍的问题,把教学作为他的成长的一个重要环节,而且还要有人来管这个,要往那个方向引导。要建立严格的章程和严格的规范,作为一个层次的学校,一个高层次的大学,从这个管理的角度上讲,一个教授,或者比如讲一个博士生进来以后,留校以后,他应该晓得大的轨道在什么地方,就沿着这个轨道去走。新教师进来,三五年之内我们对他集中进行教学的评估,让他感觉到,哎呀!我一年一年在成长。客观的评价,然后有人搞分析,他自己也要分析。那 [要有] 这样一个过程。将来也许中国的大学跟国外的大学一样也要搞 tenure 制,长期教授,我们不要短期的考核。但是有一段时间他要很花时间,科研、教学和服务,都要。这样的话就有规范性了。

教授 F01 是另一所大学主管教学的副校长,他看重的也是教师发展的体系和机制。他说:

> 必须建立教师培训机构和机制。很多人认为教学很简单。实际上不是这样的。要建立一个教师的培养体系。我先从基础课开始改,给 14.7% 的课亮红牌,黄牌是 30%。以各院组织,学校安排分组,教师假期以前就准备试上。而且青年教师的导师制要建立起来。

同样是大学副校长,教授 A01 主张将该校业已存在的"老教授调研组"与教师发展中心合二为一,发挥老教授的特长,对青年教师的发展既

教授上讲台是提高高等教育质量的必由之路

有要求,更有指导,而不是放任自流,或者仅仅是由他们自己摸索、自己感悟。他的考虑是:

> 借鉴国外经验,可以建立一个我们自己的教育教学的"帮助的系统",就是给教师提供一个教学方面的帮助。可以凭借该系统,对 A 大自己的教育作研究。将来可能要聘一些专门从事教育的教师。我们学校准备把老教师调研组和教师帮助机构合并在一起。因为真正去听课的,到课堂上提供帮助的,还得有有经验的老师,现在这个老教师调研组会发挥作用。

(二)营造"育人为先"、"学生为本"的组织文化

机构的重建和组织创新是必要的,但更为重要的,还是组织文化的凝练和提升。在我国大学发展的历史进程中,许多教授学者"不为燥湿轻重,不因穷达易节",而"独秉士林气节,保持朴茂学风","耻于奔竞"而重学乐教。他们的民族气节、治学态度和重教爱生情怀,都潜移默化地影响着莘莘学子,熔铸成优秀的大学组织文化。今天,在强调资源配置、经费投入和政策倾斜的同时,人们更关注精神层面的东西,特别是无形而又无所不在的组织文化问题。所以,要形成这样一种观念,一种氛围,教授给本科生讲课不仅是天经地义,而且殊为难得。

教授 C13 是一位担任了大学人事处长的"长江学者"。他在主管教授聘用、教师评价过程中对组织文化的重要性有特别的感受:

> 我想,可能大家应该去上课。关键是要在整个学校形成一种氛围,有一种氛围是非常非常重要的。要觉得在 ×× 大学你不上课,

188

觉得你在这里的日子很难过,或者是让人觉得你一个当教授的不上课是一件不可思议的事情,要到这种程度,我们就好了。

教授 H01 是大学校长助理兼教务处长,他十分欣赏美国顶尖大学的文化:能够给本科生,特别是大一新生上课,尤其是上基础课,是对教授能力水平的一种认可,是荣誉和责任的象征。他期待着在我国大学形成这种氛围:

> 我觉得美国有一个比较好的做法,那就是说,越是基础课越是由高水平的老师来讲。我们现在要求教授上本科生的课,只是一个初级的要求,先把这个做到,还没有达到越是水平高的教授越应该上基础课。我国台湾"中央"大学的余校长曾经给我们的校长当面讲,他去美国访问的时候,他们的一个校友,现在在美国教书,很高兴地告诉他:"我现在有资格给本科生上基础课了",他觉得给本科生上课是对他的认可,是对他的能力水平的认可,是一种荣誉,要到一定层次才能给本科生上课。我们也了解到,MIT 的物理课,真正的主讲教师只有四个,但是这四个人都是全美有名的物理学家,他才有资格给一年级的学生上物理课、大课。

其实,在我国的一些顶尖大学,也不乏这样的组织文化。南京大学物理系就是一例。这个系不仅是我国最有学术水平和国际竞争能力的物理系之一,而且曾经在 2000 年以来获得 1 项自然科学一等奖和 6 项自然科学二等奖,在本科教学领域也是一面旗帜。多年来,这个系几乎所有教授,包括 70 岁以下的院士和长江学者、国家杰出青年基金获得者,都给本

教授上讲台是提高高等教育质量的必由之路

189

科生主讲基础课程和专业主干课程（见表 5-1），使培养出来的学生既具有扎实的基础，较宽广和系统的知识，又对物理学有浓厚的兴趣，有一定的科学研究思维和创新意识。

表 5-1　南京大学物理系教授承担基础课专业课程情况

课程名称	主讲人	杰出青年基金获得者	长江计划特聘教授	国家自然科学奖获得者
力　学	施毅	✓		✓
	张荣	✓	✓	✓
热　学	王牧	✓	✓	
电磁学	沈波	✓		✓
光　学	王牧	✓	✓	
原子与亚原子物理学	马余强	✓	✓	
理论力学	施毅	✓		✓
电动力学	王振林	✓		
固体物理	章维益	✓		
统计物理	王炜	✓	✓	
	邢定钰	中科院院士		✓
	王强华	✓		
普通物理	刘俊明	✓		
核　物　理	任中洲	✓	✓	
现代光学	王慧田	✓	✓	
半导体物理	徐骏	✓		✓

　　王慧田教授既是杰出青年基金获得者，又是长江计划特聘教授，2003 年起出任南京大学人事处长，集教学、科研、管理于一身，但他仍然坚持每周去浦口分校区给大三学生上"现代光学"。作为一个人事处长，

他当然重视对教师承担本科教学工作的政策调整,同时他更强调激发教授的责任感,强调形成物理系那样的组织氛围。

完全从行政杠杆上来讲或者从奖励制度、激励机制来讲呢,当然这件事情是可以做的。但是这种做法,毕竟在一定程度上还是被动的,实际上还是要有主动性。而这种主动性要想一天把它扭转过来是不太现实的。那么,学校通过一种什么样的手段,能够营造出这样一种氛围,是至关重要的。

组织文化的凝练与提升源于老教授、老院士的言传身教,它能够"薪尽火传"、蔚然成风,还由于担任院系领导的教授以身作则,率先垂范。

这个风气的形成,我想呢,一个是我们物理系这么多年来的传统,像我们的冯端先生、闵乃本先生,上课都是非常好的。所以我们觉得,我们物理第一个是有这么个氛围,有这么一个传统。另外一个,就是我们物理系的领导,也是非常重视本科的教学。我们讲一定要去上课,很多人都是欣然接受,我们很多人都是在上课。像在我们物理系,说实话,我们上课几乎没有什么太多的报酬。我上一学期,绝对的课时费大概不到一千块钱。但是我们物理系的年终考核,合格与否,上课是最基本的,不上课是不行的。

其他不少学校情况也是类似,虽然没有对教授承担本科教学做政策上的硬性规定,但由于有好的传统和氛围,特别是一些名教授、大牌教授或院系领导带头积极承担本科教学,起了很好的示范作用,"有很好的传

教授上讲台是提高高等教育质量的必由之路

统,这个是很重要的一个方面,一些老师在这些地方受到了影响"。

教授 A07:"风气大于规矩。在我们这里是风气大于规矩,就是我们没有一个规定说教授不上课要受惩罚,教授不上课不评职称,或者说教授不上课过不了关,像外面的这种制度,在我这里没有宣传。[但这里没有教授不愿给本科生上课,他们认为]教授上本科课是天经地义的。因此,他可能会减少研究生的课程,来上这个本科生的课程。风气大于规矩,就得领导作表率。你看我这个学期,我们上学期到这个学期,系主任、学术委员会主任、学术委员会副主任、长江学者、系副主任,全都上本科生课。党委书记也得上本科生课。"

大学中的教学组织如教研室或教学团队,曾经在本科教学中起到很好的作用。在高等教育日益大众化的今天,教授们认为有必要重建教学组织,营造"育人为先"、"学生为本"的组织文化。教师们在一起研讨教学,集体备课,不仅能提高教学质量,还能培养年轻教师,减轻教授压力,更能营造"重教"氛围。面对新形势,教学组织形式也可有更多的创新。

三、政策调整:为教授承担本科教学揖注活力

为促使更多的教授投入本科教学,除了制度改革和组织创新外,还要在物质和精神上给予激励。

(一) 增加对本科教育的投入

要增加教育投入,特别是教学上的投入,让老师能安心教学,安心上课。

教授D02："我觉得整体上教育要公平、要增加投入，让教师很安心，活得很体面，这才有时间去考虑 [认真教学]。外面老百姓都觉得教师地位是真正的 [高了]，那么教师不可能不把课上好。我觉得对真正扎扎实实教学的老师要厚待他们，要提高待遇。"

教授D05："我觉得高校教师的待遇和其他的行业相比，特别是在上海这种地方，太差了，所以吸引不到很优秀的人才到这个行业里来。这个是没办法的，如果我们待遇不提高，就吸引不到 [人才]。这个事情很简单，比如他到历史系来做教师，在 × × 大学一辈子都买不起房子，上海的房子这么贵，那么他怎么会愿意来呢？"

教授H01："我采取的唯一的做法是给那些教学做得比较好的人以奖励，使他们这部分人能够稍微安心一点，但是在更大范围内做就做不起来了。这对每一个学校的教务处长都是一个出力不讨好的事情。科研处长做起来很轻松，他不需要去动员，大家都积极地去找项目，他很容易去做。人事处长，包括国际合作处处长也好，那都比教务处长要轻松得多了。教务处长要千方百计地动员一些好的教师去上课，但是你手上的资源又很有限，我们那个时候好不容易向学校申请了几百万块钱，把好的老师来表彰一下，评个教学奖，只能做这样一点事情。"

（二）提高本科教学授课津贴

教授们认为，"应该给一线的老师，在精神和物质上有一些政策。为什么这样说呢？一线的老师就像生产线上一线的工人"。在有些学校，"给本科生上课只算一个工作量"，而给研究生层次，特别是给进修班、专业学位班如 MBA、MPA、法律硕士等上课，则有很高的收入，"如果我给

193

EMBA、MBA 上课的话，我这个收入比这个要高得多，特别是给 EMBA 上课"。而另一方面，给本科生上课要求又最严格，"研究生上课，现在我感觉是越往上讲课越容易，课堂比较灵活。给本科生上课，时间上要保证，学校管理得也最严格"。在这种情况下，人们肯定不愿意多上本科生的课。

为改变这种情况，有些院系在计算教学工作量时，注意向本科教学倾斜。如 H 校某学院领导从德国回来，了解到德国教授非常看重给本科生上课，而自己学院的一些本科毕业生，竟然连本院的一个正教授都不认识的情况，提出要让教授上课，另外在津贴上给予支持："课时补助，就是教授去上课，比副教授高出一倍；教授给本科生上课，也高出一倍。鼓励大家去 [给本科生上课]，当然钱不是很多了。表示一种姿态吧，就是学校强调教授上课，一直这样做下来了。现在基本上就是 ×× 学院的所有教授都给本科生上课"。相似的做法已经在一些学校和院校采用。

教授 A01："[某学院的措施] 给本科生讲一门课，按 1.5 个工作量计算。就比方说，我给研究生上一课时就按一课时计算，给本科生上课，一课时就按 1.5 课时。"

教授 C01："我们现在的评价体系做了一些调整，一般来说，工作量首先是课程教学工作量，但是一般带研究生的、带博士的也折算成工作量，我们的办法是，折算系数本身不变，但是把课堂上的实际教学工作量的奖励标准提高了，比带研究生的奖励标准高出 50%，用这个方法来向课堂教学倾斜，而实际上也是向本科倾斜，因为你教学主要是靠给本科生讲，本科生课多，研究生课少。"

教授 D07："我们各个院系 [有一些] 具体的措施。我们院上课是有'工分'的嘛，我们给本科生上课，'工分'是 double（双倍）。

我们现在同样一门课一周两个课时，研究生两个课时，本科生两个课时。本科生就是 4 分，研究生就是 2 分。课时相同的情况下，本科生的记分就是 double 嘛，就是翻倍。鼓励老师从事本科生的课。"

有些学校和院系还特别注重奖励从事基础课本科教学的教授。教授 A07 介绍他们的做法，如对上公选课的老师，学校和院系都有经济上的资助：

　　　　第一，你开这个课，如果你编教材、出版，那我保证给你立项，立一个项，就是一万块钱的资料费。立项，这是学校支持的，不是我给的钱，学校给的钱。第二，你上基础课，有基础课补贴。基础课补贴就是给你提供一些科研基金，你要申请研究的话，我可以给你钱。学校给的钱，立项是我做，这是 [对] 基础课第二个支持。第三个，有可能被评为国家优秀教学奖。最起码你可以评成 × 大的优秀教学奖。那这个奖既是精神上的奖励，也有物质上的，是吧？高的，一门基础课，10 万。国家精品课程，10 万。北京市的 5 万，本校的五千。[鼓励上] 基础课这也是一个层面。第四个层面，除了教材以外，精品课程以外，还有优秀教学奖。我们也得尽量向基础课倾斜。所以我曾经给老师算过一笔账，如果你开好了一门基础课，你一个教授开好一门基础课，在学术上、荣誉上甚至经费上不亚于一个国家奖。

（三）精神上的鼓励更为可贵

对于教授而言，政策及制度的约束作用变小了，如在晋升标准上对于承担本科教学的规定，甚至学生评价对教授来说意义也不是很大，正

教授上讲台是提高高等教育质量的必由之路

195

如教授 E04 所言："我觉得如果你已经作为一个教授了，政策什么对你来说都没有什么意思了，对不对？关键就看你自己了。（而学生评价）说老实话对已经评上教授的人没有什么作用，打得高又怎么样，打得低又怎么样？"在这种情况下，精神上的认可与鼓励可能更有价值。

1. 提供荣誉与支持

如果像教授 H01 所介绍的美国大学一样，把能为本科生上课看作一种资格，看作一种荣誉，那就是解决这一问题的最高境界了。教授 H01 所在的院请一个从 H 校毕业的现 MIT 的教授来给他们上课，这个教授很高兴地答应了，从头到尾把这门课给本科生讲了一个学期，而且不收一分报酬，用所获得的一万美元讲课费设了一个奖教金，奖励那些上课好的年轻教师。

> 教授 H01 ："作为一个教授，他就认为给本科生上课能体现他的水平，他认为是一种乐趣，也不是为了名誉，也不是为了钱，他就达到了这样一种境界。我觉得从根本上还是要扭转我们目前的这个局面，不仅仅说一般的上上课，为了应付而上上课，而要让他真正从内心里觉得我这个课上下来，也许对这些年轻的本科生一辈子都产生很大的影响，一定要把它上好，把它当作自己真正的一种职业，有一种荣誉感。杨振宁跑到清华大学去上物理课，也是这个。我们要达到这种水平，你说难也难，说不难也不难，关键是领导有没有决心去做，对吧？如果你真想做，你就给他们设一些荣誉，来真正吸引那些有水平的教授。"

而据某些教授介绍，在国内的某些学校或院系，实际上已经形成了这种氛围。

　　教授 A01："××大学的本科生素质都是比较高的,很多老师都是以给本科生上课为荣。它有这么一个传统,这是最好的。"

对承担基础课教学的教授,更应该给予这种荣誉。

　　教授 B07："我觉得,实际上学校也是这么一种氛围,就是你上基础课,是很光荣的事情,尤其是像'四大化学'①中间的一门课。因为我是给本系上,我们从来是最好的老师给本系上这四门课,用最好的老师来上,所以我觉得这是很荣耀的。"

教授 A07 在谈到他们学校与院系在鼓励教授承担基础课教学时,除了前文所说的经济鼓励,他更重要的是提供相应的荣誉和支持,如评奖评优时给予倾斜、提供助教等。

　　教授 A07："荣誉上也比较照顾。你比方说,我们评国家级精品课、国家优秀教学奖、北京市精品课程、北京市优秀教学奖,评奖评优这些,我们首先考虑的就是基础课。从这个意义上来说,恐怕你要拿奖,你还是要上基础课,哈哈,所以这就有些无形的规矩吧,无形的。上基础课我给你派助教。比如说你上基础课,你 40 个学生以上,主干基础课,这种课是和科研远一些的嘛,你上 40 个,我就给你配半个

教授上讲台是提高高等教育质量的必由之路

①　有机化学、无机化学、分析化学、物理化学。

助教,半个助教是什么概念呢,一个月 400 块钱。如果超过 80 个,我给你配一个助教,那就是 800 块钱。800 块钱相当于一个临时工的工资啊。那你可以找到两个研究生,两个博士生同时给你做助教。就这个是一个支持。另外一个是评优评奖的时候,首先考虑基础课。"

2. 唤起教授的责任感与良知

前文已有论述,很多教授专注于本科教学,靠的是一种责任感与良心。我们应该唤起更多的教授有这样的责任感与良心,要让教授们觉得,认真给本科生上课,是教授最基本的职责,是教授"最基本的工作道德、职业操守","不给本科生上课就像犯罪一样"。

教授 D02:"一个有责任的老师首先来讲是要有奉献精神,教师要有奉献精神。你站在讲台上面,是个神圣的事情,你要认真对待,跟学生有交流有互动,能够培养好的苗子,对社会也是一个贡献。"

教授 E07:"我觉得现在的孩子思想比我们要多,他们这么好的基础,如果我们不尽力教他们,总觉得欠他们的,对不起他们。"

要让教授们认识到,本科教学是一所大学最根本的任务,也是一所大学的立足之本。

教授 B01:"一个学校,你回头去看的话,什么东西最重要呢?你的 paper 人家早晚会忘掉的,10 年没忘,过 20 年一定忘了。但什么东西忘不了?就是你教出过好学生。你教出过好学生,或者持续不断地教出好学生,这就是你这个学校能否立足的根本。"

3．激发内在的兴趣与动力

第一,教学自身的乐趣与魅力。教学这一活动自身具有一种魅力,吸引着教授们去为它献身。教授 C06 说,当学生获得了有价值的知识与教诲时,他的感情就会从眼神里流露出来,"每当看到这些的时候,你才会感到教师职业的一种价值,感到一种美好,一种不可替代的东西"。教师也需要与年轻的学生交流,大学正是这样一个师生共同交流、传承与创造文化的场所。

> 教授 C06:"学术的道路有时是很寂寞、很孤独的,但是如果有一群年轻人、特别是才华横溢的年轻人,始终在陪伴着你的话,我觉得这是能够填补很多你精神上缺少的东西。就这点,我很欣赏怀特海的观点。怀特海作为一个大数学家、一个哲学家,又是一个教育哲学家,他论证了大学存在的理由。他说,如果大学光是做研究的话,那就不需要办大学,办研究所就对了;如果大学光是传授知识的话,那印刷术产生以后,大学就没有理由再存在了,因为印刷术传播的知识广阔得多。那大学为什么存在呢? 特别是那种培养精英人才的大学为什么存在呢? 他说最根本的就是要创造一种最有影响的、权威的学者和最有才华的年轻人共同的一种生活。他说,这些老年的专家充满了经验和智慧,但是他的朝气、创造力有时候就不那么强了;而年轻人呢,有朝气、有创造力,但他经验不足,所以,大学实际上就创造一种条件,让这两种人在一起过一种生活,而这种生活就是文化的传承,就是使得文化和优秀的人才绵延不绝。在这

教授上讲台是提高高等教育质量的必由之路

199 ■

种生活中,双方获得的都是学者所特有的乐趣。"

很多教授之所以虽然很辛苦、很劳累,还坚守在本科教学的课堂上,就是因为他从教学中体会到这种价值与乐趣,特别是面对一群年轻、聪明、爱思考的优秀本科生时,这种感觉就会越强烈。

教授 F02:"我自己觉得,我只要上讲台,就好像找到了自我,就是一种自豪感。学生也一直比较喜欢我,这种感觉就特别好,所以我一直不愿意放弃教学,一上讲台就什么都忘了。"

教授 F03:"我很喜欢教学,我觉得和年轻人接触接触,我感觉精神上愉快,有时候讲课讲得比较好,他们会表现出来,通过他们的眼神、他们的表现都会感觉到,觉得很安慰,觉得一种自我价值的实现。当你讲课的时候就会感觉到收获,一种感情的交流,感觉学生对你的尊敬,对你的爱戴,对你敬佩的目光,你会感觉到对你是很大的安慰。"

教授 G06(教学名师):"我觉得上课对我来说,既是一个工作,也是一个乐趣。很多人都说要花时间啊什么的,我倒觉得这是个乐趣,我觉得很快乐。"

教授 D06:"我反正挺喜欢教学的,主要觉得与学生的交流比较舒畅。一方面我觉得把自己知道的东西讲给他们听,提高了他们对科研的兴趣。其实搞科学是非常苦的,这些学生又很优秀。你把这些传授给他们,让他们觉得确实要有一种献身精神投入到科研里面,能够把他们的积极性调动起来,将来看到他们一个个成才。所以每次留言的时候,我都是说'你们的成功就是我们价值的体现',否则我们的价值在哪里啊，就是通过你们体现出来的。可能我们默默无闻，谁也不知道，可是学生记得你。另外同学也会经常在 BBS 上面，或者 e-mail 里面，与你交流，我觉得挺好的。我是一直不愿意放弃 [本科教学] 的，我觉得将来即使只搞教学的话也很好。"

第二，教学也有助于提高教授的科研水平。关于这一点，前文已有很多论述，这就是说，教授从事教学也可以促进他学术水平的提高。再举两个教授的感受。

教授 D06："另外反过来，这些学生也会提很多问题，我觉得对自己也很有帮助，像我也不是每个领域都熟悉，但是如果学生对这个问题确实有兴趣，他愿意去查文献，他会反过来和你讨论，我会把这些东西放到下一年的 PPT 上面去，我会告诉同学这个是上一年的同学发现提出来的，是个新的进展，非常好。我觉得这个对我来说也是很有帮助的。"

教授 E07："我觉得教学也是一种学习过程。另外在教学当中，学生会提问题，那么你就会去思考这些问题。当你去回答学生的问题时，你就会发现，那些你以为你懂了，实际还没懂；或者说，你以为你讲清楚了，实际上你没有讲清楚。学生，这么多人，这么多脑子，你肯定拼不过他们。"

第三，寻求好生源的动力。教授要带研究生，要寻求好的生源。如果承担本科教学，往往能更早地发现好的生源；反之，如果不与本科生接触，学生不了解你，就可能不选这个教授为导师。这一点往往成了某些教

教授上讲台是提高高等教育质量的必由之路

授承担本科教学的最大动力，"教授给本科生上课很重要的一个原因就是他要找到好学生"。下面是一些教授的感受。

教授 A01："我有一年不给本科生上课，这些学生就不了解我，在推荐上硕士的时候 [没人报我]。我以前，每年硕士都有报我的，就这一年断档了。没人，没有了，我特别悲痛。怎么这些学生都报别的老师了？我后来一想，这四年，这一届学生，大概就 2004 年入学的学生，我就没给他们上过课。所以，教授他动力在哪儿？我觉得主要是两个，[一个是] 定岗定级，一个是选学生。"

教授 A07："我最好的学生就是从本科培养起来的。所以我充分意识到，如果需要好的研究生，需要好的生源，需要好的学生投靠我这个专业的话，我需要好好讲本科生的课。而恰恰就是这方面给我的帮助很大。因为我们系里有时候都开玩笑地说，我要是上课的话，下一届我这个专业的招生，前三名就会考过来了。如果我不上那一年，有可能就跑掉了，就去其他专业了。[因为招了全中国最好的本科生，只有] 抓住了这部分学生，给他们最好的教育，才有最好的未来的发展。"

教授 D02："你可以早些发现好苗子。从一年级或者二年级就有见习或者实践项目，钱不多，如果老师不跟学生接触，学生也不会报你。通过和学生见面，学生知道有个王老师，有个钱老师什么的，你不接触，人家怎么知道你呢？对于老师来说，是获得好的生源，以后加入到你的团队里面做科研的好机会。"

（四）启动"银发工程"：缓解师资压力的补充措施

1. 充分发挥余热，于国家、学校及教授本人都有益

教授们认为，让教授 60 岁就退休，实际上是一种浪费，"现在国际对老年人定义绝对不是 60 岁"。所以，推迟身体健康、学术优秀的教授、名教授的退休年龄，让他们参与到本科教学工作中来，是一件于国家、学校和教授本人都有益的事情。特别是在高等教育大众化、有些高校师资紧缺的情况下，"银发工程"显得尤为必要。

教授 H03："大众化教育，这么多的学生涌进来，然后你这个教师又不是三年两年可以成长起来的，而且现在都很多年轻的教师，他一下子不可能去 [承担本科教学的责任]。在这种情况下，我觉得这是一种很好的 [办法]。实际上他退休了，你不聘任他，被民办学校也聘任过去了，对社会来讲当然可能好，但是你这样做，这个属于该正当留的，你不让他留，你非要把他这边堵起来，然后从旁边流掉，这个本身是一种不合理嘛，对吧？"

教授 A04："对很多人来讲，他讲课讲得非常好，健康也很不错，教学也很需要，这些人是国宝，因为他讲起课来跟别人是很不一样的那种，如果在允许的条件之下，应该让他们尽可能地晚一点退休，来弥补我们目前因扩招引起的 [师资] 不足。"

教授 A05："一些很有经验的老教授，水平高，身体又好，思维活跃，能够把他们留用一段时间，对学校和国家来说都是有益的，从教育经济学这个角度来说也是合理的。而且，对培养年轻老师也有好处。像 ×× 大学这边，许多老师退了之后，都被别的学校拉走了。"

教授上讲台是提高高等教育质量的必由之路

而且，达到退休年龄的教授承担本科教学有一些优势，首先，有了多年的教学与科研积累，这时教授的本科教学会更成熟、更精彩；其次，这时候教授已经没有了科研、行政等"杂务"，他能够更专心地投入本科教学中。

教授E05："我觉得所有的教授都应该延迟退休。为什么？正好干得起劲。在30、40岁的时候，在前面没评上教授的时候，拼命地搞科研，[如果说]那时年轻力壮的，不得不为确定自己的地位而奋斗的话，[那么]到后面正好是著书立说的时候，把这么多年的历史总结起来，能够钻进去。恰恰这时候能够淡泊名利了，没有必要再争什么奖，也不想再当什么官，恰好是能够真正建设性地做点事情的时候，[却]退休了。我觉得对于所有的教授，都应该延长退休时间。"

教授B05："其实有些教授讲课讲得非常好，他对很多问题有很多的真知灼见，特别是讲课和做学问。我觉得很多老师到了六十多岁的时候，精力非常好，想法也很多，为什么不让他继续呢？我有一个学生去了MIT读博士，他说他们那里有一个老师已经七十多岁快80了，已经颤颤巍巍了，可能你觉得他都站不住了，但是他的课讲得非常精彩，很多问题经他一讲学生就开窍了，这个老师能够起到这样的作用。"

教授C02："他到60岁了，学术的活力不太强了，他回来就专心到第一线去从事教学。这个时候，他从事教学已经炉火纯青了。他有很多科研的经历，也有很多丰富的东西，他可以把这些东西传递给学生和传递给年轻的讲师或者是助理教授。他就把队伍带起来了。"

教授参与到本科教学中有多种形式，如授课、帮助培训年轻老师、做教学督导等。

第一，授课。让这些教授直接投入到本科教学第一线，特别是基础课教学中，这是不少学校都在采取的措施。

> 教授 C05："我们系现在就在做这个事。所有的老师，我们都动员他继续留下来上课，现在我们这个不叫返聘，学校里面是这样的，上一个课时给他们多少钱，大概是这样的。我们系里至少 80% 退休的老师仍然是在给本科生上课，因为我们系缺老师缺得太多，如果不是这样做的话，那我们其他的老师都要加课，那我就要加到 16 节课，别的事情就根本做不了，所以我们在做这个事情。"

> 教授 C06："尤其是基础课的教学里边 [应该聘用这些老教授]。我觉得有一批这样的老师，他教那些尖端、前沿的，他教不了，但教基础课，他会教得很好，而打基础的课有些是程式性的，需要重复性劳动，而且，需要老师认真。人各有所长嘛，他在那方面下的功夫不够，在这方面他往往下的功夫就大。另外呢，他往往对学生很热心。"

> 教授 G06："在个别人身上，我们学校早就这么做了，比如说是我，我早在 1993 年满 60 岁就退休了，当时人事处已经就把我放在退休名单了。当时的物理系就去跟人事处吵，不允许我退休，你要让他退了，某门课没人讲了，你人事处来解决。[延迟退休了 12 年，仍在上课] 今年安排了两门课，一个量子力学，还有一个是力学，秋季开学后不知道怎么安排。2002 到 2003 年，我还讲了高等数学，我还讲过原子物理。"

教授上讲台是提高高等教育质量的必由之路

205

第二，以老带新：老教师帮助机构。有教授认为，还可以请老教授们指导年轻教授教学，"即使不是请他来实际上讲台，也请他来指导、扶持一个年轻的教学队伍，这个是很需要的"。而且，从某种角度来看，把老教授好的精神和经验继承下来，建设年轻的教师队伍，往往比请老教授本人直接给本科生上课意义更为深远，因为"返聘不能解决永远的问题"。

教授A02："像我们系下学期要开的课，我们年轻老师比较多，那这个本科生的课都是刚毕业的年轻老师[来承担]，课是上不好的，科研做得好是另外一回事，我们请老教师来带。所有的年轻教师都希望有老教师带上一轮到两轮，才敢让他上讲台，我是这么理解的，也建议我们学院这么做的。有时候我们还专门一个学期办一次老教师的教学经验交流，然后所有的年轻老师去听，效果很好。"

教授C02："这三五年的服务，我的想法不光是教学，而且你还要带出一些教学队伍来。"

教授F04："应该是一种有序的、良性的一个过程。比如说你五十多分钟的课，你要让六十多岁的老先生去上，他确实也很吃力。但是你也不能把老先生积累一辈子的经验就让他带走。那怎么办？还是我觉得能够在一种比较和谐的氛围里面，[让]老先生能够带下一辈。他的那些智慧，包括他的那些品格、情操，要传给年轻人。我觉得应该是这么一个过程，应该是这么一个比较有序的过程。在这样一个有序的过程当中，[好的经验、精神、风气]不断地要传下来。在传的过程当中就是要逐渐地'青出于蓝而胜于蓝'。返聘不能解决永远的问题。"

■ 206

第三，调研督教、促教：老教师调研组。还有学校把老教授组织起来听课，了解本科教学情况，研究教学中出现的问题，并给院系提出解决问题的建议。教授 A02、A03 介绍了他们的做法。

教授 A02："我们学院专门有一个老教师督导组，那都是些著名的教师，有些是名师，[在]他们身体允许[的情况下]，我们请他在大政方针上面、在具体的每门课程建设指导上面、甚至具体到课堂上，每个老教师都要一学期听 10 门甚至更多的课，来给我们的年轻教员以及我们的教学环节提供很宝贵的意见，我们学院在这方面做得比较有特色的。这个我觉得是很重要的。"

教授 A03："有一个老教师调研组。退休的老教师，我们大概聘了有十几位，还是多少啊，就是十位左右吧，老教师。他们就是天天在那儿听课，就在听课，听完了后他会跟老师谈，他不跟我汇报，嗯，他跟老师谈。但最后他会有一个总的报告。总的报告说，噢，我们这个通选课，你比方说，可能存在一些问题。他不会说什么课有问题，他会说总体上有什么问题，希望学校要注意了。"

2. 具体情况具体对待，"银发工程"不可一刀切

教授们赞成让有余力的教授留下来继续参与本科教学，但同时又有很多教授认为不能一刀切，而应该具体情况具体对待。正如教授 F06 所说："我觉得最起码国家不要有一个统一政策，你让各校自己选择去。政策只要把权力下放，各校都会寻找到一种最佳的方式。"

第一，根据教授的具体情况和院系的具体要求。院系是否有这样的需求，个人的健康是否允许，精力是否充沛，个人是否有意愿等情况，

教授上讲台是提高高等教育质量的必由之路

决定了"银发工程"是否有实施的必要，用教授的话是"根据需要"，"双向选择"。

教授 C12："这个要根据具体情况。一个是他本人要愿意，有这个意愿；一个系里确实需要。因为像我们系我觉得不需要，比如说像我还能干 10～15 年，到我 15 年的时候我还霸着那个位置也不对啦，下面确实优秀的老师上来了嘛。"

教授 B01："总体讲，比较支持，但作为一个行政性的东西又变得不好了。因为，比如说，一个人快 70 岁了，但也许他还非常 Active，也许还有余力；但也可能一个人他可能不到 60 岁，余力就已经不大了。这件事情，如果能变成一种双向选择的话，就比较积极了。"

教授 A06："我觉得不应该搞一刀切。有些教师，他到了 60 岁，第一他有能力，第二这门课对他也有要求，再一个他的确精力也很好，一刀切地把这个人给弄掉的话，是挺大的损失，挺大的资源浪费。"

教授 B03："首先你如果定义为好的教授，不管是教学做得好还是科研做得好，身体又好，你应该给他条件让他接着做。"

第二，不同学科情况不一样。有教授认为，"银发工程"可能对人文学科更适合，因为文科更注重积累，往往年龄越长，学问越好。

教授 A07："人文学科的学者成熟晚，像我们人文学科的学者成熟的话普遍都要到 50 多岁以后，实际上也很少有四十几岁能够成为学术带头人的，极少，那是我们国家搞'大跃进'。真正按照规律来讲，50 岁才会成熟，就是要到了知天命之年，才能够搞学问。那在这个基础上，让他退休了，这就可惜了。"

第三，一刀切存在问题。教授们认为，在中国现今的情况下，一刀切会带来很多的操作上的麻烦，如学校和院系无法真正做到根据需求来聘用。教授 B01、A06、B03 在认可这种制度的前提下，又都表示了某种的担忧。

教授 B01："但我们现在还不行，学校不能纯粹从学科发展和教学需求来选择教授的去留，教授也不能完全根据自己的能力和兴趣决定自己是否留任。因为在中国现在还存在社会保障的问题，一个教授如果退休了，工资的一半就没有了。"

教授 A06："但是中国的事情是这样，你要是不搞一刀切，很多事情你就很难办，每个人都可以用各种理由，来延长在这个位子上的时间，所以操作起来，我觉得是很困难的一个事情。"

教授 B03："但是我觉得这里面有一个问题，就是你从人事管理的角度看，可能还有一个谁来定谁优秀谁不优秀 [的问题]。我们现在的领导实际上用很量化的东西来评奖，就是说，避开难题，这不是一个很好的评价尺度，但是这是个容易的评价尺度，实际上这是领导在推卸责任。你作为一个系主任，作为一个校长，你要担负起这个责任来，你要敢说我认为你是个好教授你就是个好教授，你不好就是不好。"

教授上讲台是提高高等教育质量的必由之路

还有不少教授也提到了相似的问题。由于无法确定"优秀"标准，也就无法决定延聘的标准，在这样的情况下，按年龄一刀切是最简单的方法，但却会带来很多的问题，如教授 H01 所言，"这个砍权在你的手上，对不对？你砍去谁不砍去谁？"如果"一刀切"，"把这些老师弄来了，别的老师怎么办？"

教授 G08："优秀教师短缺，优秀的，差的，它是比较的，标准是啥？你说你是优秀的，为什么你是优秀？所以优秀教师，怎么评价他优秀？现在我们说的优秀教师，其实说的是他的科研，得到什么什么奖，除了纯教学的奖励以外，那其他的没有科研很难说得上他是优秀的，优秀教师，究竟什么是优秀教师？"

教授 D07："我认为欠妥。因为此风一开，无法收拾。中国，在很多情况下，没有办法，只能搞一刀切。你要这样的话，那些做过系主任的、副系主任的，有点影响的，都想这样，你说谁好谁坏，哪个老师上课水平高，哪个水平低，这个说不清楚。容易给人家'浑水摸鱼'提供方便之门。"

第四，"银发工程"只是权宜之计。有些教授还认为：聘请老教授，重点是"带新"，根本任务是形成新的教学梯队。在这个意义上说，"银发工程"只能是缓兵之计或权宜之计。

教授 F06："比如说专业力量比较薄弱的，比如说某一门课的教学梯队还没有形成，在这种情况下[有必要]聘请老的比较优秀的教授继续承担教学工作，但是更重要的任务是培养年轻的教学接

班 [人]，这个要结合起来。不能说'老把式'不把看家本领教给下一代，因为他总有老的一年，这时怎么办？这个只是一个缓兵之计。这个在具体操作上面还是要细化的，延聘的第一年同时要带一个年轻教师，在培养这个年轻老师的成绩方面也要进行考核，因为我们的目的是要可持续发展，培养年轻教师。"

教授 E04："这是解决短缺问题的一个办法，不是说不可以，但是不是一个长远之计，对不对？关键是你后面要有源源不绝的人跟上来。当然，缺的时候只要他身体条件允许的话，我觉得是一件挺好的事情。"

教授 E05："关键是应该有梯队。不能说某个教授要退休了，这门课也就停开了。应该把年轻人带起来，教学的技巧应该让他们掌握，而不应该仅仅关注老的，他也不去带年轻的。"

第五，注意操作问题。正因为聘用过程中会出现一些问题，所以，有教授建议应该注意聘用过程中的操作问题。

教授 F07："我觉得我们国家一做事很容易做过，我觉得我们要严格设一个委员会来处理这个事。比如说我们也有一些特聘教授，聘任制嘛，你要有个资格评定的问题，也就是并不是所有人都适合这个，要有个专门的委员会，来确定这个人是否够资格，他的精力、时间、身体情况是否适合这个岗位。但延迟退休还有个问题，这些老师如果不影响年轻教师的晋升，那这个容易解决，但如果影响了年轻教师，那需要协调解决。你像国外有很多大学，到了年龄就得退休，一天都不能耽误。"

211

第六，没有必要。也有小部分教授认为，"银发工程"没有必要。

教授C09："因为讲句实话，真正的创造力在年轻时候，到60岁的时候，我觉得就没什么创造力了。"

教授C10："早退休享受生活了，呵呵。干嘛要那么苦哇。转型期了，实际上，退休教师的知识结构上面有一个更新的问题。"

教授E07："要相信年轻人比我们好，没有必要延长，我认为没有必要。"

3. 外聘优秀退休教授问题

"银发工程"也包括外聘优秀教授。关于这一问题，教授们除了与校内聘请老教授做法有相似的看法外，还有些其他观点。

第一，可以资源共享，充分利用资源。

教授B04："把外校的优秀退休教授聘过来承担一些课程，[可以]资源共享，充分利用社会上各个方面的一些资源。"

教授B05："我觉得这种方式是很好的，取长补短嘛，我们这个地方不会，谁谁很强，你给我们讲讲，这个取长补短，相互补充，不可能说你在××大学，什么都会，所有的人才都在这里。"

教授C05："学校要是制定好的政策吸引这部分人过来工作几年，其实也是非常好。这部分人，他们好多人是处于准院士状态，就是说，他们的成果、学术造诣跟院士也差不了多少，他们在国内学术界有地位和影响，对各种政策的制定其实也都有影响。这种人的话，你能给他比较好的待遇，把他请过来待几年的话，我刚才讲的，不光是对教学工作有好处，对整个学校的学科建设都有好处。"

第二，是一种市场竞争的机制。

　　教授 B03："这就是具体的引进市场的一个做法。我有一个同班同学在 × × 大学，他就做过主管教学的副系主任，做过十几年，他就跟我讲［他的做法］。我就从他那里学到很多东西，我们俩因为是同班同学，他从来没有在国外长期生活过，所以他对国内这一套比较熟。他说，我管教学，我手里掌握有科研经费，我这个课比较重要，我宁肯去聘那个退休教授，他也退休了，他精力也比较集中，一学期两三千块钱，他把这门课教得很好，我这个钱不花给在职的，在职的他科研做得很多，忙不过来，或者他什么都不好，你就自生自灭吧，反正他手里已经有一点点权限。这就是市场竞争。"

第三，是一种灵活的人事制度。

　　教授 C06："外聘有几个好处，一个呢，他给后头的年轻人让路，因为其实很多学校教授的岗位是有限的，不应该无限地扩大，它实际上有一个严格的结构。因此，早点腾出这个位置，让年轻教师可以上。另外，他到另外一个学校去，往往更［受］尊重一些。另外呢，他换换环境也是一种调节。所以，我觉得这些外聘的形式蛮好的。就是，人事制度要灵活。"

教授上讲台是提高高等教育质量的必由之路

第四,视需要而定。

有教授认为,这个办法仍需视需要而定,要在本单位没有相应老师的情况下才可以采取,否则可能会造成矛盾。而且,外聘也只是权宜之计,更重要的是培养自己的年轻人才。

教授 D06:"要是你这门课里面实在没有人,你只好去聘,要是你自己可以培养起来的,那重点是自己培养。要是大家都聘的话,那你自己的人永远成长不起来的。和上面一样的,即使你要聘的,就是一年,也要把队伍培养出来。所以我是很建议青年教师要听课的,我们 × 老师也说了你听课,我也算你的教学工作量的,就是也有这种政策希望大家去听课。我们以前也请过,反映还是蛮好的。这还是要注重培养梯队的,只是作为一个过渡。"

教授 E07:"如果学院有这门课的老师,这样做,就会造成矛盾。他比我强在什么呢?大家都是搞科研的,彼此非常清楚。如果这门课很新,学院有必要开,这样子做有必要。"

第五,不必要。

还有教师认为没有必要采取这种措施。

教授 H05:"我觉得相互之间聘促进学术交流,这个可取,但是不能把外校的退休教授,把他弄到这个学校来上课,我觉得这个不是个办法。"

（五）酌设教学岗

1. 设独立教学岗

教师评价机制上的重科研、轻教学，导致部分教师不愿花精力于本科教学；另一方面，有些全力投入于本科教学的老师，由于科研成果少，即使学生对他的教学水平评价很高，也评不上教授。鉴于这种情况，有教授建议，可以为这些老师单独设立教学教授岗，以鼓励其专心于本科教学，并"避免出现这种教学水平高、科研成果少的人被淘汰掉的现象"。但是对于这一点，教授们的意见并不能取得一致，歧义较多。

观点一：赞成。每个教授特点不同，精力有限，可以有不同的分工。

教授 G08："我觉得可以设置两类教授，专门上课的科研要求可以低一些，教学要求高一些，那么我主要搞科研的，教学要求可以要求最低。[提到了一个老师]，他在网上，学生对他评价很高的，但还是评不上教授。[因为]没有文章，外语考不过去。"

教授 A05："是可行的，学校正在实验，叫专职教授岗位。人不可能两方面都出类拔萃，有，但是不多。所以，让他集中这个精力，去把某一方面要搞好。他既然搞这个方面，就用这个去评价他。"

教授 E03："我觉得这个倒是有必要的，因为一个人的精力是有限的，既要让他搞好科研，又要让他搞好教学也是比较难的。专职教师一般在五十岁以后，也就是他有了丰富的阅历以后，他可以把教学搞得更活一些。让一些海归派把国外的科研带回来，让他们去做科研，也是一个方面。"

教授 H03："我认为是可以的，因为有很多的教师，他在教学方面可能非常热心，他在教学里面也有一整套的实践经验，并且很有

教授上讲台是提高高等教育质量的必由之路

215

造诣。在这种情况下，我觉得未必大家都去搞科研。就说这个社会发展，它本身有社会的分工，社会靠社会分工。当然我的意思不是说，你每一个人搞教学就永远搞教学，搞科研就永远搞科研。我的意思是说，有一部分教师他确实是在教学方面很有经验，他也热心于教学，那么这样的话，让他来做专职的教师，我觉得是很好的。"

教授们还认为，设教学岗，特别适合基础课教学，因为"基础课需求量大，工作量大"。

教授A07："那为什么不能设一个专任的教授岗，专任的教授、副教授、讲师的岗呢？然后让他安心干这个事儿。[基础课]开设的面广，教学的对象变化比较多，还有这个需求量大，同时它本身就构成了一个被研究的东西，它的教学法的研究，本身就是一个科学的东西。"

教授B03："我觉得可以，特别是基础课，英语、政治、高等数学、普通物理、普通化学，这些相对需要大量的老师。比如说普通物理，所有的理工科学生都要学，[需要大量的物理教师。][另一方面，]哪里有那么多教授从事物理的科研，没有那么多，物理没那么热。但是物理你又不能不学，所以教普通物理跟教高等数学、大学英语似的，这个系列，应该有纯做教学的，你要保证他的待遇和职称。"

观点二：赞成设少量教学岗，且操作时需注意一些具体问题。

第一，岗位不宜过多。

教学岗可以设，但要保持一个少的比例，大部分老师不能离开科研而专门教学；担任教学岗的教授，在教学上要有所建树。

■ **216**

教授 A07："我赞成。但是要限制在很少的数量上。因为教授这个岗位主要是教学，但是它也包括科研，是吧？而且，我的本意是说，教、研是相互促进的。所以一个教授要是不搞研究，很难成为一个好教授、好教师，一个教授上不好课，他可能成为一个好的研究人员。5%拿来做教学岗位我看是可以的。"

教授 C02："保留这个教学岗。但是要控制，少一点。就像少量科研非常强的，他可以一段时间不搞教学，专门搞科研。那么大多数还是要科研和教学都要做。"

教授 E06："设 10%，有一个比例，不一定很高的比例，但是要有。我想是应该有。"

教授 E07："教学岗教授，我认为可以。因为有些教师，的确是不适应科研，他擅长教学，不擅长搞科研。不要太多，不能设太多。这些教授一旦上去以后，他应该在教学上有所建树。至少出教材，这门教材在全国有影响；他上课独到，非常能得到学生的认可，这些是非常重要的。"

第二，不赞成过早定岗。

有教授认为，不可以对年轻老师过早地定教学岗，要提倡教学与科研并重，所以副教授一级不可设教学岗；有些教师到了 50 多岁了，由于投入教学多，教学方面也取得了较好的成绩，则可以考虑设教学岗。

教授 B02："你总归不能对 30 多岁的人就设置专职的教学的教师吧？太早地定位于教学上，这样会害他。实际上要逼他 [做科研]，就是说至少在副教授量级上，你的科研和教学是并行的。副教

教授上讲台是提高高等教育质量的必由之路

授当上以后,到教授这一层次了,我觉得到了一定的年龄可以考虑设以教学为主的教授。至少要到 45 岁以上。"

教授 D06:"不是说年轻人一进来就开始做教学,这对他本身发展也不利,教学质量也不会提高。到了一定年龄,五十五岁了,他觉得科研这方面也上不去了,项目也不能拿到了,那就尽量地以教学为主,同时把青年教师带出来。我觉得这样还是可以的。"

第三,视学科特点而定。

基础课可以,专业课不可以;少数特殊的课程可以,大部分课程不可以。

教授 B03:"但是你像专业课、基础课,像我刚才发表的观点,不做科研的老师你是做不好教学的。"

教授 D04:"在一些个别的专业、个别的课程上面,可能确实欠缺[师资],老教师也没有,退休了也没有人接上。我们确实要培养个老师把精力更多放在教学上。像我们这个系在今年确实设置了这个岗位,我们叫教授级讲师,他的主要任务是教学,那么他的科研任务就比较少了。这是比较特殊的情况,我觉得是不宜推广,不宜大面积地铺开来。我觉得各个学校都有这样的情况。"

第四,只能作为过渡时期的政策,老教师可以,新教师不可以。

由于历史遗留问题,有些老教师一生投入教学,科研成果少,可以为他们设立专任教学岗,但现在的年轻老师几乎都是博士,有能力去做科研,完全没有必要设立教学岗。

教授 F04："我是觉得你设教学岗，当然我们有历史遗留问题。比如说我们过去的基础课老师确确实实没有科研的可能，现在再让他做科研，比如说四五十岁了比较难。但是后面的年轻教师应该强调他有科研。教学不是一件简单的事情。要讲好一门课，或者说要达到一个教的效果，必须有科研背景。"

教授 D02："现在学校都是留博士，那么博士都念出来了，科研上面可以独立承担课题了，不需要教学岗。以前，比如说十年前、二十年前那时候科研还不是主流，主要是搞教学，这些人要评教授的话还上不去，影响积极性啊，给他个 teaching professor，教学型的教授对他也是个尊重，他也有个盼头么。"

教授 D01："至于教学岗位，那是一段时间的非常特殊的例子，是时代造成的，但是这不应该成为 ×× 今后的发展方向。"

第五，这是为学生着想的无奈之策。

在教师们都在忙科研而不愿在教学上花费时间与精力的今天，设少部分教学岗是为了稳住教学队伍的无奈之举或权宜之策。

教授 C02："[教学与科研] 就不应该有这个分离。后来还是要保留这个教学型教授，问题在什么地方呢？我就是讲你还得以学生为本啊。你这些教授都去忙科研了，又没有大的政策把他拉回来，那你怎么办？倒霉的是学生，教师不会倒霉的，倒霉的只有学生。你还是必须作为一种补充的手段，[来吸引教师投入教学。] 教学岗我认为只能是开这么一个口子，就是给一些教学确实是很优秀 [的教师]，科研也有，但是相对弱一点，他在这方面也能做。在年轻人当中，特别是在我们这个研究型大学，还是要强调有研究。否则的话，没有这些研究的经历和研究的视野，很难培养创新人才。"

观点三：不同意设教学岗。科研和教学不可分。

很多教授都认为，科研和教学是不可分的，"是相辅相成的"。"教学都有一定的研究做依托的"，如果老师脱离科研去教学，他就不可能真正教好书，只能成为"教书匠"，"科研不好，教学一定不好"。所以，所有老师都要进行科研。

教授 C12："我反对这个做法，我反对专任教学岗这个做法。就好像教学和科研是两块一样。我基本上认为，假如研究型大学这个概念你要认同的话，那就是你所有教授必须以科研为中心，你上课也是以科研为中心，你不科研怎么教学呢？大学里面的老师上课，你其他的东西，普通话不是很标准啦，口才不是很好啦，都不太重要。但是你对你这个学科一定要有精深的理解，这是根本的要求。"

教授 E02："这个也有点过了，为什么说有点过呢，作为教授来讲，教学不只是一种职能啊，即使上基础课的东西，讲的过程还是有变化的，尤其对我们电子这样的行业来讲，越是上到后面越有这样的体会。讲的过程当中，不要死背这些公式，[这是]没用的，但以后这些公式你会要用到，是更重要的是要理解这个体系是怎么回事。如果不研究，整天那么教，那么就是做一个教书匠吧，不能称之为教授。"

教授 F04："从教跟学的效果上来讲，我认为单独设教学岗的话,是不是会有问题?为什么?因为一方面通过科研,你能够更深刻地理解科研是怎么回事,什么是科研。那么在这个过程当中,你对这个你所教学的课程内容,可能有更深刻的理解。我就跟那些我的同事说,假如说学生认为我这门课讲得好,那不是说任意一门课我都能上得好,我没有这水平,我真的没有这水平。因为我对另外一门课背后的东西理解不深。"

而且,科研能力强的教师也有责任在教学第一线贡献才智。

教授 D01："我也不同意设专任的科研岗位,科研岗位的话做研究员就完了。对 ×× 大学所有的老师来讲,我刚才也讲过,我们最宝贵的东西是我们有一批在科研第一线的老师,但是,这批老师他们应该意识到,人才培养是他们的根本任务,所有的教师都应该上讲台。我是觉得,所有的教师,包括像体育课、政治课的老师都要搞科研。在 ×× 大学,老师不搞科研,课是上不好的。多点少点可能不一样,但是都要去做研究。所以,设专任教学岗教师,这只能是一段时间内的权宜之计,不应该成为一个学校发展的思路。"

有教授认为,设立教学岗,并不能提高教学在高校中的地位;不仅不能,可能还会使人们更加轻视教学,教学岗教师的地位也可能会更加低。这样,对"教学不好",对在教学岗的教师本人"也没好处"。

教授 C10："我觉得研究型大学不能孤立地就教学谈教学。如果这样,不是强化教学,[而]是弱化教学。"

教授上讲台是提高高等教育质量的必由之路

221

教授D03："这个没有用。关键是观念改变。如果你观念改变了,你什么都有了。你设了教学岗,两个教授,一个是科研的,一个是教学的,那教学的地位还是低,你设了又有什么用啊? 主要是要观念改变。你对教学的重视程度。这些都是形式上的东西,可能有点用。但又有可能你就'死'在那了,呵呵,把你打入另册了。"

教授D07："在研究型大学,千千万万不要这样搞,坚决反对。专门的上课,变成'教书匠',以后在学生当中一点威信都没有。因为在大学里面,学生普遍地是对有研究、有影响、有地位的学者感兴趣,而不是对教书匠感兴趣。"

教授F02："为什么一定要把教师人为地分为教学型的或科研型的呢? 我就觉得不大可以理解。你聘的教授就是教授,没有什么教学型的,科研型的,这个还是重科研,轻教学。你一说你是教学型,就给人低一等的感觉。无非就是工作性质不同,我是不赞同专门设教学岗教授。钱多钱少,教授不是特别看重,他是看重名。"

2. 设临时教学岗

为缓解教师短缺问题,有些学校设立了一些临时教学岗,聘请校外的教师,按课时支付工资。关于这一做法,教授们的分歧也较大。

观点一:这是一种灵活的用工机制,也促进了资源共享。

教授C06："我觉得这个其实就是一种灵活的工资体制和报酬体制。总的一条就是,尊重知识、尊重知识分子、尊重教学的这个劳动和尊重教学的创造性,因为教学是需要投入的,所以,你有这样一条,这种工资待遇就会有各种各样、多样化的解决办法。而且,我觉得最好是协商制、合同制，不要一刀切。不同的教学的投入量、差距大多了，价值差别很大的，但是确实应该有一种类似于市场机制的一些东西，让他感觉到物有所值。"

教授D04："这个我是赞成的，因为这个实际上也是一种资源的共享。像我们系里面有些讲座就是请外面的人来，甚至请国外的。他会集中一段时间上课，跟我们的学期是错开来的，他利用假期，这种情况是可行的。同时我们的老师也可以到别校去交流，我认为这很重要的。"

也有教授认为，要聘请优秀教师；而不是因为课没人上了，才请外校老师。

教授C05："part-time 我觉得最好能够吸引优秀的教师，不是说课实在没人顶了，来上一课。在这个层次做就太低了，最好能做高一点。我们系已经引进了 part-time 在这儿教，上一门课。part-time 这个可以做得再大一点，包括别的学校的在职的老师，北大的或者科学院的，如果有可能的话请过来教一个学期的课，有多方面的好处。"

观点二：只能是权宜应急之计。

教授C12："这个绝对是不得已的时候你才能这么干，那效果肯定不好哎，那肯定不好哎。"

教授C07："这是个应急措施，倒也可以。"

教授上讲台是提高高等教育质量的必由之路

特别是不能形成一种习惯，即教授科研忙时就不愿上课，而外聘老师来替代。

教授 E08："请一些教授上上课，也未尝不可。如果说是比较缺的，或者说这个教师确实在教学方法上有特点。但绝对不要形成这样：我科研任务忙了，我去挖一教授来替我上上课，我来搞科研。我认为这样不行。这样一来以后呢，等于说你就把教学的东西变成忙不过来的东西。我这个东西应付不来才请的。请来的人，讲课的水平怎么样，也不清楚，这种情况教学质量怎么来保证？"

观点三：不同意这种做法，因为可能带来一些不好的效果。
其一，不能保证教学质量。

教授 B04："我觉得这个不能鼓励，因为请来的人程度、水平到底如何？没有把握，教学质量就没有把握。而且如果都是这样的话，就失去了教授上第一线的意义了，都是找雇工来代替上课。"

其二，不能保证教师的责任心。

教授 F02："临时聘请老师我不大赞成，除非这个老师很有责任心。拿多少钱就干多少活，可能没有主人翁的意识。我还是觉得老师应该是有责任心的，才能讲好课，否则，你今天聘我我今天上，明天你不聘我我不上，我何必花这么多精力呢？"

其三，不能保证教学连贯性。

教授 H03："因为课程它应该有个体系，如果你把这个教学者变成自由职业者，我觉得不一定会有好处。然后你该教学的你不去从事教学，你去聘人来代课，那种方式我不是特别 [赞同]，或者说我没有完全考虑，我觉得不一定很合适。教学跟科研是相关联的，并且这整个 [是] 一个体制。"

其四，讲课不等于教育。教育包含有更多的意义和责任。

教授 B07："我个人认为，不是太合适，因为还不至于缺教师缺成这样。再一个，毕竟学不是中学，中学他可以讲讲课就走，大学里面，这个教育、教学包含的含义太多了。例如我对学生讲课，我整个实验室，我柜子里面的书，全部对学生开放的。包括我的学生，有的比较好的那些学生，我讲课的本科生跟我的研究生都很熟，这就是无形中的一些资产。我觉得不太合适。Part-time 不好，而且光讲课吧，那真的是真的是讲课了。那就不是教育了，不是教学，就真讲课。我个人认为，如果可能是你当时着急的话可以这么聘一聘，或是让年轻教师听听课什么的。长久我就觉得不是好事。不是长久之计。"

教授 D05："那就变成他来的目的就很简单，在这个学校没有我的职责，我考虑的是我挣多少钱的问题。反正就乱掉了，整个一个市场化的问题。"

教授上讲台是提高高等教育质量的必由之路

225

　　如何鼓励教授积极投入本科教学，是一项关系到本科教育质量的大事，也是一项涉及多方面事务的系统工程。既需进行制度改革，在本科教学方面设置一些基本的硬性规定和制度保障；又需组织创新，为重视本科教学、提高教学质量提供平台和氛围；还需采取一些具体政策措施，从物质与精神两方面激励教授更积极地投入本科教学。首先必须明确的是，教授是"理性人"，在他们从事科研、承担研究生及其他类教学、或从事其他工作能收获更大利益的情境下，希望教授把主要精力投入到本科教学中去，恐怕只是一种乌托邦式的美好愿望。其次，教授是一个看重荣誉、自由、自我实现的特殊知识分子群体，故精神上的鼓励、认可极为重要。因此，在管理和政策制定上，首先要避免简单的行政命令和强迫举措，而且任何一刀切的政策都是不合适的。此外，不同类型、不同层次的高校情况极不相同，各校可以根据各自的情况，采取一些灵活的措施来鼓励教授承担本科教学，或解决教授不足的问题，如启动"银发工程"、设立教学岗。

第六章　他山之石：美国重构本科教育的新思路与新举措

教授上讲台是提高高等教育质量的必由之路

一、美国研究型大学重构本科教育的新思路

（一）重新确认大学的"灵魂"与本科教育的目标

在世纪之交这段时间担任了哈佛学院院长 8 年之久的哈瑞·刘易斯教授在 2006 年出版了专著《失去灵魂的卓越：哈佛是如何忘记教育宗旨的》。他在该书中文版序言中指出："在美国，很多大学丧失了这些远大的教育目标。我们在本科生身上寄托的期望太少了。有时，我们认为只要学生高兴，我们的教育就成功了，仿佛我们是在饭店里向学生提供餐饮服务。我希望通过这本书提醒美国人民：我们在教育中放弃了自己的根本任务——大学原本应该为社会培养原则性强、受人敬重的领导人；应该培养学生重要的价值观、性格、道德，让他们愿意为全世界人民的福祉而学习。"①

对"失去灵魂的卓越"，刘易斯有如下精辟的解释，他认为像哈佛、

---

① 【美】哈瑞·刘易斯．侯定凯．失去灵魂的卓越：哈佛是如何忘记教育宗旨的．上海：华东师范大学出版社，2007.

耶鲁、普林斯顿和斯坦福等著名的一流大学"作为知识的创造者和存贮地，这些大学是成功的，但它们忘记了本科教育的基本任务是帮助十几岁的人成长为二十几岁的人，让他们了解自我、探索自己生活的远大目标，毕业时成为一个更加成熟的人。"关键的问题在于这些著名大学"用学术追求替代了大学的教育任务，殊不知这两者不应该厚此薄彼。"①应该说，这是 1998 年卡耐基教学促进基金会发布《重建本科教育：美国研究型大学发展蓝图》的研究报告以来，对美国大学教育哲学和办学宗旨的最具批判性的反思。

哈佛大学前任校长德里克·博克的力作《回归大学之道——对美国大学本科教育的反思与展望》同样批评美国大学，特别是研究型大学忽略本科教育的倾向。尽管他认为"针对大学教授的批评显然过头了"，但同时也指出真正的问题在于偏离了"大学之道"："无论教授对教学的关注程度如何，没有任何外界力量迫使他们以及学术领袖们，在常规任务之外对教学活动倾注更多的心血。他们不会抱着帮助学生学习更多东西的心态，重新审视常规的教育形式，或尝试新的教学方法。"博克强调了大学评价和教授评价中存在的弊端："本科教育与科研大为不同。人们找不到可靠的方法评价一所大学教育'输出'的质量，但教师的论著却是公开发表的，任何地方的学者都可以轻松查阅。"②

1909 年至 1933 年任哈佛大学校长的洛威尔把本科教育的人才培养目标概括为："自由教育的精髓在于使学生具有正确的态度，熟知思考的方法，具有应用信息的能力，而不是记住一些事实，不管这些事实多么有

---

① 【美】哈瑞·刘易斯. 失去灵魂的卓越：哈佛是如何忘记教育宗旨的. 侯定凯译. 上海：华东师范大学出版社，2007.

② 【美】德里克·博克. 回归大学之道——对美国大学本科教育的反思与展望. 侯定凯等译. 上海：华东师范大学出版社，2008：19-20.

价值……在当今复杂的世界中，自由教育的最佳目标是，培养知之甚广而在某一方面又知之甚深的人……学院应该培养智力上全面发展的人，有广泛同情心和判断能力的人，而非瘸腿的专家。"[1]

1933 年至 1953 年任哈佛大学校长的康南特把本科教育的人才培养目标概括为：我们生活在一个专业化的时代，我们无法拒绝专业化。但又不能一味地强调专业化，因为一个完全由专家统治的社会并非一个有条不紊的社会。大学应该培养负责任的人和公民，培养情感和智力全面发展的人，培养集自由的人与专家于一身的人。[2]

进入 21 世纪之后，哈佛大学再一次追问和反思大学的根本任务和本科人才培养的真正目的。刘易斯对"失去灵魂的卓越"的批判和博克要求"回归大学之道"的呼吁，在美国高教界引起反响，深化了自 1998 年以来本科教育教学的变革。人们认为，经过重新审视的美国研究型大学本科教育的人才培养目标应该包括以下几点：

第一，强调要促进学生哲学智慧和良好的批判性思维习惯的形成。也就是重视引导学生通过哲学思辨，去探究超越于现实功利的人生意义、理想、信仰与终极关怀，构建正确的、足以影响一生发展的世界观、人生观和价值体系；同时也关注引导学生学会"质疑"，努力改善和提高自己的思维素质，发展善于"批判和独立思考"这样一种头脑的品质，获得作为受过教育者所应具备的良好思维习惯，即批判性思维习惯，从而能够形成一种独立自主的、富有批判精神的思想意识和判断、选择能力，以便由他自己确定在人生的各种不同的情况下应该走的路和应该做的事。

---

① 转引自刘宝存.大学的创新与保守——哈佛大学创建世界一流大学之路.比较教育研究，2005（1）.

② 转引自刘宝存.大学的创新与保守——哈佛大学创建世界一流大学之路.比较教育研究，2005（1）.

教授上讲台是提高高等教育质量的必由之路

第二,强调要促进学生身心和谐而全面地发展,重视学生智力因素和非智力因素的平衡协调发展,即身心、智力、审美意识、责任感、精神价值等方面的全面发展,注重对学生良好的青感熏陶、人性陶冶和人格养成。它们要培养的都是"全人",即有教养的、全面发展的、集"知识渊博、胸怀开阔、志存高远、谈吐优雅、行为端庄、举止洒脱"等品格与气质于一身的"具有平衡性格"的精英人才和领袖人物。而培养良好公民素质和社会责任感,是本科教育最重要的使命。

第三,强调本科教育要注重培养创造性人才,创新意识和创新能力的培养是本科教育的重点。

第四,强调全球化背景下的本科教育应着力培养具有广阔的全球视野,能理解和尊重异质文化,能为全人类的利益服务的人。

第五,强调本科教育重在发展"可迁移技能"(transferable skills),而非知识的掌握。这一原则关注的是形成"学习迁移能力",即从一种学科迁移到另一种学科的能力,以及由一般的学习迁移到生活中的各种职业的能力;它所注重的是"综合分析和解决问题的能力,适应急剧变化和竞争的能力,良好的协同和交流能力,终身学习的能力"的磨炼;本科教育的主要目标是逐渐发展学生的一些能力,这些能力是不管将来从事什么工作都能用得上的东西。掌握知识是重要的,但学会用多种不同的方式去思考则更为重要。

要实现这些目标,首要的是大学,特别是研究型大学"回归大学之道",与此同时,大学的教授则须履行"教师之责"。

(二)弄清研究型大学本科教育的特性

从美国 20 世纪 80 年代以来的改革实践来看,提高本科教学质量的重点和难点并不在普通院校而在研究型大学,因为研究型大学的教师,特别是教授在科研与教学、教学与技术推广等方面遇到的矛盾最为突出。因此，重视和加强本科教育，重构研究型大学的本科教育是重要切入点。而厘定研究型大学本科教学的特性，也就成为"题中应有之义"。

经过近 30 年的研讨和争论，人们对美国研究型大学及其特殊使命做了新的界定，对美国研究型大学本科教学的特性也有了新的认识。

1984 年，美国卡内基教学促进基金会主席博耶在《学院——美国本科生教育的经验》一文中对研究型大学的特殊使命做了这样的界定："我们相信，研究型大学负有一项特殊的使命，即维持基础和应用研究，同时向研究生和本科生提供高质量的教学。"[①]由此，人们发现，美国研究型大学本科教学的特性在于：探索为本，研究为本。1998 年博耶研究型大学本科教育委员会的报告《重构本科生教育——美国研究型大学的蓝图》则是这样界定研究型大学的："恰当地界定研究型大学，使研究型大学能够形成一种使得教师和学生都成为既是学习者又是研究者的有机系统。他们之间的互动能够创造一种健康繁荣的智识氛围。"

1998 年博耶研究型大学本科教育委员会提出的改革本科教育的第九条途径"改革教师奖励体系"特别提到"教学与科研协同作用"的重要性：大学基本的、且不可替代的职能永远都是对知识的探究和创新。报告坚持认为，这种知识探究必须通过"教学"职能以及传统意义上的"科研"职能来进行。一所现代研究型大学的奖励结构必须反映教学和科研的协同作用，以及大学生活的基本现实：本科生是大学经济生活的血液，而且他们正在日益自我觉醒。我们在这里所热切期盼的那种合作性的知识探究是不可能在有几百名学生的讲座课上进行的。预算限制和概论课

教授上讲台是提高高等教育质量的必由之路

---

① 【美】卡耐基教学促进基金会 . 学院：美国本科生教育的经验 // 当代外国教育改革著名文献（美国卷 • 第一册）. 北京：人民教育出版社，2004：108.

的性质可能意味着这种大班课还会延续下去；但是，每一位教师的教学计划必须为本科生提供小组学习的机会以及参与联合的知识探究的情境。教师的课程负荷必须把指导科研作为正常的操作而包括在内，不应把指导科研作为只能得到可怜补偿的额外负担。

美国高教界获得的共识是，研究型大学的本科教学具有如下特性：

第一，研究型大学以追求卓越为目标，师资学术水准高，学生基础甚好，抱负极强，且是"高选拔性的"；研究生比重大。

第二，研究型大学"注重学术"与"追求卓越"的特点，也可能使得本科教学面临"被边缘化"的危险。

第三，本科教学分享研究型大学的学术成果与资源，不仅必要，而且可能，更应当是其特色所在。

第四，要充分发挥其学术卓越的优势，开发出不同于普通高校教学改革的方法和手段。变革与重构的基础在此，希望在此，契机在此，着力点在此。

（三）促进教学与科研的"协作"与"共享"

1998 年博耶研究型大学本科教育委员会的报告《重构本科生教育：美国研究型大学发展蓝图》曾经这样说道："大学能够既以学生为中心，又以科研为中心吗？当我们适当定义'研究型大学'时，这种可能性是存在的。这时，这些大学能真正体现'研究型大学'这个词所想表达的内涵，这就是——在一个协作的系统中，教师和学生既是学习者，又是研究者，他们之间的交互作用会形成一个健康和繁荣的智力氛围。"[1]

---

① The Boyer Commission on Educating Undergraduates in the Research University, S.S. Kenny(chair), Reinventing Undergraduate Education: A Blueprint for America's Research Universities, p.19. State University of New York-Stony Brook, 1998.

　　1998 年博耶研究型大学本科教育委员会提出的改革本科教育的第一条途径为：使探究性学习成为标准。它认为，研究型大学的本科教育需要对约翰·杜威在大约一个世纪前强调的一个观点重新重视："学习是一个在教师指导下的发现的过程，而不是一个信息传递的过程。"探究性学习的一个与生俱来的元素就是师生间的交互作用：在学生向教师学习的同时，教师也能向学生学到很多东西。[①]

　　它指出：重要的思想很少会从某一个人的头脑中完美地开发出来；所有学者都是在前辈的基础上继续前进，并且他们几乎都从同行的观察和批评中获得激励。美国国家科学院主席、博耶委员会成员布鲁斯·阿尔伯茨曾提到教师持久的高科研产出率必须依赖于"思想的偶然碰撞"，并且提出正是学生的存在提供了某种"润滑剂"来打破教师间的理智壁垒。当本科生、硕士生和博士生等各级学生与教师联合起来进行共同的知识探究时，"思想偶然碰撞"的机会将得到最大化。[②]

　　这条途径还特别提到了"让本科生参与科研过程"的重要意义：

　　因为研究型大学的特性，发现的过程从根本上讲是一个公共过程；科研成果通过教学和出版来让公众批评、修正和扩展。本科生必须成为科研听众的一个积极主动的部分。在一个探究受到珍视的环境中，本科生的每一门课都应当为每一位学生提供以探索发现的方式获得成

教授上讲台是提高高等教育质量的必由之路

---

①　The Boyer Commission on Educating Undergraduates in the Research University, S.S. Kenny(chair), Reinventing Undergraduate Education: A Blueprint for America's Research Universities, p.23. State University of New York-Stony Brook, 1998.

②　The Boyer Commission on Educating Undergraduates in the Research University, S.S. Kenny(chair), Reinventing Undergraduate Education: A Blueprint for America's Research Universities, p.23. State University of New York-Stony Brook, 1998.

功的机会。①

把学习作为一种探究的思想与科研的思想是一回事；尽管高级科研只出现在高层次上，从一年级开始的本科生仍可以通过科研来学习。在自然科学和社会科学领域，本科生可以成为由教授和研究生组成的科研小组中的低级别成员。随着本科生在一个科研项目中前进，他们的学习经历变得与研究生的活动越来越接近。到了四年级的时候，那些有能力的本科生应当对一年级研究生所承担的科研做好准备了。研究型大学必须使从大四学生转变为研究生的过渡区域既容易进入，也容易穿越。对于不进入研究生院的毕业生而言，确认、分析和解决问题的能力在他们的职业生涯和公民生活中将会被证明是无价的。②

1998年博耶研究型大学本科教育委员会提出的改革本科教育的第九条途径"改革教师奖励体系"特别提到"教学与科研协同作用"的重要性：大学基本的、且不可替代的职能永远都是对知识的探究和创新。这种知识探究必须通过通常被认为的"教学"职能以及传统意义上的"科研"职能来进行。一所现代研究型大学的奖励结构必须反映教学和科研的协同作用；我们所热切期盼的合作性知识探究是不可能在几百名学生的讲座课上进行的。预算限制和概论课的性质意味着大班课还会延续下去；但是，每一位教师的教学计划必须为本科生提供小组学习的机会以及参与联合知识探究的情境。教师的课程负荷必须把指导科研作为正常的操

---

① The Boyer Commission on Educating Undergraduates in the Research University, S.S. Kenny(chair), Reinventing Undergraduate Education: A Blueprint for America's Research Universities, p.25. State University of New York-Stony Brook, 1998.

② The Boyer Commission on Educating Undergraduates in the Research University, S.S. Kenny(chair), Reinventing Undergraduate Education: A Blueprint for America's Research Universities, p.25. State University of New York-Stony Brook, 1998.

作而包括在内,不应把指导科研作为只能得到可怜补偿的额外负担。[①]

研究型大学的氛围应当成为一个智力的生态系统。研究型大学是学习者的共同体,不论那些学习者是研究遥远太空中物质的天体物理学家还是对不断扩张的知识世界感到新奇的大一新生。他们对于探究和发现的共享目标应当是把研究型大学中相互分离的元素紧密地结合起来以形成一种整体感。[②]

研究型大学的机构目标应当是这样的:在一个(教学与科研相)平衡的系统中,每一位学者——无论是教师或学生——在一个校园环境中共同学习,这种环境激励其中的每一位成员去探索和创新。[③]

在理想情况下,研究型大学的校园环境由于不同学科领域教师之间的互动而变得丰富多彩。在此环境中,研究生在朝气蓬勃地探索自己将要成为的教师角色;而本科生则用自己新鲜好奇的问题和思路开拓着探究的新路径。不同于全时的专职科研人员,教师与别的教师以及学生之间有互动,这能拓宽他们的智力视野,同时又能提供发展下一代教授和研究人员的机会。本科生分享了这种环境,并且发展了自己的科研能力。因此,大学的环境对我们的社会来讲,要比公司或非赢利性科研实验室和研究所有价值得多。正如 MIT 校长 Charles M. Vest 曾经指出的那样,政府对大学科研的资助也是对下一代人的教育投资,这使每一个美元履行

教授上讲台是提高高等教育质量的必由之路

---

① The Boyer Commission on Educating Undergraduates in the Research University, S.S. Kenny(chair), Reinventing Undergraduate Education: A Blueprint for America's Research Universities, p.40. State University of New York-Stony Brook, 1998.

② The Boyer Commission on Educating Undergraduates in the Research University, S.S. Kenny(chair), Reinventing Undergraduate Education: A Blueprint for America's Research Universities, p.17. State University of New York-Stony Brook, 1998.

③ The Boyer Commission on Educating Undergraduates in the Research University, S.S. Kenny(chair), Reinventing Undergraduate Education: A Blueprint for America's Research Universities, p.18. State University of New York-Stony Brook, 1998.

着双重职能。这是一个"既美丽又有效率的概念"。此外，大学对于从事科研的教师的投资也履行着双重职能，因为教师和学生双方的科研经历都完美地促进了教学。[①]

（四）确立"为学生成长与发展服务"的办学宗旨

1998年的博耶报告确立了"为学生的成长与发展服务"的办学宗旨。它指出，通过录取一名学生，任何一所研究型大学就承诺了要为这位学生的心智和创造力发展提供最大的机会。这些机会包括：

第一，通过探究而非简单的知识传授去学习。在这样一种层次上的口头和书面交流技能的训练，使学生不论在大学里还是在研究生专业学院或今后的个人生活中都受益匪浅。

第二，对艺术、人文、自然科学和社会科学的欣赏，以及在任何学生所能适应的精细程度和深度上体验这种鉴赏力的机会。

第三，对本科毕业后生涯的仔细和综合的准备，无论毕业后是进入研究生院、专业学院或第一个就业岗位。[②]

博耶报告同时又指出，研究型大学的学生具有如下额外的学术权力：

第一，能期待着并且有机会与有才华的高级研究人员一起工作以便得到帮助与指导。

第二，能够使用实验室、图书馆、工作室、电脑系统和音乐厅等一流

----

① The Boyer Commission on Educating Undergraduates in the Research University, S.S. Kenny(chair), Reinventing Undergraduate Education: A Blueprint for America's Research Universities, p.18. State University of New York-Stony Brook, 1998.

② The Boyer Commission on Educating Undergraduates in the Research University, S.S. Kenny(chair), Reinventing Undergraduate Education: A Blueprint for America's Research Universities, p.20. State University of New York-Stony Brook, 1998.

设施去从事科研。

第三，能够在众多学科领域中自由选择自己的专业，并且能得到改变专业领域的指导，这些学科领域和选择包括那些在其他类型院校中找不到的专业。

第四，有机会与跟自己有不同背景、文化和经历的人进行互动；有机会与从大一新生到高级研究教授等各个不同知识成就层次的探究者进行互动。[①]

事实上，"为学生成长与发展服务"的宗旨与美国研究型大学普遍实行的"导师制"和"住宿学院制"的理念是一脉相承的。

刘易斯是这样称赞哈佛学生宿舍主管"为学生成长与发展服务"的献身精神的："在哈佛，学生宿舍的主管们把自己大量的时间和精力投入宿舍管理中。一些知名教授从本科生、研究生助教和宿舍管理教师一路走来，他们牺牲了作为学者、家庭成员和个人的时间，而与几百名学生同居一处。如果没有强烈的帮助学生成长的愿望，他们是不可能选择这样的生活方式的。"[②]他热忱地希望这一"为学生成长与发展服务"的献身精神，能够得到众多大学教授的认同和践行。

（五）反思教授"学术水平"：启发性的教学是"题中应有之义"

1990 年，美国卡耐基教学促进基金会主席博耶在《学术水平反思——教授工作的重点领域》的报告中指出："美国的大学和学院当前面临的最重要的任务就是打破多少年来人们已谈腻了的所谓教学与研究

---

① The Boyer Commission on Educating Undergraduates in the Research University, S.S. Kenny(chair), Reinventing Undergraduate Education: A Blueprint for America's Research Universities, p.20-21. State University of New York-Stony Brook, 1998.

② 【美】哈瑞·刘易斯. 失去灵魂的卓越：哈佛是如何忘记教育宗旨的. 侯定凯译. 上海：华东师范大学出版社，2007：7.

教授上讲台是提高高等教育质量的必由之路

关系的辩论模式,以更富创造性的方式确定何谓一个学者。……要使美国高等教育保持活力,我们就要对教授的工作有一个更富创造性的看法。"[1]这一富有创造性的新思维就是,冲破"教学"、"科研"二元对立和相互割裂的传统思维定势,将它们整合到对教授学术水准的"更广阔的、内涵更丰富的解释"框架中,从而使卓越的、富有启发性的教学也是学术的见解合法化。他创造性地提出:"教授的工作可以认为有四个不同而又相互重叠的功能。这就是:发现的学术水平,综合的学术水平,运用的学术水平,教学的学术水平。"[2]

博耶从学术队伍的持续发展和学术创造的"薪尽火传"的角度来界定"教学的学术水平":"归根到底,启发性的教学使学术之火常旺。几乎所有有成就的学术人员都称道创造性的教师——那些把教学作为对自己毕生的挑战而严格要求自己的导师们。没有这种教学的功能,知识的连续性就将中断,人类知识的积累就将面临削弱的危险。"[3]

(六)改革教师评价制度和奖励机制

在建立了"教学的学术水平"这一核心概念的基础之上,变革大学教师评价制度和奖励机制的问题也就提上议事日程。1998年博耶研究型大学本科教育委员会提出了改革本科教育的第九条途径:改革教师奖励体系。它指出,研究型大学必须履行对最高标准的教学和科研的承诺,并

---

[1] 吕达,周满生.当代外国教育改革著名文献(美国卷 第三册).北京:人民教育出版社,2004:7.

[2] 吕达,周满生.当代外国教育改革著名文献(美国卷 第三册).北京:人民教育出版社,2004:18.

[3] 吕达,周满生.当代外国教育改革著名文献(美国卷 第三册).北京:人民教育出版社,2004:23.

且创造出能有效实现这一承诺的教师奖励结构。①

人们注意到,研究型大学本科教育教学日益被"边缘化"的原因,在于大学教师的评价和教授的聘任的"制度化缺陷"。"有关终身职位和职称晋升的讨论很可能几乎完全聚焦于科研产出率或创新成果产出率……假如有教师对本科层次的实验课程或跨学科课程表现出兴趣,那么,得到终身职位或职称晋升的时间都可能会推迟"。②

刘易斯认为,哈佛等一流大学之所以对本科教育使命理解肤浅、行动优柔寡断,以至于经常不明确究竟要教给学生什么,并且在处理一些教育问题时态度暧昧、缺乏原则性,除了"竞争"和"消费主义"这两股力量的负面影响外,更重要的问题在于大学教授的评价与选拔制度的导向出了偏差。他一针见血地指出:"选拔教授的制度必然导致教师视野狭隘,他们只能成为专家而不是博学之士,他们只能心无旁骛地专注于本专业,却无暇关心学生的身心发展。……大学并不鼓励教授从健全人的角度,在学生关键的成长期里承担对他们发展的责任。大学在选拔、培训和评价教授时也没有考虑这一点。"③

哈佛大学前任校长德里克·博克在《回归大学之道——对美国大学本科教育的反思与展望》一方面为大学教授略作辩护,认为"针对大学教授的批评显然过头了";另一方面也认同刘易斯对大学层面的批判,认为

教授上讲台是提高高等教育质量的必由之路

---

① The Boyer Commission on Educating Undergraduates in the Research University, S.S. Kenny(chair), Reinventing Undergraduate Education: A Blueprint for America's Research Universities, p.39. State University of New York-Stony Brook, 1998.

② The Boyer Commission on Educating Undergraduates in the Research University, S.S. Kenny(chair), Reinventing Undergraduate Education: A Blueprint for America's Research Universities, p.40. State University of New York-Stony Brook, 1998.

③ 【美】哈瑞·刘易斯. 失去灵魂的卓越:哈佛是如何忘记教育宗旨的. 侯定凯译. 上海:华东师范大学出版社,2007:7.

问题的真正症结在于:"无论教授对教学的关注程度如何,没有任何外界力量迫使他们以及学术领袖们,在常规任务之外对教学活动倾注更多的心血。他们不会抱着帮助学生学习更多东西的心态,重新审视常规的教育形式,或尝试新的教学方法。"博克强调了大学评价和教授评价中存在的弊端:"本科教育与科研大为不同。人们找不到可靠的方法评价一所大学教育'输出'的质量,但教师的论著却是公开发表的,任何地方的学者都可以轻松查阅。"①

如何变革教师评价制度,如何使对教授的教学评价更为科学、更有说服力和公信度?在美国研究型大学中,有一种观点认为,学生对课程、教师和教学的满意度应当成为评价教师"教学的学术水平"的重要尺度。人们提出,必须将教学绩效和学生评价也用于人事决策:"直接负责教师人事安排的学校行政官员应更多考虑教学在人员雇用和决定留用、任命、提升、报酬等过程中的比重。"

当然,对于"学生评价"这个问题也有不同的观点。例如,刘易斯就曾经指出:"年轻教师在学校所处的地位是脆弱的。当他们想要获得哈佛的终身任教资格时,本科生《课程评估指南》中对他们的评估,可能是在教学方面决定他们晋职与否的唯一指标。"事实证明,学生对教师的好评,与教师给学生的高分有高度相关性。刘易斯主张"在评判终身任教资格时,为了减少学生对评分施加的压力,学生的评价应该被同行评估和其他形式的教学评估所取代——只要付诸更多努力,通过其他途径可以提供更有价值的信息。"②

---

① 【美】德里克·博克.回归大学之道——对美国大学本科教育的反思与展望.侯定凯等译.上海:华东师范大学出版社,2008:19-20.
② 【美】哈瑞·刘易斯.失去灵魂的卓越:哈佛是如何忘记教育宗旨的.侯定凯译.上海:华东师范大学出版社,2007:100-101.

另外，博耶报告的第九条途径也特别提到了"教学评估"的困难性，并对"学生评价"或"校友评价"等评教方式提出了异议："到目前为止，院系的职称和终身职位评审委员会仍然发现教学有效性是个很难测量的东西。学术出版物至少是一个可以感知的测量工具，使用这种工具的相对容易性已经强化了在做出终身职位和职称晋升决定时对它的依赖性。"报告在近乎无奈的同时，也对"教学的学术水平"评估的科学性和可行性探索寄予了希望："评估好的教学将永远是困难的，但是教学与科研的有效结合应当是可以观察到的，跨学科学习方式的开发也同样是可以观察到的。应当要求系主任和院长们对教学与科研相结合的教学方式以及跨学科课程所需要的想象力和艰苦努力给予重大奖励。在评价学术出版物时，既要关注它对学术的贡献，又要关注它在教学法方面的质量。"①

（七）"培养接班人"：把博士生培养成合格教师

1998 年博耶研究型大学本科教育委员会提出的改革本科教育的第八条途径为：把研究生培养成实习教师。它认为，研究型大学必须重新设计研究生教育，从而使研究生为从事本科教学和扮演其他职业角色做好准备。②

报告提出要"重新打造职业训练"。报告描述了目前大学研究生教育的令人担忧的现状：

许多学生从自己的学士学位直接走进了研究生院。他们突然在自

---

① The Boyer Commission on Educating Undergraduates in the Research University, S.S. Kenny(chair), Reinventing Undergraduate Education: A Blueprint for America's Research Universities, p.41. State University of New York-Stony Brook, 1998.

② The Boyer Commission on Educating Undergraduates in the Research University, S.S. Kenny(chair), Reinventing Undergraduate Education: A Blueprint for America's Research Universities, p.36. State University of New York-Stony Brook, 1998.

教授上讲台是提高高等教育质量的必由之路

己的专业里被期望成为专家；我们忘记了去年他们还仅仅只是四年级的大学生。他们有使自己适应一个非常不同类型的学习经历的强烈需要。与此同时，我们将研究和教学助理的负担压在他们的肩上。尽管更加富裕的大学可能会给他们一段准备的时间，但是太多的大学直接将他们推到了教学助理的职责上。此外，我们总是期望他们知道如何去教学。尽管他们只接受过短短几天或几周的随意的培训，并且在整个学年中都无人去指导和监督他们。[①]

最经常发生的事情是，他们会感到在教学上花费时间将损害自己的利益。因为，这样会把宝贵的时间从自己的学习和研究上面给抽走。这种情况最有可能导致质量低劣的教学，而这时正是大一新生最需要最好的教学和辅导的关键时期。[②]

因此，变革大学的"TA制度"，遴选优秀的博士生担任教授本科教学的助理，不仅是加强本科教育、提高教学质量的重要手段，而且是培养未来的合格教师、提升大学教师队伍水准和教育教学素养的必由之路。

二、美国研究型大学重构本科教育的新举措
（一）举措之一：构建"以探究为基础的大一经历"

1998年博耶报告《重构本科生教育——美国研究型大学的蓝图》针对美国研究型大学本科教育中存在的问题，提出了"改革本科教育的十

[①] The Boyer Commission on Educating Undergraduates in the Research University, S.S. Kenny(chair), Reinventing Undergraduate Education: A Blueprint for America's Research Universities, p.37. State University of New York-Stony Brook, 1998.

[②] The Boyer Commission on Educating Undergraduates in the Research University, S.S. Kenny(chair), Reinventing Undergraduate Education: A Blueprint for America's Research Universities, p.37. State University of New York-Stony Brook, 1998.

大途径"。其中的第二条途径为：构建一个以探究为基础的大一经历。报告指出：

（1）大一的经历必须为学生提供智力成长的新激励以及探究性学习与信息和思想交流的坚实基础。

（2）大一阶段有两项关键职能：首先，它必须在以高中和家庭为一边和以更开放和更独立的研究型大学为另一边的两地间架起一座桥梁；其次，它必须以远在前方的美好前景来激励学生。

（3）如果它不能成功地完成这两项使命，那么整个大学经历将处于危险之中。①

报告对研究型大学大一阶段的现状提出了严厉的批评："具有讽刺意味的是，大学生涯中最具有成长意义的大一阶段，从概念、课程和教学方法的角度来看，都是最不令人满意的阶段。资深教授在进行本科教学时，往往倾向于给本专业学生讲授高层次的专业课程。尽管这些高年级本科生往往是最有资格在自己所选专业中自学这些课程的学生。结果是，最需要得到最好教学的大一学生可能实际上得到的是最差的教学。"②

报告还对大一、大二阶段通识教育课程的体系化和整合化提出了建议："在过去，绝大多数研究型大学的大一经历是由一种必要性所统治的。这种必要性认识是必须给每一位大学生一个共同的知识基础，这就

教授上讲台是提高高等教育质量的必由之路

---

① The Boyer Commission on Educating Undergraduates in the Research University, S.S. Kenny(chair), Reinventing Undergraduate Education: A Blueprint for America's Research Universities, p.27. State University of New York-Stony Brook, 1998.

② The Boyer Commission on Educating Undergraduates in the Research University, S.S. Kenny(chair), Reinventing Undergraduate Education: A Blueprint for America's Research Universities, p.27. State University of New York-Stony Brook, 1998.

是'通识教育'。现在的许多研究型大学中，通识教育必修课已接近于消失。大一的经历必须是一种在心智上很好地整合起来的那种经历。这样，学生就不会把学术项目看成是一组性质截然不同、彼此间毫无联系的必修课程了。……每一所学院都必须要反思：每一个未来的公民，不管来自什么专业或兴趣，为了得到一个学位都必须知道些什么；以及在什么时候这种知识能最好地掌握。要让大学一年级成功就必须要有剧烈的变革。因为，大一阶段是一个学生本科生涯中所经历的最快速成长阶段。"[1]

这条途径特别指出了大一阶段"习明纳尔式学习"的重要性：大学第一年必须重构以获得最大的利益，而大学第二年则应当作为这些变革的结果而进一步发展下去。大一的焦点应当是由富有经验的教师主持的小班习明纳尔课程。这种讨论课应当针对那些能够刺激和打开心智视野的课题以及那些能够在合作的环境中进行探究性学习的课题。小组学习不仅给学生提供了与教师和同伴直接进行心智接触的机会，而且为这些来到新环境的学生结识朋友提供了机会。最重要的是，它应当能让一位教授用探索发现的激动感以及大学经历所内含的心智成长机会去鼓舞新生。[2]

《美国新闻与世界报道》从 2002 年开始公布一系列大学排序表，这些大学具有一些能够引导学生获得成功的出色学术项目。在教育专家、

---

[1] The Boyer Commission on Educating Undergraduates in the Research University, S.S. Kenny(chair), Reinventing Undergraduate Education: A Blueprint for America's Research Universities, p.27-28. State University of New York-Stony Brook, 1998.

[2] The Boyer Commission on Educating Undergraduates in the Research University, S.S. Kenny(chair), Reinventing Undergraduate Education: A Blueprint for America's Research Universities, p.28. State University of New York-Stony Brook, 1998.

包括十分关注高等教育质量问题的"美国学院和大学协会"成员的帮助下，他们找出了八种类型学术项目，实践证明这些项目能促进学习。然后他们邀请大学校长们、大学首席学术官员们以及本科生学院院长们，对每一类型项目都提名十所做得最出色的大学。获提名最多的学院和大学最后依字母顺序排列成表（表6-1）。①

表6-1 2004年"本科第一年的经历"优异大学排名

学校	学校	学校
阿帕拉奇安州立大学 *	倚色佳学院	北卡大学（查佩尔山）*
亚利桑那州立大学 *	肯尼萨州立大学 *	圣母大学
比罗耶特学院	劳伦斯大学	雷奇门德大学
布利瓦德学院	北卡罗来纳州立大学（瑞里）*	南卡大学（哥伦比亚）*
杜克大学	俄亥俄州立大学（哥伦布）*	弗吉尼亚大学 *
伊罗恩大学	普林斯顿大学	华盛顿大学 *
常青州立学院 *	斯坦福大学	威斯康星大学（麦迪逊）*
格林内尔学院	得克萨斯农业和机械大学（学院车站）*	威格勒学院
哈佛大学	杜鲁门州立大学 *	威克森林大学
印地安纳大学（布鲁明顿）*	马里兰大学（学院公园）*	威廉杰威尔学院
印地安纳大学-普度大学（印地安纳波利斯）*	密苏里大学（哥伦比亚）*	耶鲁大学

注：获得提名最多的学院和大学依字母顺序排列成表，有 * 的为公立大学②

① Online data retrieved from the web site http://www.usnews.com, on Sept. 30, 2003.

② Online data retrieved from the web site http://www.usnews.com, on Sept. 30, 2003.

教授上讲台是提高高等教育质量的必由之路

八类项目中,"本科第一年的经历"（First-year experience）排名第一。其他七个学术项目是:

（2）实习与合作 (Internships/Co-ops)；

（3）大四顶峰体验 (Senior capstone)；

（4）本科生科研与创新项目 (Undergraduate research/Creative projects)；

（5）学习共同体 (Learning communities)；

（6）海外留学经历 (Study abroad)；

（7）服务性学习 (Service learning)；

（8）专业领域的写作 (Writing in the disciplines)。

在《美国新闻和世界报道》对美国本科院校进行的年度评估排名中,"学生保留率"是一个重要的指标,它反映的是这样一个规律:第二年秋天重返校园的一年级新生的比例越高,以及他们最后从这所学校毕业的比例越高,那么这所学校必定是更好地提供了学生获得成功所需要的课程和服务。

我们选择了 2004 年《美国新闻和世界报道》对美国本科院校进行的年度评估排名中,哈佛、普林斯顿、耶鲁、MIT、斯坦福等著名研究型大学的"学生保留率"数据和排名。"学生保留率"由"毕业率"和"新生保留率"两个指标组成。其中毕业率指的是在 6 年或更短的时间里得到一个学位的毕业生的平均比例,数据来自于 1993 年至 1996 年入学的新生班级;其中新生保留率指的是从 1998 年至 2001 年入学的新生当中第二年秋天返回校园的平均比例（表 6-2、表 6-3）。①

---

① Online data retrieved from the web site http://www.usnews.com, on Sept. 30, 2003.

246

表 6-2　2004 年美国毕业率最高的前 11 所研究型大学[①]

排序	学　校	毕业率 (%)
1	哈佛大学	98
2	普林斯顿大学	97
3	布朗大学	95
3	达特茅斯学院	95
3	圣母大学	95
3	耶鲁大学	95
7	乔治城大学	94
8	哥伦比亚大学	93
8	杜克大学	93
8	西北大学	93
8	斯坦福大学	93
15	MIT	91

表 6-3　2004 年美国新生保留率最高的前 7 所研究型大学[②]

排序	学　校	新生保留率 (%)
1	普林斯顿大学	98
1	耶鲁大学	98
1	MIT	98
1	斯坦福大学	98
1	哥伦比亚大学	98
1	圣母大学	98
7	哈佛大学	97

（二）举措之二：持续的建设和"大四的学术顶峰体验"

1998 年博耶研究型大学本科教育委员会提出的改革本科教育的第三条途径为：在大一基础上继续建设。它指出，必须通过在之后几年的大学生涯中延续大一时的那些原则来巩固大一的经历。探究性学习、合作经历、写作与口头表达能力必须贯穿于整个研究型大学的本科教育。[③]

[①]　Online data retrieved from the web site http://www.usnews.com, on Sept. 30, 2003.

[②]　Online data retrieved from the web site http://www.usnews.com, on Sept. 30, 2003.

[③]　The Boyer Commission on Educating Undergraduates in the Research University, S.S. Kenny(chair), Reinventing Undergraduate Education: A Blueprint for America's Research Universities, p.29. State University of New York-Stony Brook, 1998.

247

　　它指出，在通过一个创新性的和激动人心的一年级学习项目把新生领进了研究型大学的生活之中后，这些成果将会丧失殆尽，如果接下来的大学经历与大一的经历不相匹配的话。从充满激励的新生习明纳尔课程和一个在心智上统整好的项目又退回到看上去相互间毫无联系的课程，即那种不能激发起刚刚被唤醒的探究精神的必修课程，将会是令人沮丧和消沉的。因此，把改革推向课程的每一个部分是大学义不容辞的责任。①

　　它提出了专业课程应如何讲授以及如何激励心智成长的问题。让本科生成为研究过程的参与者的目标要求教师重新审视他们的授课方式，也就是思考如何在每一门课程中都让学生成为主动的、而不是被动的学习者。严肃认真地完成这项任务将在各个不同的专业领域中产生出许多创新。这些变革必须包括更强的写作和口头表达能力，更加积极主动地去解决问题，以及本科生、研究生和教师之间更多的合作。②

　　它还特别建议实行"长期的导师制"：在一段成功的研究经历中，研究小组成员之间通常存在一种相互信任和尊重的关系；大家有着共同的目标和集体荣誉感。大学不可能指望在每一位学生和与他（或她）有过接触的教师之间都将会建立起一种密切的个人关系。但是，我们应当使任何一所研究型大学中的每一位学生都能够感觉到，某些教师知道并且欣赏这位学生的状况和进步，同时愿意通过设定必须达到的标准和主动

---

　　① The Boyer Commission on Educating Undergraduates in the Research University, S.S. Kenny(chair), Reinventing Undergraduate Education: A Blueprint for America's Research Universities, p.29. State University of New York-Stony Brook, 1998.

　　② The Boyer Commission on Educating Undergraduates in the Research University, S.S. Kenny(chair), Reinventing Undergraduate Education: A Blueprint for America's Research Universities, p.29. State University of New York-Stony Brook, 1998.

提供建议、鼓励和批评来帮助这位学生的进步。要想获得成效，这种导师关系必须尽早建立起来，并且尽可能在学生整个的学术项目中都予以维持。这种导师制需要教师的耐心和奉献精神，但它对师生双方来讲都是值得的。[①]

1998 年博耶研究型大学本科教育委员会提出的改革本科教育的第七条途径为：以学术顶峰经历来达到本科生涯的顶点。它认为，学生本科生涯的最后一个（或几个）学期应当集中精力完成一项主要的研究项目，并且应当把在前几年中学到的研究和交流技能应用到极致。[②]

它指出，为了保证所有的教育经历能够被集中到一起，学生需要在课程体系结尾处有一门课程，这门课程类似于建筑物的屋顶。太多的学生反映在四年级的时候有一种虎头蛇尾的感觉——只是在全部课程上再增加一些课，然后一切就结束了！在早先的工作中发展起来的所有研究技能应当在一个项目中被整理起来，这个项目要求对一个或一组重大的问题建立起研究框架，然后进行研究或创造性探索以便找到答案，最后是应用交流技巧把研究结果传达给该专业的专家和外行这样两类听众。当先前的课程经历是一种探究性学习的经历时，学生将会对这门课程的要求做好准备并且深感激励。只要是对学科专业合适，这种学术顶峰经历就必须允许合作性的尝试。这样一来，学生就能更好地为参与团队合作

教授上讲台是提高高等教育质量的必由之路

---

① The Boyer Commission on Educating Undergraduates in the Research University, S.S. Kenny(chair), Reinventing Undergraduate Education: A Blueprint for America's Research Universities, p.29–30. State University of New York-Stony Brook, 1998.

② The Boyer Commission on Educating Undergraduates in the Research University, S.S. Kenny(chair), Reinventing Undergraduate Education: A Blueprint for America's Research Universities, p.35. State University of New York-Stony Brook, 1998.

项目做好准备,这种团队合作项目是他们在未来的职业生涯和私人生活中肯定会遇到的。①

研究型大学普遍开设大量的"新生习明纳尔"和"二年级习明纳尔"课程;与此同时,挑选大牌资深教授和优秀年轻教师来主持这类课程;并且重视邀请其他大学的教学名师作为访问教授来本校从事本科教学工作。还有许多研究型大学开展"二年级学院"、"三年级独立工作"、"四年级毕业论文"和"四年级优等生荣誉学位学院"等活动。如普林斯顿大学的"三年级独立工作"和"四年级毕业论文"(Junior Independent Work and Senior Thesis)。在大三的时候,普林斯顿的所有本科生必须从事独立的科研或创造性工作,并且递交一篇三年级论文。这篇论文将成为必须完成的"四年级毕业论文"的基础。②

(三)举措之三:普遍开展"本科生科研计划"活动

物理学家玛格丽特·麦克维卡是 MIT 最富有奉献精神的教育家和科学家之一,直到她于 1991 年在自己 47 岁时英年早逝。麦克维卡教授为 MIT 的教育中的许多重大变革奠定了基石。她创立并且指导了 MIT 著名的"本科生科研机会项目"(Undergraduate Research Opportunities Program, UROP)。

由麦克维卡教授于 1969 年创立的 MIT 著名的"本科生科研机会项目"大大推进了 MIT 的本科生科研和本科生探究性学习,极大地促进了

---

① The Boyer Commission on Educating Undergraduates in the Research University, S.S. Kenny(chair), Reinventing Undergraduate Education: A Blueprint for America's Research Universities, p.35-36. State University of New York-Stony Brook, 1998.

② The Boyer Commission on Educating Undergraduates in the Research University, S.S. Kenny(chair), Reinventing Undergraduate Education: A Blueprint for America's Research Universities, p.30. State University of New York-Stony Brook, 1998.

教授对本科生科研的指导。

"本科生科研机会项目"着眼于支持师生之间的研究合作。研究项目可以是诸如人类基因组测序、等离子体热表达、新工业创议的调查、人工软骨开发、组织工程、艾滋病和癌症研究以及二元文化研究之类的项目。学生可以参加教师的某个研究项目，也可以自己设计研究项目，然后招聘一位教师来指导他们。一般来说，四年级学生中 80% 的人都至少参与过一项这样的研究项目。①

MIT 注重探究性学习的另一个措施是举办"学生独立活动期"。每年一月份的四个星期是学生的独立活动期。在这段时间中，学生设计并追寻自己的学习目标。他们所做的研究，都是平时感兴趣但没时间做的。他们既可以和教师合作做，也可以独立做。绝大多数学生在这段时间都会留在校园里，大部分教师也都留在学校，一方面尝试进行某些创新性的教育试验，另一方面与学生进行一些非正式的接触。②

纽约州立大学石溪分校的"本科生科研和创新活动"计划（URECA，Undergraduate Research and Creative Activities）。纽约州立大学石溪分校任何一位对科研感兴趣的本科生都可以参加"本科生科研和创新活动"计划。在该计划中，学生与身为研究者和艺术家的教师在科研项目中一起工作。这些科研项目可以是他们共同感兴趣的项目，也可以是学生自己设计的项目，还可以是某个学系、专业学院或研究中心正在进行中的项目。学生也可以在布鲁克海文国家实验室、冷泉港实验室或北部海岸大学医院等研究机构中找到合适的科研项目。科研项目必须在教师指导下

① 曲铭峰，双木．麻省理工学院——美国获专利最多的大学．高教研究与探索，2000（2）：163-166.

② 曲铭峰，双木．麻省理工学院——美国获专利最多的大学．高教研究与探索，2000（2）：163-166.

进行,并且授予学生学分。[①]

(四)举措之四:为本科教育改革筹措专项经费

斯坦福大学的"本科教育筹款运动"始于 2000 年 10 月 20 日,这一天,斯坦福大学的第 10 任校长约翰·海恩里希在他的就职典礼上发起了这一历时 5 年、计划专门为本科生项目筹集 10 亿美元的运动。这一努力于 2005 年 12 月 31 日当"本科教育筹款运动"按预定计划结束时达到高潮。这一筹款运动已经达到了超过 11 亿美元的初步的总数。[②]

"本科教育筹款运动"的源头应该追溯到海恩里希校长的前任杰拉德·卡斯帕尔校长。卡斯帕尔校长曾经任命了一个委员会,对斯坦福的本科生经历进行了全面的研究。这项研究的结果在 1994 年所形成的一份报告建议斯坦福大学利用其作为一所从事高深学问研究的大学的优势来为自己的本科生们提供特殊的机会。在之后的几年中,斯坦福在小范围里试验了由顶级的教师成员为大一和大二的学生们开设的习明纳尔课程,扩展了让本科生积极参与尖端科学研究的机会,并且使得大一学生的人文核心课程、书面交流和口头表达交流课程、外语课程、海外留学项目、公共服务项目以及其他领域的项目重新焕发了活力。这些变革获得了学生们和教师们的一致欢迎,斯坦福也因为把个性化的自由教育的精华与一所世界级大学的丰富资源结合起来而得到了广泛的认可。[③]

---

① The Boyer Commission on Educating Undergraduates in the Research University, S.S. Kenny(chair), Reinventing Undergraduate Education: A Blueprint for America's Research Universities, p.25. State University of New York-Stony Brook, 1998.

② Online data retrieved from the web site http://www.stanford.edu/newsservice.html, on August 10, 2006.

③ Online data retrieved from the web site http://www.stanford.edu/newsservice.html, on August 10, 2006.

以下一组数字反映了"本科教育筹款运动"前后斯坦福大学本科教育的一些变化：

（1）在"本科教育筹款运动"之前，斯坦福在小范围内试验了165个大一和大二学生的习明纳尔课程，上课学生为1 600人。到2004年时，斯坦福大学共开设了204个大一和大二学生的习明纳尔课程，注册学生为2 331人。

（2）"二年级学院"是为第二年返校的大二学生开设的一种三星期的精深课程，它在1995年创办时只注册了50名学生。到2004年时，共有270名二年级学生参加了这个项目。

（3）"宾优等生荣誉学位学院"是一个为期三周的四年级荣誉学位论文的起步计划，它在1993年创办时只注册了28名学生。到2004年时，共有120名四年级学生参加了这个项目。

（4）为期10周的"暑期科研学院"在1999年创办时只有65名学生参加。到2005年时，参加学生增加到200人。

（5）在"本科教育筹款运动"期间，"本科生科研计划"的参加人数增加了40%，从而达到每年将近1 300名学生。[①]

（五）举措之五：设立"教学与学习中心"

"教学与学习中心"是这样一个地方，在这里，教师们聚在一起讨论、设计和试验教学创新，研究生们发展他们的教学技能，而本科生们则磨砺他们的技能、并且将新技术和新战略运用于有效的学习中以便补充他们在课堂上所做的工作。该中心将为探索新技术在促进教学与学习方面的潜力以及为发展本科教育中的合作性氛围提供一个试验的基地。这里所说的合作性氛围包括开发新的课程的教师间的合作，也包括实施最

教授上讲台是提高高等教育质量的必由之路

---

① Online data retrieved from the web site http://www.stanford.edu/newsservice.html, on August 10, 2006.

高质量的本科教学的教师与研究生之间的合作,还包括本科生们之间的合作性学习。

中心的侧重点在于人,在于帮助教师和研究生们教得更好以及本科生们学得更好。为此,它提供了下列资源:一个专门为了有利于主动性学习而配置的电子化教室,装备有录像设备和其他媒体的众多房间,一个扩展的语言实验室,一个多媒体计算机集群,一个媒体图书馆,一个视频学习装置,以及一个配备有计算机工作站的写作中心。

(六)举措之六:重奖本科教学优秀的教授

美国研究型大学普遍以授予荣誉极高的讲座教授席位或杰出本科教学奖来表彰对本科教学有杰出贡献的大牌资深教授;同时以授予荣誉很高的杰出本科教学奖来表彰在本科教学上有出色业绩的年轻教师;这对于提高"教学的学术水平"和"改革教师奖励体系"有很好的促进作用。

哈佛学院设立"哈佛学院讲座教授",奖励大牌资深教授对本科生教育的奉献——既可以是核心课程和通识教育,也可以是一个或多个领域的专业教育,还可以是对个别学生的指导,还可以是对研究生教学和科研的杰出贡献。这些职位的获得者将得到对其科研和学术活动的额外资助。

比如说在 2003 年,拉丁语教授兼"温斯鲁普学舍"副主管凯瑟琳·科尔曼、历史学教授詹姆斯·克劳蓬伯格、戈登·迈凯计算机科学讲座教授兼哈佛学院院长兼"昆西学舍"副主管哈瑞·刘易斯(即《失去灵魂的卓越:哈佛是如何忘记教育宗旨的》一书作者)以及马丁·佩雷斯依地语文学讲座教授和比较文学教授罗丝·威瑟等共 5 位哈佛艺术和科学学院的大牌资深教授被命名为"哈佛学院讲座教授"。①

---

① Online data retrieved from the web site http://www.harvard.edu/gazette.html, on Feb.8, 2006.

哈佛学院设立授予年轻的副教授或助理教授的杰出本科教学奖："罗斯林·艾布莱姆森奖"，以鼓励青年教师投身本科教学第一线。"罗斯林·艾布莱姆森奖"的评选标准是：候选人与本科生交流和激励本科生的能力，本科生能够接触到他们的机会，他们对本科生的需求做出反应的敏感性以及他们对教学工作的奉献和投入来衡量的。[1]

例如，2001 年，哲学系的助理教授迈克尔·布莱克以及古典文学系和历史系的助理教授埃里克·罗宾逊分别荣获了奖金为 5 500 美元的该项奖励。[2] 布莱克讲授名为"道德辨析：在法律中推理、对法律本身做推理"的一门核心课程，他在过去两年的教学中受到学生们的高度评价，选这门课的学生数几乎翻了一番：从 1999—2000 学年的 404 人到 2000—2001 学年的 796 人。

哈佛大学历史系主任兼克乌里奇历史学讲座教授大卫·布莱克本说，他对于罗宾逊所获得的认可感到非常高兴。布莱克本说："通过他充满想象力和视野开阔的课程，罗宾逊已经在本科生中建立起了一批爱好古代史的真正的追随者。他对于自己专业和本科教学的热情传递给了学生们。学生们也欣赏罗宾逊把自己所有的课程整合在一起的那种谨慎认真的态度以及他与学生相处时平易近人的作风。"听说自己获奖的消息，罗宾逊欣喜若狂。尽管科研在哈佛大学具有举足轻重的地位，但罗宾逊说他确实不认为还有比本科教学更重要的东西。当人们问到他是否使用了什么特别的教学方法或技巧来使学生理解他时，罗宾逊说他只是试图把自己对于本专业的激情传递给学生，并且试图将古代史与当今的社会和政治课题联系起来。

教授上讲台是提高高等教育质量的必由之路

---

[1]　Online data retrieved from the web site http://www.harvard.edu/gazette.html, on Feb.8, 2006.

[2]　Online data retrieved from the web site http://www.harvard.edu/gazette.html, on Feb.8, 2006.

再举个例子，2002 年，中国文学与文化研究助理教授爱莲·周成茵（音译）和政府学助理教授詹姆斯·罗素·摩尔海德每个人各获得 5 000 美元的该项奖金。作为哈佛大学 1990 届毕业班的本科生，周成茵学到了有关本科教学的一个重要的道理。她说："我意识到本科教学对一个学生的一生所产生的影响是通过人际间的交往来实现的。"基于这种认识，她已经尝试着把建立人际交往作为其本科教学的一个部分。甚至于在她深受学生欢迎的中国电影讲座课程中，她也要确信自己知道所有 140 位学生的名字，与每一个小组的学生都有时间接触，并且在每堂讲座课结束的时候都安排提问和讨论的环节。周成茵说："我总是试图确保让学生们知道这样一点：那就是我知道他们的存在。"在她的讨论班（习明纳尔）课程中，周成茵也实行着类似的政策，那就是让她的学生们有充分的发言权。她说："新教师一般都有这样一种强烈的冲动，那就是一刻也不停地由自己一个人来滔滔不绝地讲，因为你有这么多的东西想要告诉自己的学生们。但是我倒是学会了，在一种习明纳尔的氛围下自己收敛一点则更好，应该给学生们一个机会去讨论课程的内容。"周成茵的另一个创新举措是让她的习明纳尔课程"唐人街"的期末学术会议对公众开放。除了学生之外，来自于教育和社区团体的代表们也参加了学术会议，这对于学生们完成自己的期末课程论文的方式产生了非常积极的影响。周成茵说："当学生们知道自己的课程论文不仅仅是为我而写的，同时也是为整个社区而写的时候，他们真正地非常关注这门课程了。"

摩尔海德是哈佛大学 1988 届毕业班的本科生，并且于 1996 年获得了哈佛大学的博士学位。他也从自己在哈佛的学生生涯中学到了有关本科教学的宝贵的指教。他说："我从自己最好的老师迈克尔·山戴尔、哈维·曼斯费尔德和塞缪尔·比尔那里学到了有关本科教学的东西。"从政府学教授山戴尔那里，摩尔海德学到了"有效的教学要求学生们自己去思考所学的东西，并且尝试着去争论和辩论。我认为课堂讨论是一种能够使得思想变得更加清晰的方法"。从威廉·凯南政府学讲座教授曼斯费尔德那里，摩尔海德学到了"教学从某种意义上讲就好像是接生婴儿，因为你在帮助学生产生和提出思想。但是，教学同时又像某种形式的工头或监工，因为你并不只是在养育他们，你还在严格要求他们、挑战他们"。另外，从伊顿政府科学荣誉退休讲座教授比尔那里，摩尔海德学到了"任何对于政治思想或事件的理解都是不完整的，如果这种理解仅仅只是停留在认知层面的话。假如你不去体会和感受马克思，你永远都不可能真正理解马克思"。在他所上的核心课程"道德辨析，伦理和日常生活：工作与家庭"中，摩尔海德花费了很多的时间用于讲授，但是他也尝试着在课堂上有很多师生之间的双向互动环节。在备课时，摩尔海德非常努力地去感受他将要提出的思想和观点的全部的情感力量，而且他还把这些感受都传递给自己的学生们。他说："我试图阐明这些思想中所蕴涵的乐观主义、愤怒、希望和绝望，而不仅仅只是给出一个干巴巴的、不带任何感情的、刻板严肃的解释。"在他的小班课程中，比如在他的"美国的政治思潮"的习明纳尔课程中，摩尔海德只是讲授很短的时间，把剩下的大部分时间留给学生提问和组织课堂讨论。他说："我试图表现得有节制一点，让学生们掌握更多的权威。他们经常把讨论引导到我永远都不会想象得到的地方。"尽管获得了这个奖励，摩尔海德还是感到他仍然需要学习更多有关教学的东西，他说自己正在花很多时间思考如何进一步改进。他说："我发现本科教学非常困难，非常具有挑战性。这是一项崇高的任务。"

哈佛大学设立完全由本科生评选的杰出教学奖："约瑟夫·利文森

纪念教学奖",以奖励一位正教授、一位副教授或助理教授以及一位教学成员(teaching fellow),他们都是富有才干和献身精神的本科生老师。获奖者是在先由本科生们提名的基础上,再由本科生协会的学生事务委员会挑选出来的。①

耶鲁学院设立"耶鲁学院杰出本科教学奖",以此鼓励各种级别的教师投身本科教学第一线。前 3 个"耶鲁学院杰出本科教学奖"分别是:人文科学领域的西德尼·密斯可米·克劳斯杰出本科教学奖、社会科学领域的 1963 届校友莱克斯·亨克森杰出本科教学奖、自然科学领域的 1988 届校友黛兰·亨克森杰出本科教学奖。只有已经在耶鲁学院执教至少 3 年的"阶梯层教师"(ladder-faculty)(即正式序列的教师)才有得奖的资格。所有已经得过奖的教师、"教学和学习委员会"的成员、"非阶梯层教师"(non-ladder faculty)(即非正式序列的教师)等都没有得奖的资格。第 4 个奖是颁给非阶梯层教师的 1967 届校友理查德·布洛得海德杰出本科教学奖,在耶鲁学院执教至少 3 年的讲师等非阶梯层教师才有得奖的资格。第 5 个奖,即哈伍德·拜尔尼斯和理查德·斯沃尔本科教学奖被"教学和学习委员会"认为只能授予一位在本科教育中的"金字塔尖式的人物",即一位大牌资深教授:一位在一段长期的服务中激励了大量的学生,并且持续不断地促进课堂内外的学习过程的教授。②

普林斯顿大学设立"校长杰出教学奖",以鼓励对本科教学有杰出贡献的大牌资深教授和青年教师。普林斯顿大学的"校长杰出教学奖"创立于 1991 年,它通过普林斯顿大学校友劳埃德·考特森和约翰·薛瑞

---

① Online data retrieved from the web site http://www.harvard.edu/gazette.html, on Feb.8, 2006.

② Online data retrieved from the web site http://www.yale.edu/yalecollegeteachingandlearningcommittee.htm, on March 29, 2006.

德的捐赠基金来奖励在本科生和研究生的教学中有出色业绩的教师。每位获奖者将获得 5 000 美元的现金奖励，而他（或她）所在的系也将得到 3 000 美元用于购买新的书籍。一个由教师、本科生和研究生组成的委员会将从全校范围的提名中挑选出最终的获奖者。①

MIT 设立以 MIT 已故前本科教育学院院长玛格丽特·麦克维卡的名字命名的"麦克维卡教师成员"，以奖励对本科教学有杰出贡献的大牌资深教授。从 1992 年起，教师中的教学优异者就被评选为"麦克维卡教师成员"。被评选上的教师都是那些已经在 MIT 的本科生教学和教育中作出了典范性和持续性贡献的教师。

MIT 设立鼓励本科生或研究生层次的创新性教学项目的"1960 届毕业班教育创新奖"，以鼓励教授进行本科教学的创新。

斯坦福大学设立最高级别的本科教学奖："沃尔特·高瑞斯杰出本科教学奖"，以鼓励教授、青年教师和研究生助教投身本科教学第一线；设立完全由本科生评选的、美国大学优秀生全国性荣誉组织 Phi Beta Kappa 联谊会斯坦福大学分会授予的"Phi Beta Kappa 本科教学奖"，设立完全由本科生评选的"斯坦福大学学生联合会"的杰出教学奖，以奖励有杰出本科教学业绩的教师；设立"丽莉安和托马斯·罗兹杰出本科教学奖"，设立"宾杰出教学伙伴奖"，设立"劳埃德·丁科斯皮尔本科教育杰出服务奖"，设立"劳伦斯和娜欧密·卡宾特·豪阿格兰德本科教学奖"，以奖励对本科教学有杰出贡献的教师；设立"宾一百周年纪念讲座教授"这样一个奖励大学范围内最高层次教学卓越性的职位，以奖励对本科教学有杰出贡献的大牌资深教授。

---

① http：//www.princcton.edu/news.html，on May 29，2006.

259 ■

每年一度的"普林斯顿大学毕业生校友联合会教学奖"是由毕业生校友们主办的并且由研究生院管理层负责在研究生教学助理中挑选获奖者。而每年一度的"国际中心的朋友杰出本科教学奖"则授予一位外籍的研究生教学助理。以 2004 年为例,这一年,普林斯顿大学研究生院向 5 位研究生助教颁奖以表彰他们在本科教学中的奉献精神和出色业绩。2004 年的 4 位"普林斯顿大学毕业生校友联合会教学奖"得主分别为化学系的雪莲·比威克、英语系的凯莉·拜耳斯特罗姆、化学工程系的史黛茜·杰娜克和政治学系的苏珊·麦克威廉姆斯。而来自物理学系的第 5 位研究生助教——佩德罗·席尔瓦·葛德鲍姆则荣获了"国际中心的朋友杰出本科教学奖"。

比威克是一位三年级的研究生。在普林斯顿大学,她是"普通化学"和"物理化学"这两门课程的一位导师。这两门课程的教授称赞了她作为教学助理的技巧,赞扬她是一位始终表现得"超出任何一个教授所能期待的水准的教学助理"。

拜耳斯特罗姆 4 年前来到普林斯顿大学。她不仅在自己的母系即英语系任导师,而且还在政治学系担任导师。有一位在两门课程中与她共事过的英语学教授称赞她是"这两门课程的完完全全的参与者,一个共同的教师和同事而非一个教学助理"。

杰娜克 3 年前来到普林斯顿大学。她作为一位化学工程师的才能赢得了来自学生的赞誉。学生们称赞她对于课程内容的精深理解、她的平易近人以及她引导学生找出他们自己对于问题的解决方案的能力。萨那斯·潘纳杰奥托普洛斯教授说:"史黛茜远远超出了我对她的期望,她对于我本人以及上这门课的学生都产生了巨大的影响。"

麦克威廉姆斯是一位四年级的研究生。她是"美国的政治思潮"这门课的一位导师，她还应这门课程的主讲教授帕特里克·迪林的邀请担任这门课程的客座讲师。迪林教授把学生们对她的课外指导和讲座课的反映描述为一种"不受约束的热切期待"。

四年级研究生葛德鲍姆是一位巴西人，他从圣保罗大学获得了学士和硕士学位。2004 年，他是"经典力学"和"量子力学引论"这两门课程的一位导师。在这两门课程中，教授们都称赞他在每周一次的、通常要延续到第二天凌晨的习题解答课上对学生的耐心帮助。有一位学生写到了他"在帮助学生方面的令人难以置信的愿望和奉献精神"；而另一位学生则只是很干脆地说："习题解答课令我兴奋！"

教授上讲台是提高高等教育质量的必由之路

261

第七章　结论与建议

一、调查工作的主要发现

第一，教授参与本科教学的比例不低，达 95.3% 的被调查教授在调查进行的学期承担了本科教学工作，其中讲授 1 门、2 门、3 门课的教授分别占 43%、36% 和 14%。课程类型主要是专业课和专业基础课。研究型大学的教授的承担量略低于非研究型大学的教授，但都以 1 门为众数。

第二，学生，特别是研究型大学的本科生期望值很高，但对学校的教学质量不满意，对教授的学术水平、教学水平也不满意。对教授教学的态度尤其表示不满。对已经开设的课程的满意度也较低。这些问题在研究型大学更为严重。而且，多项调查结果都显示，研究型大学应该是本科教学改革的重点和难点。

第三，两次学生调查的结果都显示，影响学生满意度的主要原因是校园文化氛围和学术氛围及学习、生活条件。而教授承担教学的工作量和教学方式方法尚未构成学生满意度不高的最直接、最主要的原因。这无论在研究型大学还是非研究型大学都是如此。

第四，参与过教授研究课题的本科生对教学的满意度明显高于未参与过的学生。无论在研究型大学还是非研究型大学都是如此。调查显示，非研究型大学的学生比研究型大学的学生更有机会参与。

第五，教授们认为，影响教授承担教学工作的主要因素是科研任务较重、压力甚大和评价导向倚重科研。87% 的教授和 91% 的管理人员赞同进一步提高教师评价特别是教授职务评聘中本科教学工作的权重。

第六，总体而言，教授们反对简单挤压科研经费用以补充教学。教授们和管理人员们对从科研经费里提取多少比例补充教学的问题，意见分歧很大，但研究型大学的教授和管理人员意见相对集中，大多主张以 2% 为宜。

第七，大多数教授和管理人员赞同将教授工资或津贴的一部分与教学任务挂钩；有 61% 的教授和 63% 的管理人员认为应该提高教授工资。

第八，大多数教授（77%）和管理人员（84%）不赞成"青年教师应当以科研为主、教学为辅"的观点。大多数教授和管理人员赞成建立健全以青年教师和优秀研究生为主的"TA 制度"，以培养合格教师的"后备军"。

二、重要对策建议

（一）国家加大对本科教育的投入

"加大投入"有三个主要方面：

其一是国家和地方政府主管教育的领导和各高等院校，特别是研究型大学领导重视本科教育，确保领导精力和时间的投入。

其二是确保本科教学第一线有充沛和优秀的人力资源投入，保证高校师生比的合理性和科学性。特别是研究型大学的师生比，近期要控制在 1∶16 以下，2020 年控制在 1∶12 左右。在教师编制核算时首先满足本科教学的岗位需求；不足部分通过返聘、延聘优秀退休教授及遴选优秀

教授上讲台是提高高等教育质量的必由之路

研究生作为 TA 解决。

其三是确保本科教育、教学的生均经费投入逐年增长；继续增加创新性投入以深入推进本科教学改革和质量工程；提倡高校，特别是研究型大学像美国斯坦福大学那样向校友、企业和社会各界筹集专项资金支持本科教学改革。

（二）确立"以育人为本"和"为学生的成长与发展服务"的理念

高等院校必须"以育人为本"，回归"教育本位"。高校教师必须确立"为学生的成长与发展服务"的原则。教授上讲台，是提高本科教育质量的必由之路，是培养高素质创新人才的关键之举。55 岁以下的教授原则上必须承担本科教学工作，平均每学年至少主讲 1 门本科生基础课程或专业课程或通识课程。同时以多种方式、多种途径参与本科教育、教学工作，如开设系列讲座，指导本科学位论文，指导本科生早期科研、社会实践或社团活动，等等。

（三）提高本科教学奖励的级别并增加奖项

建议增设如下奖项：

第一，增设"高校本科教学绩效奖"，每 4 年评选一次。 教育部设立"本科教学绩效专款"，奖励在本科教学与学习方面取得优异成绩的大学，奖项额度分为 1 000 万元、500 万元和 200 万元三个等级。

第二，设立"研究性教学优秀奖"、" 科研与教学融合奖"，鼓励研究性教学、注重研究方法的教学；奖励吸纳本科生进入课题研究并取得成效的教授、副教授。

第三，鼓励课程改革，设"课程更新奖"、"新课程开发奖"。

第四，国家级教学名师的评选由一年一次（过去为三年）改为四年一次，提高奖项等级，适当减少获奖者名额；与此同时，各省、市、自治区评选的教学名师可适当扩大颁奖面。

（四）加大本科教学在大学评价、教授评价中的权重

第一,在聘任岗位中明确规定本科课程教学任务;将教授工资或津贴的一部分与教学任务挂钩。

第二,如果我们确立了"为学生的成长与发展服务"的理念,那么合乎逻辑的推演就是——增强学生对自身发展成长的自主性和选择性;学生对课程、教师和教学的满意度,就应当成为评价教授水平与绩效、大学办学水平与绩效的重要尺度。重视学生评教、学生满意度调查,做到有反馈、有奖惩。加大学生满意度在大学本科教学评估和教授岗位聘任、职务晋升和评优奖励中的权重。对大学的评价也要引入学生满意度指标,如《德国镜报》对德国大学的评价那样。

第三,把"即时评估"与"延后评估"相结合。不仅要继续实施并不断完善在校学生对教授授课评价及院系本科教学工作的满意度调查,而且要研究、探索借助现代网络技术,由社会中介组织对毕业 5 ～ 10 年的大学生进行大学教学满意度调查,以作为大学本科教学评估和大学评价的重要参数。

（五）把研究型大学作为本科教育质量工程的"抓手"

第一,研究型大学是以追求卓越为目标,师资学术水准高,研究生比重大,本科生源好,抱负极强;具有很强的办学优势。但是,由于研究型大学及其教授越来越多地承担与国家战略目标及社会民生密切相关的科研任务,如果不能处理好"注重学术"与"造就人才"的关系,也可能造成教学与科研的"漂移"和"失衡"、教授与本科生的疏离和隔膜,导致"教授不教"和本科教学被"边缘化"的危险。美国在 20 世纪 90 年代末即提出了"重构研究型大学本科教育"的新课题。旨在建设成为国际一流大学或高

教授上讲台是提高高等教育质量的必由之路

水平大学的中国重点高校同样面临着这一挑战,必须解决这一难题。

第二,确立科研与本科教学"共生"和"分享"的新思维,以期充分利用研究生教育和科研项目的优质资源,提供只有研究型大学才会有的新的本科生教育经历,即"研究为本"、"探索为本"的本科教学。

第三,问题能否真正得到解决,取决于能否在研究型大学的教授、副教授中形成以下共识:

教授要成为教师而不仅仅是"学者";

教授的学术水平可以体现在"发现"、"教学"、"综合"和"推广"等各个方面,但首要学术工作是教学;

教学是与科研同等重要的学术活动,教学与科研可以形成"共生关系"。

研究型大学的特色和魅力就在于学富五车的教授学者与富有进取心和创造力的青年学生的风云际会。教授与学生的互动、交流乃至密切的个人接触,是学派能否形成、学统能否延续、学生能否卓然成才的关键所在。

第四,研究型大学是本科教育质量工程的"难点"和"重点",也是"亮点"所在。解决好研究型大学的本科教育、教学问题,形成教授重教爱生、教书育人的良好氛围,将对其他高等院校产生引领、示范作用。

(六) 建立真正的研究生助教(TA)制度

这是落实教授上讲台的必要前提,也是培养和训练未来新教师的必由之路。特别是研究型大学,现阶段按1∶16的师生比测算本科教学力量,缺编部分按年均4万元的比例,从学校创收或社会捐赠收入中拨发,用以择优遴选博士研究生(或硕士研究生)作为教授的助教。在大幅度提高 TA 酬金(每月 1 500 ~ 2 000 元)的同时,明确 TA 的工作量,完善

TA 质量监督与奖惩制度。

（七）通过多种形式重建大学的本科教研组织

原有的院系教研组织已经难以适应新时期的本科教育教学。科研组织日见完备而教学组织形同虚设的局面必须尽快扭转。要发挥院系和教授的创造性与积极性,通过各种方式、途径探索新的、行之有效的本科教学组织。如主讲教授负责制、主讲教授 AB 制、教学梯队、老教授教学督导组和诊断组、跨学科教学团队,等等。

（八）实施"银发工程"

在现阶段,由于持续扩招和科研比重的增加,本科教学第一线的教学力量明显不足。为了缓解师生比过大、教授超负荷工作、压力过大等矛盾,建议实施"银发工程",即返聘或延聘部分教学优秀的退休教授,专门从事本科教学或本科生的管理与辅导工作,同时指导和培训担任 TA 的研究生和青年教师,促进他们的教学研究与教师专业发展。

（九）营造"育人为先"、"学生为本"的大学文化

在努力推进现代大学制度建设和组织创新的同时,尤其要重视大学组织文化的凝练与提升。牢固确立"育人为先"、"学生为本"的办学理念,把教书育人作为教师的首要任务,强化教师责任意识,要求教师把主要精力放在教育教学和引导学生成人成材上,形成良好的文化氛围。探索大学教师的"希波克拉底誓言",既把教书育人视为学术的重要内涵,更是教师"天职"所在。

教授上讲台是提高高等教育质量的必由之路

267

主要参考文献

[1] Bartlett, K., Towards a true community of scholars: undergraduate research in the modern university [J]. *Journal of Molecular Structure*, 2003:707 ～ 711.

[2] Bell，D. The Reforming of General Education: the Columbia College Experience in its National Setting. Garden City. NY: Anchor, Doubleday. 1966.

[3] Boyer, E.L. Scholarship reconsidered: Priorities of the professoriate. Princeton, NJ: Carnegie Foundation for the Advancement of Teaching. 1990.

[4] Coate, K., Barnett, R., and Williams, G. Relationship between teaching and research in higher education in England. *Higher Education Quarterly,Vol.*55,2002（2）.

[5] Dey, E. L., Astin, A. W., & Korn, W. S. The American Freshman: 1966—1990. Washington D.C.: American Council on Education and UCAL Higher Education Research Institute. 1991.

[6] Dressel, P. L. and Marcus, D. On teaching and Learning in College. San Francisco: Jossey-Bass, 1982.

[7] Gary, R. P., George D. K. and Robert, M. G. The relationship between institutional mission and students' involvement and educational outcomes. *Research in Higher Education,* 2003, No.2.

[8] Glassick, C.E., Huber, M.T., and Maeroff, G.I. Scholarship assessed: Evaluation of the professoriate. San Francisco: Jossey-Bass. 1997.

[9] Harvard University Faculty of Arts and Sciences, A Report on the Harvard College Curricular Review ,2004[Z].15 ～ 16.http://www.fas.harvard.edu/

curriculum-review/ HCCR_ Report 2006,10,10.

[10] Katkin, W. The Boyer Commission report and its impact on undergraduate research [J]. *New Directions for Teaching and Learning,* no.93. Spring, 2003：19-38.

[11] Katz, J., and Henry, M. Turning professors into teachers: A new approach to faculty development and student learning .New York: Macmillan. 1988.

[12] Kinkead, J. Learning through inquiry: an overview of undergraduate research [J]. *New Directions for Teaching and Learning,* no.93. Spring, 2003：5-17.

[13] Kolb, D. Learning styles and disciplinary differences. In A.W. Chickering and Associates. The Modern American Colleges. San Francisco: Jossey-Bass, 1981.

[14] Maclellan, E.The conceptual: the prioroty for higher learning.British Journal of Educational Stdudies，2005，2.

[15] Minnis, M., John-Steiner, V. The challenge of integration in interdisciplinary education [J]. *New Directions for Teaching and Learning*, no.102. Summer, 2005：45-61.

[16] Perry, W. G. Forms of Intellectual and Ethical Development in the College Years. New York, Holt, Rinehart and Winston. 1970.

[17] Stark, J. S. & Lattuca, L. R. Shaping the College Curriculum.In: Academic Plans in Action. Allyn and Bacon，1997.

[18] The Boyer Commission on Educating Undergraduates in the Re search University. Reinventing Undergraduate Education: A Blueprint for America's Research Universities. http://www.sunysb.edu/pres/0210066-

教授上讲台是提高高等教育质量的必由之路

Boyer.

[19] The Boyer Commission on Educating Undergraduates in the Research University，Reinventing Undergraduate Education: Three Years After the Boyer Report, 2001.http://www.sunysb.edu/pres/0210066-Boyer.

[20] Toulmin，S. Human Understanding,（Vol.1）. Oxford: Clarendon Press, 1972

[21] Wagenaar, T. C. The capstone course. *Teaching Sociology,* 1993, 21 （3）:209−214.

[22] Wallerstein, I. University in Turmoil: The Politics of Change. New York: Atheneum, 1970

[23] 博克·德里克,乔佳义.美国高等教育.北京:北京师范学院出版社, 1991.

[24] 博耶·欧内斯特.学术水平的反思——教授工作的重点领域.见:国家教育发展研究中心.发达国家教育改革的动向和趋势.第五集.北京:人民教育出版社，1994.

[25] 博耶研究型大学本科生教育委员会.重建本科生教育:美国研究型大学发展蓝图.见:世界高等教育:改革与发展趋势.李延成译.1998.

[26] 布鲁贝克.高等教育哲学.王承绪译.杭州:浙江教育出版社，2001.

[27] 陈玉琨.教学与科研相统一的原则——历史与现状的比较研究.高等师范教育研究，2003（2）.

[28] 福克斯,N.海克曼,M.A.大学理工科教学的评估与改进[M].张红霞, 王玮译.北京:科学普及出版社，2006.

[29] 关松林,姜月.日本大学教学科研的改革.日本问题研究,2000（4）.

[30] 卡斯帕尔，G.研究密集型大学的优越性.见:21 世纪的高等教育.北

京：北京大学出版社，1999：101-104.

[31] 冷余生．大学教学方法若干基本问题简论．高等教育研究，1993（3）：26-32.

[32] 李晓明，刘兢．关于高校教学质量评估的几点想法．教育与现代化，2004（4）：46-49.

[33] 刘宝存．美国研究型大学的高峰体验课程．中国大学教学，2004（11）：60-61.

[34] 刘合群．大学教授的教学观念及其对大学生的影响．江西师范大学学报（哲社版），2003（5）.

[35] 刘剑虹．论大学教授的教学．上海高教研究，1997（11）.

[36] 刘少雪．从Boyer委员会的13年后报告，看美国研究型大学的本科教学改革．复旦教育论坛，2004（2）.

[37] 刘占祥．创建高水平大学中教学与科研关系的思考．西南交通大学学报（社科版），2003（2）.

[38] 鲁卡斯，C.大学与学习社会的挑战//21世纪的高等教育．北京：北京大学出版社，1999:14.

[39] 马丁·特罗．从精英向大众高等教育转变中的问题．王秀丽译．外国高等教育资料，1999.

[40] 米亚拉雷，G.关于当代大学教学论的个人思考．华四泉，张人杰译．华东师范大学学报（教育科学版），1994（2）.

[41] 聂清香，洪正平．研究性学习与大学教学．山东师范大学学报（人文社科版），2003（6）：127-130.

[42] 潘懋元．大众化阶段的精英教育．高等教育研究，2003（6）.

[43] 苏扬．德国大学教学与科研的一体化．外国教育资料，1993（4）：

教授上讲台是提高高等教育质量的必由之路

71-72.

[44] 孙莱祥,张晓鹏.研究型大学的课程改革与教育创新.北京:高等教育出版社,2005:134,74.

[45] 田长霖.关于高等教育的几点看法.见:张劲夫.外国学者论中国.北京:华夏出版社,1994.

[46] 汪蕙,张文雪,袁德宁.关于研究型大学教学模式的认识和实践.清华大学教育研究,2002(1):17-22.

[47] 王敏康.日本大学教学与科研的一些特点.云南教育学院学报(哲社版),1998(1):82-85.

[48] 项贤明.大众化过程中大学教学理念的变革.高等教育研究,2004(1).

[49] 徐小洲.研究型大学本科生教学的困惑与方略.高等工程教育研究,2001(4).

[50] 余小波,王志芳.高等教育质量的社会保障:特点、途径和实现条件.高等教育研究,2006(3):14-18.

[51] 张世红.筑波大学教学改革及其启示.清华大学教育研究,1998(2):136-140.

[52] 张维.基础课应由教授讲授——试论如何提高培养学生的质量.科技导报,2001(9).

[53] 张尧学.新思路解决新问题——教育部高等教育司司长张尧学谈高教质量工程建设.光明日报,2006-10-19.

[54] 张文奎.美国大学教学方法及校园生活.外国教育研究,1994(2).

[55] 赵继.研究型大学教学改革的战略选择及若干关系.中国高等教育,2003.

[56] 朱国仁.略论高校教学与科研的协调.上海高教研究,1998(6).

附件

一、八所大学访谈教授简况

1. A 大学 [8 人]

    教授 101：教务部部长、政府管理学院教授；

    教授 102：信息科学技术学院智能科学系副主任、教授；

    教授 103：常务副校长兼教务长、化学与分子工程学院教授；

    教授 104：数学科学学院概率统计专业教授；

    教授 105：化学与分子工程学院原副院长、教授；

    教授 106：经济学院副院长、经济学教授；

    教授 107：中文系副系主任、比较文学与比较文化研究所副所长，
           副教授；

    教授 108：生命科学学院院长、教授。

2. B 大学 [7 人]

    教授 201：理学院副院长、数学科学系教授；

    教授 202：原教务处常务副处长、现任信息学院副院长、教授；

    教授 203：汽车工程系教授；

    教授 204：外语系系主任、教授；

    教授 205：自动化系教授；

    教授 206：教务处副处长、系统工程研究所研究员；

    教授 207：化学系教授。

3. C 大学 [16 人]

    教授 301：原代理校长、中科院院士、化学化工学院教授；

    教授 303：分管教学的副校长、研究员；

教授上讲台是提高高等教育质量的必由之路

教授 304：长江学者、教务处处长、化学化工学院教授；

教授 305：理学院数学系主任、教授；

教授 306：国家级教学名师、公管院教育科学与管理系教授；

教授 307：国家级教学名师、匡亚明学院教授；

教授 308：哲学系主任、教授；

教授 309：社会学系主任、教授；

教授 310：国家级教学名师、商学院教授；

教授 311：中文系教授；

教授 312：历史系教授；

教授 313：长江学者、人事处处长、理学院物理学系教授；

教授 315：校长助理、理学院大气科学系主任、教授；

教授 316：理学院物理学系教授。

4. D 大学 [7 人]

教授 401：教务处处长、教授；

教授 402：医学院解剖与组织胚胎学系主任、教授；

教授 403：数学系教授；

教授 404：信息学院光学系教授；

教授 405：历史系教授；

教授 406：生命学院副院长、教授。

教授 407：政治学系教授。

5. E 大学 [8 人]

教授 501：副校长、化学化工学院院长、教授；

教授 502：电子工程系教授；

教授 503：生命科学技术学院教授；

教授 504 ：应用物理系副系主任、教授；

教授 505 ：教务处处长、建工学院工程力学系教授；

教授 506 ：安泰经济与管理学院教授；

教授 507 ：材料科学系教授；

教授 508 ：机械工程系机械设计及理论专业教授。

6. F 大学 [11 人]

教授 601 ：原分管教学的副校长、教授；

教授 602 ：教务处副处长、电气工程学院电工理论与新技术教授；

教授 603 ：国家级教学名师、理学院院长、教授；

教授 604 ：机械工程学院党委副书记、教授；

教授 605 ：电工电子教学实验中心副主任、电气工程学院副教授；

教授 606 ：人文学院法学系主任、教授；

教授 607 ：能源与动力工程学院教授；

教授 608 ：材料学院新材料研究室副主任、教授；

教授 609 ：外语部英语系教授；

教授 610 ：医学院神经生理学专业教授；

教授 611 ：信息与控制工程系教授。

7. G 大学 [8 人]

教授 701 ：副校长、研究员；

教授 702 ：教务处处长、数学学院教授；

教授 703 ：资源环境学院院长、教授；

教授 704 ：政治学院教授；

教授 705 ：文学院院长、教授；

教授 706 ：国家级教学名师、物理学院教授；

教授上讲台是提高高等教育质量的必由之路

教授 707：化学学院教授；

教授 708：管理学院党委书记、教授。

8. H 大学 [7 人]

教授 801：原教务处长、高等教育研究所所长、教授；

教授 802：校长助理、教务处处长、教授；

教授 803：长江学者、射频与光电集成电路研究所所长、教授；

教授 804：机器人研究中心主任、教授；

教授 805：交通学院院长、教授；

教授 806：人文学院副院长、教授；

教授 807：外语学院外语系主任、教授。

二、关于教授承担本科教学工作调查研究

——学生问卷

亲爱的同学：

　　您好！首先感谢您在紧张的学习中接受我们的问卷调查。受教育部高教司的委托,我们正在进行一项关于鼓励教授承担本科教学工作、提高本科教学质量的研究项目,其最终目的是为教育部制定相关政策、措施提供依据。为了达到这个目的,我们需要对包括您在内的全国大学生进行抽样调查。

　　问卷以匿名形式填写。相信您能实事求是、认真对待,为我们共同关注的教学质量问题出一点力。

　　再次感谢您的理解和支持！

南京大学高等教育研究所

2006.5

请在下列各题中合适的选项上打钩。

一、您的基本情况

　　1.您的学校名称＿＿＿＿＿＿＿＿＿＿＿＿

　　2. 您的专业属于（如果难以归类,或下列分类不合理,请在第 [6] 选项中具体填写您的专业名称）：

　　[1] 人文学科（文学、历史、哲学）

　　[2] 社会科学

　　[3] 数学、物理、化学、天文

教授上讲台是提高高等教育质量的必由之路

[4] 生命科学、地球科学、环境科学

[5] 工程技术

[6] 其他_____

3. 您的性别　　　　　[1] 男　　　[2] 女

4. 您是独生子女吗？　[1] 是　　　[2] 否

5. 您来自：[1] 省会以上城市　[2] 地市级城市　[3] 县级市或县城

　　　　　[4] 乡镇　　　　　　[5] 农村

6. 您父母亲的受教育水平（如果是单亲，只填父亲或母亲）：

	父亲	母亲
小学以下	[1]	[1]
小学	[2]	[2]
初中	[3]	[3]
高中和中专	[4]	[4]
大专和本科	[5]	[5]
研究生以上	[6]	[6]

7. 您父母亲目前的职业是：（如果是单亲，只填父亲或母亲）

	父亲	母亲
工人	[1]	[1]
农民	[2]	[2]
专业技术人员（教师、医生、工程师、科研人员等）	[3]	[3]
商业服务人员	[4]	[4]
企业管理人员	[5]	[5]
国家机关干部	[6]	[6]
三资或民营企业职员及个体经营者	[7]	[7]

军人 [8] [8]

待业或下岗人员 [9] [9]

其他（请具体）＿＿＿＿＿＿＿＿＿＿＿ [10] [10]

8. 在过去一年中,您的家庭年人均收入属于:

[1] <1 000 元　　　[2] 1 000 ～ 3 000 元　　[3] 3 000 ～ 5 000 元

[4] 5 000 ～ 10 000 元　[5] 10 000 ～ 30 000 元　[6] 30 000 ～ 50 000 元

[7] >50 000 元

9. 您的月消费水平在:

[1] <200 元　　　　[2] 200 ～ 500 元　　　[3] 500 ～ 800 元

[4] 800 ～ 1 000 元　[5] 1 000 ～ 1 500 元　[6] >1 500 元

二、教学质量问题

1. 您对本院系的教学质量满意吗?

[1] 非常满意　　[2] 较为满意　　[3] 一般　　[4] 不太满意　　[5] 不满意

2. 在本学年您所修学的所有课程中,令您满意的大概占百分之几?

[1] <30% [2] 30% ～ 50% [3] 50% ～ 70% [4] 70% ～ 90% [5] >90%

3. 在您所经历的不令人满意的教学活动中,主要存在的问题属于下列选项中的哪些方面? 请按严重程度依次排出前三项,并将选项前编号填入表中。

最严重	第二严重	第三严重

[1] 教学内容陈旧　　　　　[2] 教师缺乏教学经验

[3] 教师学术水平低　　　　[4] 教师备课不充分

[5] 缺乏合适的教材　　　　[6] 信息技术运用不够或不妥

[7] 课后与学生交流不够　　　　[8] 考试制度不合理

[9] 缺乏著名教授授课　　　　　[10] 经常由其他教师代讲

[11] 停课、调课频繁　　　　　　[12] 师生之间存在代沟

[13] 其他（请指出）：＿＿＿＿＿＿＿＿＿＿

4. 请您回忆一下，您认为自入学以来最好的课程是：＿＿＿＿＿＿（课程名称），其授课教师姓名是 ＿＿＿＿＿，该教师的职称（请选择）：

[1] 教授　　　　[2] 副教授　　　　[3] 讲师以下

5. 上题中您选择的教师的授课优点主要在于下面哪几项（可多选）：

[1] 讲授条理清楚　　　　　　　[2] 授课中渗透对学生品格发展的影响

[3] 注重学科的研究方法　　　　[4] 课堂上注重师生互动

[5] 教学内容紧跟学科前沿　　　[6] 善于将自己研究经验融入教学内容

[7] 将自己的研究课题与学生分享　[8] 课后与学生交流机会充分

[9] 教师的人格魅力

[10] 其他（请指出）：＿＿＿＿＿＿＿＿＿＿

6. 上题中您选择的教师在授课中使用下列教学方式或方法的情况：

	经常	有时	偶然	从未	不符合该门课情况
教师讲授	[1]	[2]	[3]	[4]	[0]
课堂讨论	[1]	[2]	[3]	[4]	[0]
小组合作学习	[1]	[2]	[3]	[4]	[0]
将研究课题内容带进课堂	[1]	[2]	[3]	[4]	[0]
案例教学	[1]	[2]	[3]	[4]	[0]

传统型实验教学	[1]	[2]	[3]	[4]	[0]
探究型实验教学	[1]	[2]	[3]	[4]	[0]

7. 根据您的学习经历,正教授的授课水平普遍高于副教授及其以下人员吗?

[1] 是　　　[2] 否　　　[3] 不确定

8. 根据您的学习经历,正教授的授课态度普遍好于副教授及其以下人员吗?

[1] 是　　　[2] 否　　　[3] 不确定

9. 请您对本系课程开设的合理性给以评价:

	多数课程	少数课程	个别课程	没有课程
所开课程不符合本学科知识结构需要	[1]	[2]	[3]	[4]
所开课程不符合学生需要	[1]	[2]	[3]	[4]
因教师设课,而不是因学生需要设课	[1]	[2]	[3]	[4]
实际教学内容与课程名称不符	[1]	[2]	[3]	[4]
课程内容与国际水平差距很大	[1]	[2]	[3]	[4]
大班课的人数太多	[1]	[2]	[3]	[4]

10. 回顾几年的大学经历,您对自己在学术上的成长和进步满意程度如何?

[1] 非常满意　[2] 较为满意　[3] 一般　[4] 不太满意　[5] 不满意

教授上讲台是提高高等教育质量的必由之路

281

11．回顾几年的大学经历,您对自己在人际交往上的成长和进步满意程度如何?

[1] 非常满意　　[2] 较为满意　　[3] 一般　　[4] 不太满意　　[5] 不满意

12．如果让您重新选择,您是否仍然选择这所大学?

[1] 是　　　[2] 否　　　[3] 不确定

如果您选择"否",其原因是(可多选):

[1] 教学质量差　　　　　　[2] 图书馆、网络、实验设施等学习条件差

[3] 校园学术氛围差　　　　[4] 从未见过仰慕已久的教授

[5] 师生关系紧张　　　　　[6] 校园文化贫乏

[7] 生活环境差　　　　　　[8] 其他原因:_____

三、您对教学质量的反应

1．据您所知,贵校现行教学评价措施包括(可多选):

[1] 网上评价　　[2] 发放问卷　　[3] 学生座谈会　　[4] 其他_____

2．你认为,贵校现行的教学评价措施是否起到促进教学质量的作用? 请在下表中合适的空格内打钩:

	很显著	不太显著	基本无效	不知道
网上评价				
发放问卷				
学生座谈会				
其他_____				

3．当教学状况不令人满意时,您通常会采取什么做法? (可多选)

[1] 课后与任课老师正面交谈

[2] 向其他教师反映

[3] 向主管教学的院系或学校领导反映

[4] 在网上进行披露

[5] 在期末教学评估中反映

[6] 同学间私下评议

[7] 不做任何行动上的反应

[8] 其他（请指出）：_____

4. 当您对教学质量问题不作反映的时候，主要原因是：

[1] 担心引起任课教师的不快，甚至遭致报复

[2] 即使反映了也不会得到改进

[3] 现行评价措施流于形式

[4] 没有合适、有效的渠道

[5] 没有考虑过我有这样的权利

[6] 其他（请指出）：_____

5. 当您遇到教学水平低下的情况时，您首先担忧的是：（只选一项）

[1] 考试时拿不到好分数

[2] 影响了我的学业和前程

[3] 交了学费但没有得到相应的回报

[4] 浪费时间

[5] 其他（请指出）：_____

四、您对本科阶段学习的认识

1. 请您指出下面各种行为出现的频率（依次分为 4 级）：

	经常	有时	偶然	从未
（1）我课前认真预习	[1]	[2]	[3]	[4]

（2）我认真对待老师提出的

教授上讲台是提高高等教育质量的必由之路

学习要求	[1]	[2]	[3]	[4]

（3）即使老师教学水平不高，

我也认真听课　　　　　　[1]　　[2]　　[3]　　[4]

（4）我希望老师对我严格要求　[1]　　[2]　　[3]　　[4]

（5）课堂上我主动回答老师的

提问　　　　　　　　　　[1]　　[2]　　[3]　　[4]

（6）我主动地配合老师上好课　[1]　　[2]　　[3]　　[4]

（7）我认真完成课后作业　　　[1]　　[2]　　[3]　　[4]

（8）我认真对待选修课　　　　[1]　　[2]　　[3]　　[4]

（9）我按时完成作业　　　　　[1]　　[2]　　[3]　　[4]

（10）我主动阅读专业外文文献　[1]　　[2]　　[3]　　[4]

（11）课后我及时复习　　　　　[1]　　[2]　　[3]　　[4]

（12）课后我乐于与同学讨论

学习问题　　　　　　　　[1]　　[2]　　[3]　　[4]

（13）我积极参与课堂讨论　　　[1]　　[2]　　[3]　　[4]

2. 请您指出下面各条陈述与您的情况相符合的程度（依次分为 5 级）：

符合　有点符合　一般　不太符合　不符合

（1）在就业问题上，我

更注重工资收入

而不是专业兴趣　[1]　　[2]　　[3]　　[4]　　[5]

（2）与基础理论课程

相比，我认为与

职业相关的课程

284

更重要　　　　　[1]　　　[2]　　　[3]　　　[4]　　　[5]

（3）我认为网络是比书

本更重要的知识来源　[1]　　　[2]　　　[3]　　　[4]　　　[5]

（4）我认为教学内容应

该由学生决定　　　[1]　　　[2]　　　[3]　　　[4]　　　[5]

（5）强调实用的课程比

强调学术的课程对

我更有意义　　　　[1]　　　[2]　　　[3]　　　[4]　　　[5]

（6）我认为在信息时代，

基础知识变得不那

么重要　　　　　　[1]　　　[2]　　　[3]　　　[4]　　　[5]

（7）我喜欢崇尚实用主

义价值观的教师　　[1]　　　[2]　　　[3]　　　[4]　　　[5]

（8）我觉得追求学术卓

越的教师有点迂腐　[1]　　　[2]　　　[3]　　　[4]　　　[5]

（9）我认为对于本科阶

段而言,课程的广

度比深度更重要　　[1]　　　[2]　　　[3]　　　[4]　　　[5]

（10）我认为应用学科比

基础学科对学生发

展的意义更大　　　[1]　　　[2]　　　[3]　　　[4]　　　[5]

（11）我希望学校减少基

础理论课程,增加

应用课程　　　　　[1]　　　[2]　　　[3]　　　[4]　　　[5]

教授上讲台是提高高等教育质量的必由之路

285

（12）对我而言，学习成绩

好坏与将来没有很

大关系　　　　　　[1]　　　[2]　　[3]　　　[4]　　　[5]

3．您的学习成绩在班级中的大概位置：

[1] 优等　[2] 中等偏上　[3] 中等　[4] 中等偏下　[5] 较差

最后，您对鼓励教授从事本科教学、改进教学质量还有什么看法和建议，可以写在下面，谢谢。

三、关于教授承担本科教学工作调查研究

——教授问卷

教授：

您好！首先感谢您在百忙之中参与和支持我们的调查。受教育部高教司的委托,我们正在进行关于鼓励教授承担本科教学工作、提高本科教学质量的研究项目。其目的在于了解现状、找出问题、为教育部全面制定鼓励教授为本科生授课、提高教学质量的一系列政策、措施,提供理论依据和可操作性的建议。为了达到这个目的,我们的研究路径有两条,一是对发达国家的有效经验进行搜集、比较和总结,二是对我国的实际情况进行调查研究,其中包括对教授您进行的问卷调查。

南京大学高等教育研究所

2006.5

教授上讲台是提高高等教育质量的必由之路

一、个人基本情况

1. 您的性别：[1] 男　　　　[2] 女

2. 您的年龄：[1] 31 ～ 40 岁　[2] 41 ～ 50 岁　[3] 50 岁以上

3. 您所在的学校的名称：_____

4. 您的专业属于(如果难以归入下列各类,或下列分类不合理,请在第 [6] 选项中具体填写您的专业名称)：

[1] 人文学科（文学、历史、哲学）

[2] 社会科学

[3] 数学、物理、化学、天文

[4] 生命科学、地球科学、环境科学

[5] 工程技术

[6] 其他_____

5. 您何时任教授职务（或职称）_____；

二、教学情况

1. 任职后您承担本科教学工作累计约多少年_____；

2. 目前您正在承担的本科课程教学总门数为：_____；实际授课总学时为_____。其中独立开设课程门数：_____，其总学时为_____。

3. 目前您正在承担超过 50% 课时的合上课程门数：_____；该课程总学时为_____；

4. 目前您正在承担低于 50% 课时的合上课程门数：_____；该课程总学时为_____；

5. 如果您已经停止给本科生授课的话，大约在哪一年开始停止___。

6. 您正在承担的课程的性质（请选择您认为最重要的一门课）：

（1）所属学科类型：[1] 基础学科　　[2] 应用学科　　[3] 其他_____

（2）课程性质：　　[1] 必修　　　[2] 选修

（3）课程类型：　　[1] 公共基础课 [2] 专业基础课 [3] 专业课

7. 您遇到的教学问题的可能原因及其严重程度为：

	不严重	严重	非常严重
（1）缺乏好教材	[1]	[2]	[3]

（2）图书资料不足或陈旧　　　[1]　　　[2]　　　[3]

（3）教学管理制度不完善　　　[1]　　　[2]　　　[3]

（4）学生的基础差　　　　　　[1]　　　[2]　　　[3]

（5）学生学习内在动机不强　　[1]　　　[2]　　　[3]

（6）教育技术手段缺乏　　　　[1]　　　[2]　　　[3]

（7）教学硬件设备差　　　　　[1]　　　[2]　　　[3]

（8）其他：_____　[1]　　　[2]　　　[3]

8．通常,您授课内容中使用自己编写的讲义或教材所占比例大致为:

[1] 1/4 左右　　　[2] 1/2 左右　　　[3] 3/4 左右　　　[4] 100%

9．通常,您对教学内容的更新情况:

[1] 每年更新 <10%　　　　　　　[2] 每年更新 10% ～ 20%

[3] 每年更新 20% ～ 30%　　　　[4] >30%

10．您在教学中使用外文资料的情况:

[1] 从不使用　　　　　　　[2] 作为某些章节的补充

[3] 作为讨论课的主题　　　[4] 用于实习、实验课

[5] 学生课后阅读材料

11．您使用下列各种教学方式、方法的情况:

	经常	有时	偶然	从未	与该门课情况不符
（1）教师讲授	[1]	[2]	[3]	[4]	[0]
（2）课堂讨论	[1]	[2]	[3]	[4]	[0]
（3）小组合作学习	[1]	[2]	[3]	[4]	[0]

（4）将研究课题

带进课堂	[1]	[2]	[3]	[4]	[0]
（5）案例教学	[1]	[2]	[3]	[4]	[0]
（6）传统型实验教学	[1]	[2]	[3]	[4]	[0]
（7）探究型实验教学	[1]	[2]	[3]	[4]	[0]

12. 根据您对教学目标的看法,您认为下列各项的重要性分别为:

	非常重要	比较重要	不太重要
（1）掌握基本概念和基本理论	[1]	[2]	[3]
（2）培养分析问题的能力	[1]	[2]	[3]
（3）拓宽知识面	[1]	[2]	[3]
（4）培养实际工作和生活技能	[1]	[2]	[3]
（5）培养学生终身学习的能力	[1]	[2]	[3]
（6）关心社会问题	[1]	[2]	[3]
（7）掌握价值分析与判断的技能	[1]	[2]	[3]
（8）传承文化	[1]	[2]	[3]

三、教学环境与工作状况

1. 您的主要兴趣是在研究还是教学？　[1] 研究　[2] 教学　[3] 两者

2. 您在学术性杂志上大约发表过多少篇论文？_____篇。

3. 您单独或与人合作出版或编辑过多少本专著或教材？_____本。

4. 您在过去的一年中,从学校得到过研究经费：_____元。

5. 您在过去的一年中,从国家或省里得到过研究经费：_____元。

6. 您目前是否经常参与学术活动以外的社会服务活动？　[1] 是　[2] 否

7. 在过去的一年中,您参加过几次全国性专业会议？_____次。

您同意下列陈述吗？

	非常 同意	比较 同意	一般	不太 同意	很不 同意
（1）在我的专业，大部分教师对 　　何谓学术水平高，意见一致	[1]	[2]	[3]	[4]	[5]
（2）我系教师对自己专业的性质 　　存在根本分歧	[1]	[2]	[3]	[4]	[5]
（3）出版论文和著作的压力 　　降低了我系教学质量	[1]	[2]	[3]	[4]	[5]
（4）教学效果应当是 　　教师晋升的主要标准	[1]	[2]	[3]	[4]	[5]
（5）除论文和著作外，我校需要有 　　评价教师的更好的方法	[1]	[2]	[3]	[4]	[5]
（6）我的专业正在取得 　　令人激动的进展	[1]	[2]	[3]	[4]	[5]
（7）在过去的 2～3 年中，我的专业 　　越来越难得到财政资助	[1]	[2]	[3]	[4]	[5]
（8）我对我的工作比我刚开始 　　学术生涯时更热心	[1]	[2]	[3]	[4]	[5]
（9）我很难有时间认真 　　地对待一项工作	[1]	[2]	[3]	[4]	[5]
（10）现在的学风对追求学问的 　　人来说是最糟糕的时候	[1]	[2]	[3]	[4]	[5]

教授上讲台是提高高等教育质量的必由之路

291

（11）在过去两年中，我们专业的

学生就业困难　　　　　[1]　　[2]　　[3]　　[4]　　[5]

（12）学生基础很差

使我对教学失去信心　　[1]　　[2]　　[3]　　[4]　　[5]

（13）学生学习内在动机不强

使我对教学失去兴趣　　[1]　　[2]　　[3]　　[4]　　[5]

四、教学评价

1．根据您的了解，您认为下面诸因素中，哪些是影响教授群体教学积极性的主要因素？（请在 0～10 分之间给出权重，10 分表示影响最大，0 分表示没有影响）。

（1）学校的教师评价指标导向　　　　　　　　　　　　　　[　]

（2）科研任务压力　　　　　　　　　　　　　　　　　　　[　]

（3）国家级评价导向（国家级奖励、院士评选）　　　　　　[　]

（4）学术名誉以外的利益诱惑（如从政、经商、横向课题收益）　[　]

（5）包括多校区等客观条件的限制　　　　　　　　　　　　[　]

（6）研究生培养　　　　　　　　　　　　　　　　　　　　[　]

（7）行政事务繁忙　　　　　　　　　　　　　　　　　　　[　]

（8）学术活动繁忙　　　　　　　　　　　　　　　　　　　[　]

（9）其他_____　[　]

2．请对下列可能的教学评价指标，在 0～10 分之间给出权重，10 分为最重要，0 为不必考虑的因素。

（1）上课门数　　　　　　　　　　　　　　　　　　　　　[　]

（2）课时数　　　　　　　　　　　　　　　　[　]

（3）听课学生数　　　　　　　　　　　　　　[　]

（4）独立授课还是与他人合作授课　　　　　　[　]

（5）基础课还是专业课　　　　　　　　　　　[　]

（6）本系课还是外系课　　　　　　　　　　　[　]

（7）授课的效果　　　　　　　　　　　　　　[　]

（8）课程内容的更新与改进　　　　　　　　　[　]

（9）参与学校的教学、课程改革工作　　　　　[　]

（10）编写、出版教材　　　　　　　　　　　 [　]

（11）其他_____[　]

教授上讲台是提高高等教育质量的必由之路

郑 重 声 明

　　高等教育出版社依法对本书享有专有出版权。任何未经许可的复制、销售行为均违反《中华人民共和国著作权法》,其行为人将承担相应的民事责任和行政责任,构成犯罪的,将被依法追究刑事责任。为了维护市场秩序,保护读者的合法权益,避免读者误用盗版书造成不良后果,我社将配合行政执法部门和司法机关对违法犯罪的单位和个人给予严厉打击。社会各界人士如发现上述侵权行为,希望及时举报,本社将奖励举报有功人员。

　　反盗版举报电话:(010)58581897/58581896/58581879

　　反盗版举报传真:(010)82086060

　　E - mail:dd@hep.com.cn

　　通信地址:北京市西城区德外大街 4 号
　　　　　　　高等教育出版社打击盗版办公室

　　邮　　编:100120

　　购书请拨打电话:(010)58581118